中青年经济学家文库

风险企业的治理机制研究

——基于风险投资机构的视角

李昌奕 著

经济科学出版社

图书在版编目（CIP）数据

风险企业的治理机制研究：基于风险投资机构的视角/
李昌奕著 . —北京：经济科学出版社，2012.5

（中青年经济学家文库）

ISBN 978 - 7 - 5141 - 1849 - 0

Ⅰ . ①风…　Ⅱ . ①李…　Ⅲ . ①风险投资 - 研究 -
中国　Ⅳ . ①F832. 48

中国版本图书馆 CIP 数据核字（2012）第 078016 号

责任编辑：李　雪
责任校对：康晓川
责任印制：邱　天

风险企业的治理机制研究
——基于风险投资机构的视角

李昌奕　著

经济科学出版社出版、发行　新华书店经销

社址：北京市海淀区阜成路甲 28 号　邮编：100142

总编部电话：88191217　发行部电话：88191537

网址：www. esp. com. cn

电子邮件：esp@ esp. com. cn

北京季蜂印刷有限公司印装

710×1000　16 开　15. 25 印张　240000 字

2012 年 5 月第 1 版　2012 年 5 月第 1 次印刷

ISBN 978 - 7 - 5141 - 1849 - 0　定价：53. 00 元

前　　言

1999 年，本人有幸代表南开大学赴北大参加首届全国 MBA 论坛时，风险投资还是一个非常热门但略显陌生的话题。十余年的发展，我国风险投资行业历经了机构数量与资金量的早期快速增加、退出渠道不畅等引发的阶段性回落、创业板启动引发的再度快速增加。近年来，业内人士热议的则是优秀投资项目日渐稀缺和行业高利润时代的终结。潮起潮落，风险投资行业终将在不断探索与创新中前行。潜心钻研，"强而后大"以适应不断演化的行业生态环境，这一永恒的主题却依旧未变。在我国坚定不移地以自主创新促进经济结构调整而国内风险投资项目竞争日趋激烈的背景下，全面研究和借鉴国外风险投资的风险企业治理机制，对于我国风险投资事业的稳健发展具有重要现实意义。

文献回顾的结果表明，风险企业治理机制的研究需要结合中小企业特性的理论创新，在此基础上根据风险企业高成长性的特点，在微观层面对风险企业治理机制作出制度经济学的研究。因此，本书集中于以下问题：风险企业作为一种高成长型中小企业，其基于特殊治理特征的治理机制作为制度安排的内容和规律是什么？

本书从治理理论与机制作为一种制度安排的研究为切入点，探求风险企业治理机制内容与规律，并在对国外治理机制研究的基础上对国内治理机制进行研究。本书对风险企业治理机制的研究，基于风险投资机构（风险投资家）的视角进行，既研究风险投资家如何利用治理机制防范企业家的"道德风险"，又研究风险投资家如何利用自身的人力资本实现对企业控制权的动态分配以增加风险企业价值。研究目的在于为我国风险投资机构参与风险企业治理提供切实的指导。研究方法主要是理论研究法、实证研究法和比较研究法。

人力资本对以"股东中心主义"为特征的传统公司治理逻辑提出了挑战。由于治理问题存在的普遍性、人力资本所有者与物质资本所有者的二位一体性、两权分离的模糊性以及"委托—代理"关系的相互性，治理的概念应由公司治理拓展为企业治理。企业治理概念可以归纳为以追求企业价值最大化为目标、以企业控制权根据人力资本和物质资本状况进行最优分配为核心，配置责、权、利为手段的制度安排。

经济机制是一种制度安排，这种制度安排所规定的约束经济活动中当事人特定行为模式和关系的规则，决定和反映了经济系统内部的有机制约关系及其运行机理。机制研究应当根据制度经济学，从产权配置、团队人力资本结构和交易成本等多角度展开。有效的机制设计应当满足参与约束和"激励相容"约束，同时满足上述两个约束的机制称为"自我实施"（可实施）机制。

风险企业的治理应当是企业治理的概念，本书主要研究基于风险投资机构视角的风险企业治理机制，核心是通过一种制度安排促进风险投资家与企业家之间物质资本、人力资本更好地结合，防止企业家对风险投资家利益的背离，以实现企业价值最大化。风险投资家作为风险投资基金出资人的代理人，需要"激励相容"的治理机制，替代产权机制而提高风险企业治理机制的效率。具体的治理机制涉及有限合伙制及其治理机制、固定期限封闭式基金的治理机制、风险投资基金出资人治理的信息机制、风险投资出资人治理的绩效标准和投资协议的契约治理机制。

风险企业治理机制包括防范企业家"道德风险"的治理机制和以风险投资家人力资本为基础增加风险企业价值的治理机制，上述两种机制作用的发挥建立在风险投资项目选择机制的治理相容性基础上。风险投资项目的选择机制应当在宏观、中观与微观三个层面充分考虑项目与治理的相容性。在宏观、中观和微观层面，需要分别考虑风险投资家人力资本与项目的相容性、项目与风险投资家治理资源约束的相容性、企业家特征与选择机制的治理相容性。

防范企业家"道德风险"的治理机制主要包括风险企业董事会的治理机制、风险投资网络的治理机制、可中断分期投资策略的治理机制、可转换优先股的治理机制和针对经理层的治理机制。遏制企业家"道德风险"的治理机制总体上有这样的特征或规律：风险投资家试图利用投资协议构造一个完全信息的动态博弈机制，通过适当的支付函数，将风险转移给企业家，使得企业家对背叛行为产生正确的预期，且使双方均合作的状态成为子博弈精练纳什均衡，进而遏制企业家的"道德风险"。机制对企业家行为的规定满足了"激励相容"约束。

以风险投资家人力资本为基础增加风险企业价值的治理机制主要包括增值服务的治理机制和基于风险投资家对 IPO 影响的治理机制。

风险投资增值服务的最主要内容可以归纳为："充当创业团队的参谋"、"提供融资支持"、"参与风险企业的战略制定与审查"、"监控风险企业的绩效"以及"雇佣和更换高层管理者"。根据风险企业的具体情况，风险投资家应当对上述事项的权力进行动态的分配。尽管存在投资回报量化方法差异、接受调查者知觉偏差和研究方法不同等问题，现有研究总体上表明增值服务在多数情况下确实增加了风险企业价值。为了提高增值服务治理机制的效率，风险投资家和企业家之间首先应当建立相互信任的关系，保持沟通渠道的畅通、沟通方式的坦诚和非正式性；其次风险企业提供增值服务应当和风险企业的发展阶段结合起来，针对风险企业不同发展阶段的主要需求；最后提供增值服务应当和风险企业所面临的不确定性程度相结合。

风险投资家在 IPO 过程中对风险企业人力资本等的投入能够增加风险企业价值。风险投资家因在 IPO 方面的人力资本而享有的控制权，具体反映在契约中"要求登记权"的治理机制。

上述众多针对企业家"道德风险"治理机制，可以通过企业家的效用函数和完全信息静态博弈的"囚徒两难"为工具得到整合，并使之具有一定的结构性。

不同的人力资本结合方式影响了控制权的分配方式，进而形成治理模式的差别。根据风险投资家以人力资本增进风险企业价值的治理机制分析，治理模式可以分为美国模式和英国模式。美国模式下，具体治理机制的选择主要由风险投资机构承担风险的主观偏好决定。在英国模式下，风险投资项目的选择机制对积极的治理机制产生了替代作用。

美国模式无法实现风险和治理机制的匹配，英国模式过于苛刻的选择条件不仅会提高投资成本而且会减少投资机会，风险投资实践需要治理模式的创新。风险企业的治理方式应当根据具体的商业风险和代理风险权变地选取，在控制风险和节约交易成本之间作出平衡。根据代理风险和商业风险的约束，风险投资家可以权变地选取主导型、辅助型和放权型三种治理方式。

主导型治理机制基于风险投资家与企业家之间的等级契约关系，风险投资家利用契约所约定的权利针对企业家的效用决定因素实施治理机制。代理风险较小而商业风险较大的组合源于企业家人力资本的不完备性，风险投资家应当增加对风险企业的人力资本投入，针对风险企业的职能缺陷对风险企业的控制权重新分配，风险企业商业风险和代理风险均较小的情况下应当根据节约交易成本的原则，采取放权型治理机制。

风险投资家和企业家的人力资本与物质资本整合效应导致风险企业的高成长性，企业成长过程必然涉及股权、控制权问题和退出的治理机制。作为对高风险、高不确定性环境的响应，风险企业具有极高的失败率，对风险企业失败原因的分析表明，相应的治理机制是董事会的治理机制和增值服务的治理机制。在高成长、风险转换复合约束下，风险企业内部治理呈现出演进性。

本书理论层面除对以往研究进行综合外，基于人力资本理论将治理概念由公司治理拓展为企业治理，提出基于风险投资家人力资本增加风险企业价值的治理机制并研究其独特规律；根据整合的针对企业家"道德风险"的治理机制、风险投资实践中运用基于风险投资家人力资本增加风险企业价值的治理机制的不合理现状，提出依风险企业代理风险和商业风险而权变的治理模式。通过对我国风险企业治理机制实证，剖析我国风险企业治理机制存在的问题并提出建议，具有一定的实践意义。

关于风险企业的治理机制，国内外已有较多文献，本书试图对国内外文献进行系统梳理并使之结构化，在机制的细节上力求清晰，在治理相关问题上谋求多角度全面的整合。受作者本人水平及研究条件的限制，本书无疑也会存在不足，希望和读者与业内的朋友来一起探讨和完善。

李昌奕

2012 年 3 月 9 日于北京

目　　录

第 *1* 章

风险企业治理研究的
背景、问题及创新

1.1

研究的背景与意义

　　改革开放三十余年来，中国经济取得了举世瞩目的成就。然而应当看到，我国经济增长总体上是粗放型的，即经济的增长主要靠人力、资金和资源的大量投入实现。资源投入对经济增长的贡献，"六五"期间及以前超过80%，"七五"期间占70%左右，"八五"期间占75%左右，到"九五"、"十五"期间这一比例为70%左右，技术进步对于经济增长的贡献仍约占30%。这种经济增长的严重粗放型在投入产出效率方面表现明显。以1990年为例，我国的劳动生产率仅为美国的1/37，日本的1/41，德国的1/45，英国的1/31；单位国内生产总值的能源耗费是美国的三倍，日本的九倍，德国的四倍，法国的七倍，英国的五倍①。这种经济增长方式的结果是，资源加速枯竭与环境急剧恶化。保罗·克鲁格曼（1994）对亚洲经济增长的研究认为，亚洲新兴国家依靠资本大量投入实现的经济增长难以持续，只有依靠科技进步才能实现可持续发展。

　　因此，依靠科学技术进步实现集约化经济增长是我国必然的战略选择。以2001年起实施的第十个五年计划为标志，以高新技术推动为主要特征之一的战略调整已经进入新阶段。经济增长方式的转变，需要微观层面新生产函数的设

---

① 张景安. 技术创新与风险投资. 北京：中国金融出版社，2000.

定，进而导致对高新技术的巨大需求。

然而与急需高新技术的现实形成鲜明对比的是，虽然 20 世纪末我国每年形成的专利技术有 7 万多项，取得省部级科研成果鉴定的有 3 万多项，但专利技术的实施率仅 10% 左右，远远低于发达国家 60% ~ 80% 的水平。我国高科技企业的产值仅占工业总产值的 8% 左右，也远低于发达国家 30% ~ 40% 的水平①。我国技术的供给与需求之间的悖论，与风险投资体制发展的滞后密切相关。风险投资又称创业投资，美国风险投资协会将其定义为：由职业金融家投入到新兴的、迅速发展的、有巨大竞争潜力的企业（特别是中小企业）中的一种权益资本。我国《关于设立外商创业投资企业的暂行规定》中定义：创业投资指主要向未上市高新技术企业进行股权融资，并且为之提供创业管理服务，以期获得资本增值收益的投资方式②。也有学者认为风险投资是一种为了在远期获得巨大资本增值收益而冒险在即期投入资金的金融方式。商业模式是判断风险投资的重要标准，即投资是否以权益资本的方式进行并且最终通过转让股权收回投资、获取收益。根据发达国家的经验，某项技术的研发、商品化和产业化所投入资金的比例为 1∶10∶100，而我国在风险投资行业初具规模之前相应的比例为 1∶0.7∶100，我国的"商品化瓶颈"主要是由风险投资体系不完善造成的。在市场经济条件下，技术成果向生产力的转化离不开成功的商业运作，市场化的风险投资机构不仅为挖掘技术潜在价值提供了推动力，而且能够加快科技成果转化速度。根据斯坦福大学的研究，由于风险投资的参与，使得科技成果原本 20 年以上的转化周期缩短为 10 年以下。在美国，约 1/3 市值的上市公司曾经得到过风险投资的支持，其中包括 Intel、Microsoft、Cisco 等美国新经济的支柱。我国由于特定阶段风险投资体系不完善，使得许多可能成长为大企业的"金种子"在初期阶段由于缺乏资金的支持就被埋没了。科技成果市场化的不利又反过来影响到科研的积极性和有效性，科研活动不仅因此缺乏应有的动力，而且科研成果与市场严重脱节。

综合考虑其他因素，20 世纪末社会各界对于大力发展风险投资的必要性已形成强烈共识。在经济全球化和国际资本市场一体化的趋势下，发展风险投资已

① 徐国英. 创业投资与高科技产业发展. 经济问题探索，1999，11：27. 王海峰. 创业投资家——创业投资的灵魂. 管理现代化，1999，4：8.

② 杨华初. 创业投资理论与应用. 北京：科学出版社，2004.

经成为我国迎接知识经济挑战的必然选择。在 1998 年民建中央"一号提案"和
1999 年七部委《关于建立风险投资机制的若干意见》的引导下，中国掀起了风险
投资热潮。中国的风险投资迄今为止经历了四个发展阶段，从 1986 年中国新技术
创业投资公司设立至 1997 年为探索期，1998~2000 年是以大量风险投资机构的设
立为特征的发展期，2001~2006 年为调整期，2007 年至今为快速发展期。截至
2009 年年末约有 576 家风险投资机构（见图 1.1），创业投资基金总规模约为
1605.1 亿元人民币，平均每家风险投资机构管理的资金规模约为 2.77 亿元人民币。

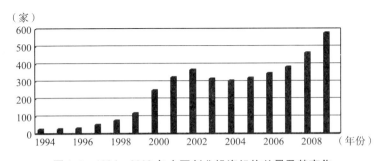

图 1.1　1994~2009 年中国创业投资机构总量及其变化

资料来源：王元，张晓原，梁桂. 中国创业风险投资发展报告（2010）. 北京：经济管理出版社，2010.

　　2009 年我国风险投资机构东部明显多于西部，东部地区主要分布在江苏、
浙江、广东（含深圳）、上海、天津、北京等经济发达地区，上述地区的风险投
资机构占全国总量的 81%，管理的资金数量约占总量的 78%。从风险投资年度
投资金额的行业分布看，金融服务业、传统制造业、软件产业、新能源/高效节
能技术和其他行业产业是 2009 年中国风险投资最为集中的行业，上述五个行业
集中了全部投资金额的 56.5%。从风险投资项目数量的行业分布看，2009 年软
件产业、医药保健、传统制造业、新材料工业、新能源/高效节能技术、其他行
业等六个行业共集中了 52.2% 的风险投资项目。

　　然而回顾我国多年来引进国外先进事物的历程，虽存在成功的案例，但
也不乏失败的苦果。和任何新生事物一样，我国风险投资在短暂的发展过程
中暴露出诸多问题，如商业模式的不完善、外部环境的不健全以及内部运营
机制的缺失与扭曲，严重影响了风险投资事业的发展。特别是由于缺乏风险

企业的治理机制，消极地影响了以促进科技成果转化为初衷的风险投资的投资效果。根据 2009 年科技部中国科学技术发展战略研究院对我国风险投资业进行的调查，导致风险投资机构投资效果不理想的原因主要有七个，分别是"内部管理水平有限"、"政策环境变化"、"市场竞争"、"技术不成熟"、"退出渠道不畅"、"后续融资不力"、"缺乏诚信"和"其他"（见图1.2）。其中"缺乏诚信"占比11.8%。除"缺乏诚信"外，其他原因在不同程度上和治理相关，特别是"内部管理水平有限"。这说明：影响我国风险投资业的不利因素中，风险企业治理机制不完善是影响投资效果的重要因素之一。对此，国外风险投资有着完善的治理机制可资借鉴，全面研究和吸收国外风险企业的治理经验并完善相关机制，对于我国风险投资事业的稳健发展具有重要现实意义。

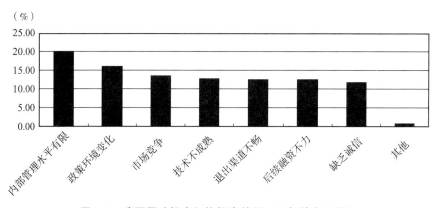

图1.2　我国风险投资机构投资效果不理想的主要原因

资料来源：王元，张晓原，梁桂．中国创业风险投资发展报告（2010）．北京：经济管理出版社，2010.

1.2

文献回顾与问题的提出

1.2.1　文献回顾

风险企业治理机制研究首先要回答的问题是：风险企业治理机制的内涵是什么？风险企业治理机制具体包括哪些机制？

Sahlman（1990）认为风险投资家对企业家的治理机制包括可转换优先股的治理机制、关键人员雇佣条款的治理机制、管理层股权以及股票期权的治理机制、信息权力的治理机制、分期投资的治理机制、风险投资家积极参与风险企业事务的治理机制、可转换优先股的治理机制。Sapienza，Manigart 和 Vermeir（1996）提出风险投资家通过与企业家互动进行治理，风险投资家个人和企业家的互动可以达到三个目的：一是使风险投资家及时了解风险企业商业运营状况；二是使风险投资家了解企业家如何运营企业和思考；三是风险投资家通过互动可以和企业家建立良好的关系并影响风险企业的决策。在 Anthony（1998）的研究中，分期投资策略的治理机制、基于期望回报率的治理机制、重新谈判的治理机制被列为风险企业的治理机制。Robbie（1997）的研究使用了与治理内涵相近的监控概念，罗列了风险投资家为监控风险企业而需要的信息并对其需求状况进行了实证。盛立军（1999）认为可中断分期投资策略对于管理层和创业者具有治理作用。武士国和宋立（2001）对防范"逆向选择"和"道德风险"问题的制度安排进行了分析。王大州（2001）认为风险投资家对高技术新创企业的治理过程包括评估与选择创业者、参与控制新创企业、适时退出新创企业三个环节。

针对风险企业治理机制，朱心来（2004）和陈静（2003）作出了专门研究。朱心来（2004）对我国风险投资制度的产生、演变和现状进行了阐述和分析，指出我国风险企业产权制度和治理机制的效率依赖于制度变迁的路径，我国风险投资以国有资金为主的供给结构在产权制度层面是影响我国风险企业治理机制效率的根源。在影响风险企业治理机制的直接因素中，风险投资家的经验和参与风险企业治理的积极性对风险企业治理机制产生重要影响。此外，本书还分析了风险投资家人力资本对产权结构的影响，根据调研指出了国内风险投资机构在企业契约制度安排和投资后监管上存在的差距。风险企业治理机制属于制度安排的范畴，运用制度经济学范式对风险企业治理机制作出研究是恰当的。该研究的不足在于缺乏微观层面的基础研究，对现有治理理论适用性以及风险企业特点衍生出的治理机制关注不足。

陈静（2003）从控制权分配、收益权分配和风险控制三个方面系统分析了风险企业内部治理机制，指出权利分配的动态调整是风险企业内部治理机制的重要特点，实证了创业板指数、董事会结构、董事会薪酬、企业知识产权，与每股有形净资产、净资产收益率、每股盈利之间的关系。虽然对风险企业治理机制中权力分配的动态性进行了研究，并考察了有关变量之间的关系，但是陈静对风险企业治理机制体系的认识显然有失全面，相关分析指标对于研究风险企业治理机制状况的合理性也值得商榷。

从现有文献有关风险企业治理机制的外延看，学者们不仅将能够限制"道德风险"的一切机制均列为了治理机制，而且将能够实现控制权配置的机制列为治理机制，例如风险投资家通过与企业家之间互动来影响决策的机制。其中既有有限合伙制的组织机制，又有风险投资家对风险企业的信息机制。既包括责、权、利在风险投资家与企业家之间的静态分配，又包括随双方人力资本、物质资本状况以及企业经营绩效而调整的动态机制。部分国外文献中风险投资治理的概念见表1.1。

表1.1   **部分国外文献中风险投资治理的概念**

文献信息	治理概念
Harry J. Sapienza, Sophie Manigart, Wim Vermeir. Venture Capitalist Governance and Value Added in Four Countries. Journal of Business Venturing, 1996, 11: 439 – 469.	风险投资家通过和企业家互动进行治理：风险投资家个人和企业家的互动可以达到三个目的：一是使风险投资家及时了解风险企业商业运营状况；二是使风险投资家了解企业家如何运营企业和思考；三是通过互动风险投资家可以和企业家建立良好的关系并影响风险企业的决策
Andreas Bascha, Uwe Walz. Convertible securities and optimal exit decisions in venture capital finance. Journal of Corporate Finance, 2001, 7: 285 – 306.	风险投资家和其他投资中介在许多方面有所区别。例如，他们通过如下一系列投资工具充当更加积极的治理角色：可中断的分期投资、直接监控、通过契约条款对退出的控制、明确的控制条款（更换创业者的职位）等
Sahlman, William A. Sahlman. The Structure and Governance of Venture-capital Organizations. Journal of Financial Economics, 1990, 27 (2): 473 –521.	风险投资出资人对风险投资机构的治理：有限合伙组织的治理作用、固定期限封闭式基金的治理作用、报告以及审计制度的治理作用、投资契约中对风险投资家限制条款的治理机制、特殊的咨询委员会的治理机制。 风险投资家对企业家的治理：可转换优先股的治理机制、关键人员的雇佣条款的治理机制、管理层股权以及股票期权的治理机制、信息权力的治理机制（财务报告、预算、检查风险企业账目）、分期投资的治理机制、风险投资家积极参与风险企业事务的治理机制、可转换优先股的治理机制
Anthony Aylward. Trends in Capital Finance in Developing Countries. World Bank and International Finance Corporation, Discussion Paper, 1998, 36.	风险投资出资人对风险投资机构的治理：投资机构组织机制的治理机制、对于投资的限制（单笔投资规模的限制） 风险投资机构对风险企业的治理机制：分期投资策略的治理机制、基于期望回报率的治理机制、重新谈判的治理机制

下述涉及风险企业治理的研究提出了一系列治理机制，除 Sapienza，Manigart 和 Vermeir（1996）、陈静（2003）、王大州（2001）文献中治理概念包括（或隐含）通过控制权的动态配置以增加投资价值之意外，所述机制主要目的在于防范企业家的"道德风险"。通过制度安排合理地配置风险企业的责、权、利，治理的基本目标在于实现股东利益最大化，具体途径有二：通过合理地分配企业的控制权，实现决策科学，增加企业的价值；防范企业中代理方的"道德风险"，减少股东利益的损失。此外，风险企业明显不同于大型上市公司，以大型上市公司为主要研究对象发展起来的治理理论明显不适于中小企业之处，例如风险企业两权分离程度低、人力资本占有重要地位，上述研究缺乏对风险企业这些特性的反映。国内研究对有关机制微观层面的研究也存在一定程度欠缺。

风险企业中风险投资家防范企业家"道德风险"的机制主要包括董事会的治理机制、风险投资网络的治理机制、可中断分期投资的治理机制、可转换优先股的治理机制和针对经理层的治理机制。风险投资家增加企业价值的机制主要包括增值服务的治理机制和基于风险投资家对 IPO 影响的治理机制。

参与董事会是风险投资家参与风险企业治理的重要途径，风险企业董事会比上市公司的董事会更加活跃（Rosenstein，1998）；内部与外部董事之间比例更加平衡、规模更小，对于决策的参与程度更深、影响更大（Sapienza，1992）。Joseph 等（1993）研究了风险企业董事会的规模与结构，并认为风险投资家参与董事会是增加附加投资价值的重要方式。Lerner（1995）的研究则不仅证实风险投资家在董事会中席位的增加与风险企业 CEO 更替之间的正向关系，而且对董事会成员的结构进行了富有开拓性的研究。1998 年，Fried 等人指出与美国上市公司董事相比，拥有大量股份的风险投资家董事在战略形成与评估上有更深程度的参与。

风险投资机构通过网络，彼此交换资源。网络的作用首先在于分享投资机会，因为良好投资机会总是稀缺的；其次是分散投资的财务风险和分享知识（Bygrave，1988）。在分期投资的情况下，风险投资家一旦发现风险企业风险过大，不仅自己会放弃投资，而且还会向其他投资者传递存在问题企业的风险信息（Sahlman，1990）。

风险投资一般有一个渐进式、多轮次的投资过程，该过程被称为可中断的分期投资。Gompers（1995）认为风险投资之所以通过分期投资这种离散的方式进行，主要是因为分期投资可以实现交易成本的节省，融资间隔、融资轮次数量和每轮融资数额均与资本结构中有形资产的比例以及资产的专用性有关，风险投资家单轮投资持续的时间越短、投资轮数越多，对风险企业的监控频度和强度就越大，如果无形资产比例和资产专用性程度越高、企业清算时资产出售的难度和预期损失增加，"道德风险"的结果越严重，其相应的监控强度就应当越大，融资周期就应当越短。Kaplan 和 Strömberg（2001）从不确定性的角度解释分期投资，认为导致风险投资家分期投入资金的原因主要有市场规模的不确定性和管理层风险的不确定性。青木昌彦（2000）将分期投资的治理机制称为锦标赛式治理机制，在该机制下风险投资家根据预期价值最大化的原则，从现有的投资项目中选出那些能产生最高预期价值的企业进行再融资以使项目完成，从而起到了治理作用。

Kaplan 和 Strömberg（2002）指出可转换优先股是美国风险投资行业经常使用的投资工具，这一结论和 Sahlman（1990），Gompers（1997）的研究结果一致。众多的研究均认为由于可转换优先股具有能够根据风险企业经营绩效调整转换比例、在企业破产时能够得到优先偿付等特性，而且具有促使企业家努力工作、遏制"道德风险"的作用。

针对经理层的治理机制主要包括以股票期权为特征的薪酬制度的治理机制，以及经理人市场的治理机制。Barney，Busenitz，Fiet 和 Moesel（1994）对风险投资契约中分别限制管理层管理机会主义和竞争机会主义行为的条款进行了研究。

风险投资家增加风险企业价值的机制主要包括增值服务的治理机制和基于风险投资家对 IPO 影响的治理机制。二者均主要建立在风险投资家人力资本的基础之上。

关于风险投资家为何要进行增值服务，Amit 和 Brander（1998）认为由于风险企业面临着巨大的不确定性，所以需要风险投资家和企业家的人力资本得到最大限度的协同；Fried，Bruton 和 Hisrich（1998）认为根据"委托—代理"理论，风险投资家更高的所有权水平决定了风险投资对风险企业事务有更高程度的参与。Sahlman（1990）认为风险投资行业经过长期演化的运营和契约机制，是对委托人和代理人之间信息不对称和不确定性适应的结果。Cable 和 Shane（1997）

主要从知识专用性的角度对增值服务加以分析。对增值服务内容作出研究的主要有 MacMillan（1988），Gorman 和 Sahlman（1989），Rosenstein 等（1992）。对增值服务效果的研究主要从两个角度进行，一是对风险企业和非风险企业的投资回报率进行比较，二是研究企业家对于增值服务效果的知觉，即企业家对于增值服务的主观评价。前者主要包括 Cherin 和 Hergert（1988），Brophy 和 Verga（1988），Stein 和 Bygrave（1990），Brav 和 Gompers（1997）等人的研究，后者的研究者主要有 Rosenstein 等（1992），Gomez 等（1990）。关于增值服务效果的研究总体上表明增值服务在多数情况下确实增加了风险企业价值。为了提高增值服务效率，Sapienza（1992）发现风险企业追求变革的程度越大、主投资人和风险企业 CEO 接触越频繁、沟通越公开、风险投资家和风险企业 CEO 之间意见分歧越小，则风险投资家参与风险企业事务的价值就越大，并认为在风险企业任何阶段均存在增加附加价值的机会。Sapienza，Manigart 和 Vermeir（1996）对美国、英国、法国和荷兰的风险企业公司治理及增值服务研究中，风险企业不确定性（市场变革、技术变革）越强，附加价值增加就越显著。MacMillan 等（1988）认为增值服务的具体内容还应当和风险投资家介入风险企业的程度相适应。

风险企业 IPO 不仅是风险投资链条的重要环节，而且是风险投资机构主要的利润来源之一，风险企业家在 IPO 方面的知识、经验和技能能够显著增加风险企业价值。Megginson 和 Weiss（1991）发现风险企业与非风险企业相比，从成立到实现 IPO 平均所用的时间更短，并认为这得益于风险投资机构在 IPO 中的公证作用。Lerner（1994）研究发现有经验的风险投资机构选择 IPO 时机的能力更强。风险投资支持的 IPO 与非风险投资支持的 IPO 相比，承销商的信誉等级更高，IPO 审计者质量更高，上市后更加能够吸引机构投资者，但是上市成本却更低（Muscarella et al.，1990），Brav 和 Gompers（1997）证明了风险投资家支持的 IPO 具有更高的价值。

上述具体治理机制研究的缺陷在于多数研究仅仅从一个视角进行，缺乏多视角的全面综合，对各种观点的归纳将深化对于机制的研究。对于机制总体而言，缺乏对其内在规律的研究和制度层面的考察。

从现有针对风险企业治理机制的研究看，不仅诸多机制缺乏综合分析，而且缺乏对机制作为一种制度安排的研究。风险企业具有高成长性，研究现状需要进一步研究风险企业成长过程中治理机制，以反映风险企业高成长性。

1.2.2 问题的提出

文献回顾的结果表明，风险企业治理机制的研究需要结合中小企业特性的理论突破，在此基础上根据风险企业高成长性的特点，在微观层面对风险企业治理机制作出制度经济学等层面的研究。具体待研究问题包括：

（1）中小企业治理在基本理论层面如何进行创新？

（2）治理机制作为制度安排的特性是什么？

（3）风险企业具体治理机制的内容与类别特征是什么？

（4）风险企业治理机制的整合途径、创新点是什么？

（5）风险企业成长过程中的治理机制及特性是什么？

（6）在本书的视角上，中国风险企业治理机制现状、问题与对策是什么？

因此，本书集中于以下问题：风险企业作为一种高成长型中小企业，其基于特殊治理特征的治理机制作为制度安排的内容和规律是什么？本书以上述六个方面为具体研究目标。

1.3

研究思路、研究方法与创新点

1.3.1 研究思路

本书总体研究思路是：在现实意义分析以及文献回顾的基础上，提出风险企业治理机制研究的问题，即：风险企业作为一种高成长型中小企业，其基于特殊治理特征的治理机制作为制度安排的内容和规律是什么？然后以基于人力资本的治理理论研究、机制作为一种制度安排的研究为切入点，运用理论研究法、实证研究法和比较研究法，对风险企业治理的具体机制、风险企业治理机制的整合与治理模式创新、风险企业成长过程中的治理机制及治理演进，以及中国风险企业的治理机制作出深入研究。本书对风险企业治理机制的研究基于风险投资机构（风险投资家）的视角进行，既研究风险投资家如何利用治理机制防范企业家的"道德风险"，又研究风险投资家如何利用自身的人力资本实现对企业控制权的动态分配以增加风险企业价值。从总体结构看，本书从治理理论与机制作为一种制度安排的研究，到风险企业治理机制内容与规律的研究；从对国外治理机制的研究到对国内治理机制的研究。

风险企业治理明显不同于上市公司治理：风险企业中人力资本占有重要地位；所有权和经营权分离程度低。因此本书从传统公司治理的目标、代理问题发生的条件以及"股东中心主义"的逻辑出发，分析人力资本理论对"股东中心主义"的挑战，并根据治理问题存在的普遍性、人力资本所有者与物质资本所有者的二位一体性、两权分离的模糊性以及"委托—代理"关系的相互性，将治理的概念由公司治理拓展为企业治理。治理机制作为一种制度安排，需要从契约、产权、交易成本和机制设计约束等角度作出综合分析。企业治理的目标在于实现企业价值最大化，具体途径是直接增加企业价值并减少因"道德风险"、"逆向选择"导致的价值损失。以风险投资家为核心的风险企业治理机制主要包括：防范企业家"道德风险"的治理机制和以风险投资家人力资本为基础增加风险企业价值的治理机制。

以风险投资家人力资本为基础增加风险企业价值的治理机制主要包括：增值服务的治理机制和基于风险投资家对 IPO 影响的治理机制。防范企业家"道德风险"的治理机制主要包括：可转换优先股的治理机制、风险企业董事会的治理机制、可中断分期投资策略的治理机制、风险投资网络的治理机制和针对经理层的治理机制。本书将在对上述治理机制归纳的基础上，研究其制度安排特性。

根据"道德风险"发生的条件以及企业家的效用函数，针对企业家"道德风险"的治理机制可以得到适度整合，具体治理机制的采用应当针对诱发企业家机会主义行为的主导因素。根据风险投资家和企业家之间关系的研究，基于风险投资家人力资本增加风险企业价值的治理机制可以分为英国模式和美国模式，在美国模式下具体机制的采用取决于风险投资机构的风险承担偏好，而在英国模式下风险投资项目选择机制对治理机制产生了替代。在控制风险的前提下，风险投资家应当根据交易成本节约的原则采取权变的治理机制。

高成长性是风险企业区别于一般中小企业的显著特征，成长所带来的股权、控制权问题以及与退出相关的契约治理机制，对于风险企业治理具有重要意义。风险企业的成长环境具有高风险性，相关治理机制是风险企业高速成长的保证。在高成长与风险转换约束下，风险企业内部治理呈现出演进性。所谓内部治理演进，是指在成功发展的典型风险企业中，其内部治理机构规模不断扩大、结构与功能不断完善的特性。

风险企业治理机制的有效实现，有赖于出资人对风险投资机构的有效治理和风险投资项目选择的治理相容性。前者决定了风险投资机构治理风险企业的动因；后者决定了风险投资机构治理风险企业的操作可行性。本书将对二者加以研究。

在调查的基础上，本书在最后部分对我国风险企业治理机制提出建议，以期充分利用国外先进机制促进我国风险投资事业的良性发展，从治理层面解决影响我国风险投资事业发展的问题。

研究结构对总体研究思路的反映见图1.3。

1.3.2　研究方法

（1）理论研究法。在回顾已有文献的基础上，对风险投资治理的基本问题进行深入的理论探讨，阐释风险企业治理的理论基础，根据风险企业的特殊性对有关治理理论进行创新，演绎风险企业治理机制所应遵循的基本规律。

本书依据所有权理论和基于风险学说的企业理论，分析了人力资本所承担风险对"股东中心主义"逻辑的挑战，由此导出人力资本对企业所有权配置的影响。进而根据经典公司治理理论前提假设与现实之间的矛盾，将公司治理概念拓展为企业治理，并据此分析了风险企业治理机制的目标、类型，以及所有权配置的基本规则。

（2）基于实证的"质的研究"方法。本书运用科学的实证研究方法发掘我国风险投资企业以及风险企业治理问题的实际状况，研究我国风险企业治理的独特规律。

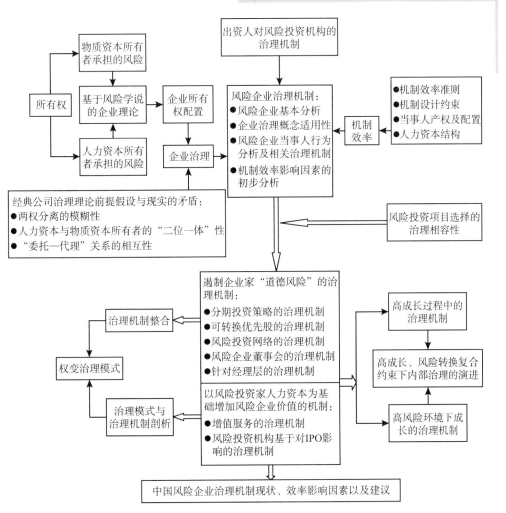

图 1.3　总体研究思路

由于风险企业微观治理机制信息可获得性较低，本书运用"质的研究"方法，有目的地抽取具有较高信息密度和强度的样本，在访谈基础上对我国风险投资企业以及风险企业治理问题的实际状况进行归纳，运用系统思想探究其问题产生的原因并相应提出建议。

（3）比较研究法。风险企业治理机制存在多种形式，国内外有许多可资借鉴的成功经验。本书首先通过系统地搜集与分析相关文献，研究风险企业治理机制的本质与规律，并在此基础上对现有知识予以综合，进而运用归纳法得出风险企业个别机制以及机制总体的理论本质。以上述基于文献的系统研究为参照，结合实证研究结果，通过国内企业和国外企业之间治理机制的比较研究，能够发现我国风险企业治理的不足之处，从不同的角度总结其中的经验与教训，最终为国家政策的制定和风险企业治理的实践提供指导。

1.3.3　本书的创新点

本书的创新点主要包括三个：

（1）基于人力资本理论将治理概念由公司治理拓展为企业治理。公司治理及以之立论的"委托—代理"关系建立于所有权基础之上。一方面由于物质资本匮乏以及法律、社会惯例等历史原因；另一方面由于前提性地假定了股东作为具有专用性、可抵押性物质资本的所有者和剩余索取权的承担者，承担了企业的最终风险，传统公司治理的逻辑认为作为物质资本所有者的股东是企业的所有者。人力资本的专用性、团队性以及人力资本与其所有者不可分离性共同决定了人力资本所有者是企业风险的承担者之一。人力资本所承担的风险要求人力资本产权所有者应当相应拥有企业的所有权，即企业的剩余索取权和控制权。由于治理问题存在的普遍性、人力资本所有者与物质资本所有者的二位一体性、两权分离的模糊性以及"委托—代理"关系的相互性，治理的概念应当由公司治理拓展为企业治理。企业治理就是以追求企业价值最大化为目标①、以企业控制权根据人力资本和物质资本状况进行最优分配为核心，配置责、权、利为手段的制度安排。

（2）提出基于风险投资家人力资本增加风险企业价值的治理机制并研究其独特规律。风险投资家和企业家人力资本的互补性是双方合作的基础，风险投资家通过增值服务、IPO向风险企业投入人力资本的过程实现了控制权的动态分配，企业家对风险投资家人力资本的依赖赋予了风险投资家治理的权力。本书对风险投资家上述机制的内容进行了深入研究，并指出影响其效率的因素。

（3）根据整合的针对企业家"道德风险"的治理机制、风险投资实践中运用基于风险投资家人力资本增加风险企业价值治理机制的不合理现状，提出依风

---

①　具体途径为保证决策科学和防范"道德风险"、"逆向选择"。

险企业代理风险和商业风险而权变的治理模式。企业家的效用主要由创业者的成就感、管理他人、财务收益和独立性决定，风险企业针对企业家"道德风险"的治理机制也由此得到一定程度的整合。根据有关文献，实践中基于风险投资家人力资本增加风险企业价值治理机制的运用违背了交易成本节约的原则。风险投资家治理机制的选择应当适合风险企业的代理风险与商业风险状况，代理风险高的情况应当采取主导型治理方式，代理风险低而商业风险高的情况采取辅助型治理方式，代理风险和商业风险均低的情况应采取放权型治理方式。针对企业家"道德风险"的治理机制应当与其主导效用因素对应，以提高机制的效率。

第 2 章

风险企业治理机制研究的理论框架

风险企业作为中小企业，人力资本所有者与物质资本所有者的二位一体性、两权分离的模糊性以及"委托—代理"关系的相互性，需要治理概念的拓展。而风险企业治理机制作为一种制度安排，则需要制度经济学层面的考察。

2.1
人力资本与治理概念的拓展

2.1.1 两权分离：一场以股东利益最大化为初衷的变革

1776 年由瓦特蒸汽机引发的动力革命与亚当·斯密所带来的经济思想革命一起，极大地改变了人类经济生活的状况。由此引发的工业革命使得工业界以手工作坊占统治地位的时代成为历史，大规模工厂的出现使得对于专业化管理、组织以及制度的需要空前提高。

尽管职业经理人的出现早于工业革命，但是工业革命所带来的生产规模急剧扩大无疑成为职业经理人大规模出现的直接原因之一。随着工厂规模的扩大，企业所有者的知识和经验不再能适应变得越来越专业的管理的需要，所有权和经营权的分离成为一种不可逆转的趋势。

两权分离根源于信息、知识和能力在个体间分布的不对称。企业成长导致管理作为一种专业化的劳动被分离出来。如果财产所有者自己经营企业，财产所有者将要承担学习管理知识的学习成本、经营不专业或经营不善等可能造成损失的成本，当该成本大于雇佣专业管理人员的成本时，所有权和经营权分离便成为理性的选择。所以，两权分离从本质上讲是一场以追求股东利益最大化为初衷的变革。

现代企业理论已经证明，如何实现财产所有权与足够的知识信息的有效对应（或有效匹配）是提高企业效率所面临的重要问题。经营权从所有权中分离出来，这就势必产生现代企业的治理问题，即现代企业要求专业化管理，企业专业化管理必然导致企业中所有权与经营权的分离，两权分离必然产生现代企业的治理问题。

2.1.2　公司治理的概念及理论发展

所有权和经营权分离的现状以及影响，直到 20 世纪才得到密切关注，至少在学术界如此。

1932 年，伯利和米恩斯发表了《现代公司和私有产权》，通过对美国最大的 200 家公司的实证，指出现代公司中所有权与控制权的分离现象，现代公司已由"受所有者控制"转变为"受经营者控制"。1966 年，拉纳发表于《美国经济评论》上的《1929 年和 1963 年最大 200 家公司的情况》一文中，按照伯利和米恩斯的方法分析了美国 1963 年最大 200 家公司的情况，并与 1929 年的结果进行了对照。结果表明，经营者控制的公司资产比例已经从 1929 年的 58% 上升到 1963 年的 85%，这充分说明伯利和米恩斯在 20 世纪 30 年代观察到的两权分离的"经理革命"，在美国大约经历了 30 年之后基本完成。

钱德勒 1987 年在《看得见的手——美国企业的管理革命》一书中通过分部门、分行业的具体案例分析，指出随着企业股权的社会化和分散化，股东并不具备参与高层管理的影响力、知识和经验，支薪经理不仅管理短期经营活动，而且决定长期战略，这种经理式企业取代了家族式或金融家控制的企业而成为美国经济系统的主导形式。

在两权分离的基础上，古典管家理论和"委托—代理"理论作为公司治理的理论基础得到了发展。

在新古典经济学中，占主导地位的是古典管家理论。该理论认为，所有者和经营者之间是一种无私的信托关系，其基本观点与结论有：第一，新古典框架下，不存在代理问题；第二，在完全信息的假设下，公司治理不再重要；第三，在完全信息的假设下，研究现代公司治理基本上不具有任何意义，因为据此理论，公司治理表现为股东主权至上，股东同董事会、总经理之间的无私信赖关系，使经营者会按照股东利益最大化原则行事。

然而该理论的缺陷显而易见。企业所有者和经营者必然存在不同差别程度的效用函数，在"经济人"假设下双方各自利益最大化的过程必然导致利益冲突。契约的不完全性和信息不对称也给经营者追求自身利益最大化提供了可能性。由于存在谈判成本，所有者不可能与经营者签订一份完全契约，规定所有问题的所有细节。在信息不对称的现实条件下，所有者并不能完全了解经营者的所有行为和企业的运营状态，经营者实际拥有了不完全契约规定之外问题的决策权——剩余控制权，对于剩余索取权也有一定的控制能力。古典管家理论的假设与现实的差距导致了"委托—代理"理论成为公司治理的主导理论。

在现代经济学中，委托—代理关系（或称代理关系）被视为一种契约。在这种契约下，一个或一些人（委托人）授权另一个人或一些人（代理人）为他们的利益而从事某些活动，其中包括授予代理人某些决策权力。"委托—代理"理论承认委托人和代理人的效用函数差异、契约的不完全性和信息的不对称性，将由此导致的"道德风险"和"逆向选择"问题作为研究对象。"逆向选择"是指由于信息的差异性或非对称性而导致的"市场失灵"，当市场交易双方中一方持有与交易相关的信息而另一方对信息不知晓，并且不知情的一方对他方的信息验证成本昂贵而在经济上不现实或不合算时，导致市场运作的无效率就会发生。比如拥有旧汽车而准备出售的人较为全面地掌握着有关旧车性能的一阶信息，而潜在购买者则只具有二阶信息，这样当性能较好的旧车与性能较差的旧车同时出现在交易市场时，由于潜在购买者缺乏信息而降低其分辨能力，他在购买时选择的可能是性能不好的旧车，整个交易结果是一些性能较好的旧车没卖出去，而性能较差的旧车可能被买走。根据经济学一般意义上的解释，"道德风险"就是在不同的交易过程中从事经济活动的人最大限度地增加自身效用时作出不利于他人行动的风险，即交易双方在交易契约生效以后，其中一方恶意行为导致另一方不应有的损失。例如某人为其汽车购买了防盗保险后，很可能他对车子所采取的防盗措施不如没有购买保险前那么认真，从而造成汽车被盗。车主因能从保险公司那里得到一定的赔偿而不致损失过多，但保险公司则可能损失很多。很显然，机会主义行为以契约生效为界，"逆向选择"发生在契约前，"道德风险"发生在契约后。减小"道德风险"的途径之一在于设计合理的激励机制，实现委托方与代理方的"激励相容"。

OECD 在《公司治理原则》中将公司治理定义为"公司治理是一种据以对工商业公司进行管理和控制的体系。公司治理结构明确规定了公司各个参与者的责任和权利，诸如董事会、经理层、股东和其他利害相关者，并且清楚地说明了决策公司事务所应遵循的规则和程序。同时，它还提供了一种结构，使之用以设置公司目标，也提供了达到这些目标和监控运营的手段"。

蒙克（Monks，1995）把公司治理定义为，影响公司方向和业绩表现的各类参与者之间的关系。主要参与者包括股东、经理、董事会、其他利益相关者。他们之间的关系涉及主要参与者的权利、责任和影响，以及在决定公司的方向、战略、业绩表现上能做什么和应该做什么。

钱颖一（1995）认为：公司治理的内容至少涉及企业控制权的配置和行使，对董事会、经理人员和工人的监控以及对他们工作绩效的评价，激励方案的设计和推行三个方面。

李维安（2002）认为：首先，公司治理是一种契约关系。公司被看做是一组契约的联合体，这些契约治理着公司发生的交易，使得交易成本低于由市场组织这些交易时发生的交易成本。其次，公司治理的功能是配置责、权、利。关系契约要能有效，关键是要对出现契约未预期的情况时谁有权作出安排予以约定。狭义的公司治理，是指所有者（主要是股东）对经营者的一种监督与制衡机制。即通过一种制度安排，合理地配置所有者与经营者之间权力和责任关系。公司治理的目标是保证股东利益最大化，防止经营者对所有者利益的背离，其主要特点是通过股东会、董事会、监事会及管理层所构成的公司治理结构的内部治理达到上述目标。广义的公司治理则不局限于股东对经营者的制衡，而是涉及广泛的利害相关者，包括股东、债权人、供应商、雇员、政府和社区等与公司有利害关系的集团。公司治理通过一套包括正式以及非正式的制度来协调公司与所有利害相关者之间的利益关系，以保证公司决策的科学化，从而最终维护公司各方面的利益。要正确理解公司治理的概念，需要转变以下两个方面的观念：一是从权力制衡到决策科学；二是从治理结构到治理机制。

20世纪60年代以前，公司治理以经理层为中心进行，经营效率大为提高，但财产所有者要承担完全的经营风险和经理层的"道德风险"；60年代至80年代，公司治理中心转向股东会，其治理思想步入一种历史倒退，该治理结构下两权趋于一体化，违背了专业化管理和两权分离的时代潮流，结果牺牲了企业的效率；进入90年代以后，董事会占据中心地位的公司治理时代来临，其特征是既保持了以股东为中心治理结构的低风险性，又保持了以管理层为中心治理结构的高效率。目前，以董事会为中心的第三代公司治理结构仍占主导地位①。

综上所述，原始含义的公司治理是在"委托—代理"理论基础上的一套制度安排，其核心是配置所有者与经营者之间的责、权、利，其目标是实现股东利益的最大化。股东利益最大化的实现依赖于两个方面：一是通过科学决策增加股东的价值；二是通过权力制衡机制防止经营者对所有者利益的背离，即防范"道德风险"。

2.1.3 公司治理的逻辑

Cochran 和 Wartick 认为："公司治理问题的核心是：（1）谁从公司决策/高级管理阶层的行动中受益？（2）谁应该从公司决策/高级管理阶层的行动中受益？当在'是什么'和'应该是什么'之间存在不一致时，公司治理的问题就会出现。"显然，公司治理的逻辑和"应该是什么"这个问题密切相关，而该问题的答案与所有权密切相关。

西方关于所有权的核心理念是：在承认个人财产的条件下，财产的所有者才有经营其财产的动因，并且经营私人财产与促进社会整体利益二者之间是相容的。亚当·斯密写道：即使一个商人"仅仅追求个人利益，他也被……一只无形的手牵引着去追求他无意追求的目标"。斯密深信商人"通过追求个人利益，常常会促进整个社会的发展，而且比他真正有意识地去促进还有效"②。所有权在

---

① 敖天平. 企业治理问题演进与公司治理理论发展. 中国流通经济. 2003，11：54－57.

② ［美］罗伯特·蒙克斯，尼尔·米诺. 李维安，周健等译. 公司治理. 北京：中国财政经济出版社，2003.

西方资本主义社会得到如此广泛的承认，以至于西方学者将所有权视为人权的一部分。

所有权又称为产权，阿尔钦把产权定义为"一种通过社会强制而实现的对某种经济物品的多种用途进行选择的权利"。产权不仅指人与物之间的关系，而且指由物的存在及关于它们的使用权所引起的人们之间相互认可的行为关系。由于产权安排确定了每个人相应于物的行为规范，每个人都必须遵守与其他人之间的相互关系，或承担不遵守这种关系的成本，因此在这个意义上产权就是一种使自己或他人受益或受损的权利。产权是一种社会性的工具，其重要性在于使一个人在与其他人进行交易时产生合理的预期。

对特定财产的完整产权不是单项权利，而是一组权利或一个权利体系。劳伦斯·C. 贝克尔把一项具体财产的产权分为：占有权、使用权、处置权、收益权、充当资本权、安全权、继承权、不定期所有、禁止有害使用权、履行债务权和剩余处置权共 11 项权利。我国学者习惯于把产权分为"四权"，即所有权（对物法定的支配权）、占有权（对物生产使用的支配权）、收益权（对物的生产使用成果的占有权）和处置权（对物变换主体或改变物本身形式与性质的支配权）。产权具有排他性、有限性、可交易性、可分解性和行为性。

基于风险学说的企业理论认为：不同风险偏好的要素所有者为了获得分工收益而组合在一起构成企业，并且通过经营权和控制权的配置形成一种不同于市场契约的企业契约。企业制度就是一种典型的风险交换和分摊的制度，在企业中，承担风险的人获得剩余收益，而不承担风险的人则获得固定契约收益，风险降低的代价是放弃了对要素的控制权，因此那些承担了风险的人获得了对企业内要素的控制权。在现代企业中，当大量的投资者授权给代理人时，就降低了对风险的控制，因此也应当相应减少其风险，导致企业发展过程中实现了由无限责任向有限责任的转变。这种转变的结果就是企业所有权和经营权的分离，以及企业所有权的出现。

企业所有权指的是在要素所有者达成的契约中，剩余索取权和剩余控制权的配置。由于所有权的可分解性，企业所有权是对资产所有权一项或几项分解权利的组合。在现代公司制企业中，企业所有权的行为主体理论上应当维护资产所有者的利益。

传统的公司治理逻辑直接将物质资本（或货币资本）所有者的财产所有权拓展为对企业的所有权，即物质资本所有者拥有企业产权。其逻辑如下：物质资本所有者是剩余索取权的承担者，并且投入的资产具有专用性、可抵押性，因此物质资本所有者承担了企业的最终风险，所以物质资本所有者拥有企业的所有权。因物质资本所有权而成为企业所有者的股东，就理所当然地成为企业剩余索取权和经营权的所有者，从而成为"委托—代理"关系的委托方，经理人员则成为代理方。

根据威廉姆森（Williamson，1985，1996）的解释，专用性特指一种资产仅仅适合于某种用途，如果该资产被转为他用，其价值就会大大降低的特性。就资产专用性而言，研究者们关心的是物质资本的专用性所造成的风险，以及因其可与所有者相互分离、可以作为抵押物的特性。正是部分地基于以上特性，研究者得出结论：企业的物质资本所有者不仅承担了物质资本专用性所造成的风险，而且承担了物资资本作为抵押物在企业经营不善时丧失所有权的风险，所以作为物质资本所有者的股东就应当是企业的所有者。

剩余索取权就是收益分配序列上"最后索取的权利"。设 i 为企业的总收入且 $0 \leqslant i \leqslant I$（$I$ 是最大可能收入），ω 为应该支付工人的契约工资，δ 为对债权人的契约支付，π 为满意的利润水平，对工人的支付要先于对债权人的支付。单纯从剩余索取权决定企业所有权的角度分析，如果企业处于 $i < \omega$ 的状态，则工人是企业的所有者；如果企业处于 $\omega < i < \omega + \delta$ 的状态，则债权人是企业所有者；如果企业处于 $\omega + \delta < i < \omega + \delta + \pi$ 的状态，则股东是企业所有者。收益索取顺序上的劣势无疑是股东面临的风险，因为扣除对工人和债权人的支付后，剩余收益才归股东所有，如果企业经营状况不佳，那么股东将一无所获。剩余控制权是指对契约中未约定内容作出决策的权力。

剩余索取权应当和剩余控制权相对应，因为剩余索取权拥有者承担了企业的最终风险，所以有积极性作出最优决策。在企业正常运作的情况下，股东（物质资本所有者）是企业的剩余索取者，承担边际风险，而其他参与人的收入是契约规定的，在边际上不受企业经营业绩的影响，因而缺乏作出最优决策的激励。

也正是上述关于所有权的论述，使得公司治理的目标成为追求股东利益的最大化。这种以股东为核心的治理被冠以"股东中心主义"，它的特征是股东是企业的所有者，并享有企业的所有权；作为物质资本所有者的股东和作为人力资本所有者的经理层之间是一种单纯的雇佣关系，即"资本雇佣劳动"。根据《辞海》的解释，资本就是带来剩余价值的价值，"股东中心主义"的治理逻辑隐含了企业剩余价值仅仅由物质资本创造的前提。"股东中心主义"无疑具有一定的合理性，然而随着知识经济的来临以及人力资本和物质资本相对稀缺性的变化，上述基于物质资本所有权的治理逻辑受到了前所未有的挑战。

2.1.4　人力资本的概念及其属性

人力资本的概念至少可以追溯到 18 世纪，早期对人力资本问题予以关注的学者主要有亚当·斯密、约翰·穆勒和阿弗雷德·马歇尔。而现代人力资本理论的代表人物主要包括西奥多·W. 舒尔茨、加里·贝克尔、爱德华·丹尼森、卢卡斯、罗默尔、斯宾塞等人。

工业革命以来，人的知识和技术因素在生产中的作用日渐重要。著名的古典学派代表亚当·斯密首先注意到人力资本问题，在其 1776 年出版的《国富论》中就初步提出了人力资本的概念。他说："学习是一种才能，须受教育、须进学校、须做学徒，所费不少，这样费去的资本好像已经实现并且固定在学习者的身上。这些才能对于他个人自然是财产的一部分，对于他所属的社会也是财产的一部分"①，他提出劳动力是经济进步的主要力量，全体国民后天取得的有用能力都应被视为资本的一部分。工人的工作效率增加，可减少劳动力耗费，其花费成本可以由增加的利润加以回收，因而人力资本投资可以由私人出于追求利益的投资行为来完成，他建议由国家推动、鼓励甚至强制全体国民接受最基本的教育。

约翰·穆勒继亚当·斯密之后在其《政治经济学原理》中指出"技能与知识都是对劳动生产率产生重要影响的因素"。他强调取得的能力应当同工具和机器一样被视为国民财富的一部分，同时由于教育支出将会带来未来更大的国民财富，对教育的支出是与其他公共事务支出完全相容的。

---

① ［英］亚当·斯密. 郭大力，王亚南译. 国富论. 北京：商务印书馆，1964：257 - 258.

马歇尔（Alfred Marshall）是现代人力资本理论形成之前对有关经济思想加以重视的又一著名的经济学家。他在《经济学原理》中对人的能力作为一类资本的经济意义提出了新认识："老一代经济学家对于人的能力作为一种资本类型参与生产活动的认识是十分不足的"。他将人的能力分为"通用能力"和"特殊能力"两种，后者指决策能力、责任力、通用的知识与智力，前者指劳动者的体力与熟练程度。马歇尔还强调人力资本投资的长期性和家族、政府的作用，并且将"替代原理"用于说明对人力资本和物质资本投资的选择。马歇尔认真地研究了教育的经济价值，主张把教育作为国家投资，并认为教育投资可以带来巨额利润。尽管马歇尔对推动人力资本理论发挥了巨大作用，但因为他又认为人是不可买卖的，所以拒绝了"人力资本"这一概念。

1960 年，舒尔茨在美国经济年会上的演说中系统地阐述了人力资本理论，该演讲成为现代人力资本理论诞生的标志。舒尔茨认为人力资本主要是指凝聚于劳动者本身的知识、技能及其所表现出来的劳动能力。这是现代经济增长的主要因素，是高效率经济的源泉。他进一步指出人力资本是社会进步的决定性因素，但人力资本的取得不是无代价的，需要耗费稀缺资源，人力资本所涵盖的知识和技能是投资的结果。掌握了知识和技能的人力资源是一切生产资源中最重要的资源。舒尔茨在提出人力资本投资理论后，采用收益率法测算了人力资本投资中最重要的教育投资对美国 1929～1957 年间经济增长的贡献，发现其比例高达 33%。这一结果被广泛引用并成为说明教育经济作用的依据。

舒尔茨人力资本理论的局限性在于注重宏观分析而忽视微观分析。贝克尔的研究弥补了该不足。加里·贝克尔（Gary S. Becker）被认为是现代经济领域中最有创见的学者之一。他曾和舒尔茨同在芝加哥大学任教，成为人力资本理论的主要推动者之一。他的著作《人力资本》被西方学术界认为是"经济思想中人力资本投资革命的起点"。贝克尔的人力资本理论研究成果集中反映在他自 1960 年以后发表的一系列著作中，其中最有代表性的是《生育率的经济分析》和《人力资本》，如果说舒尔茨对人力资本的研究可看做是教育对经济作用的宏观分析，贝克尔的研究则主要从微观角度进行。贝克尔在《人力资本》一书中，分析了正规教育的成本和收益问题，还重点讨论了在职培训的经济意义，也研究了人力资本投资与个人收入分配的关系。他在人力资本形成、教育、培训和其他人力资本投资过程等方面的研究成果，也都具有开拓意义。

丹尼森对人力资本理论的贡献在于对人力资本要素作用的计量分析。丹尼森最著名的研究成果是通过精细分解计算论证出美国 1929～1957 年美国经济增长中有 23% 的比例归功于教育的发展，即对人力资本投资的积累。许多人认为从 20 世纪 60 年代开始长达十多年的全球各国教育经费猛增在很大程度上归功于丹尼森的研究成果。

人力资本理论重新证明了人特别是具有专业知识和技术的高质量的人是推动经济增长和经济发展的真正动力。人力资本理论使人类社会发展的轨迹产生了由"物"向"人"的回归，与此同时有效地解释了为何等量物质资本不能获得等量收益。

尽管存在多种不同定义，人力资本一般是指凝结在人体之中，投入到生产中的知识、技术、能力、健康和努力程度等因素的价值总和。它以劳动者的异质性为前提，反映了人的观念、知识、技术、能力和健康等要素的稀缺性以及相应的市场供求关系。

人力资本的形成被认为是人力资本投资的结果。舒尔茨在《人力资本投资》一书中把人力资本投资范围和内容归纳为五个方面：第一，卫生保健设施和服务，概括地说包括影响人的预期寿命、体力、耐力、精力和活动的全部开支；第二，在职培训，包括由商社组织的旧式学徒制和正规的初等、中等和高等教育；第三，学校教育，包括学费及学习期间放弃的收入；第四，不是由商社组织的成人教育计划，特别是农业方面的校外学习计划；第五，个人和家庭进行迁移以适应不断变化的就业机会的开支。舒尔茨认为在以上五个方面的投资形成了人力资本。

虽然均涉及凝结在人体之中的知识、技术、能力、健康和努力程度等因素，但是人力资本所涉及的知识、技术、能力、健康和努力程度稀缺性更高，市场供求中处于更高的被需求水平。也正是由于稀缺性和供求关系的不同，企业中人力资源所有者只能获得契约约定的支付，因为如果人力资源所有者不接受该支付就会被其他同质人力资源所有者替代；由于难以寻找同质的人力资本，所以人力资本在和企业传统所有者博弈的过程中具有一定的"谈判力"，并借此要求企业的剩余索取权。凝结于同一个体中的知识、技术、能力、健康和努力程度等因素，当把企业当做一个投入产出系统并将上述因素当做投入时，上述因素是人力资源；当分析角度是生产关系属性时，上述因素就可能被称为人力资本。对于同一个体而言，可以既是人力资源的所有者，又是人力资本的所有者。以出任管理人员的企业家为例，其一般的管理知识、技能等属于人力资源，而其识别并开发商业机会的知识、技能等则属于人力资本，因此该企业家作为人力资源所有者可以获得企业支付的工资，而作为企业的创办人则可以因人力资本索取企业的剩余。

学术界普遍认为人力资本包括三个主要性质：一是人力资本与其所有者具有不可分离性。与物质资本不同，人力资本与其所有者天然合为一体，这导致了人力资本是一种主动性资产，可以由其所有者自由配置，其供给的数量和质量取决于人力资本的所有者、控制者。因此，人力资本具有"只可激励不可压榨"的特性，同时决定了人力资本的载体就是人力资本的产权所有者。二是人力资本具有团队性。阿尔钦和德姆塞茨强调企业内人力资本所有者的合作是"团队生产"，人力资本只有通过协作和发挥团队精神才能得到充分释放。而在团队生产中由于人力资本相互依存并且价值难以计量，所以人力资本难以测量。三是人力资本具有专用性。高度的社会化分工导致知识、技能的高度专业化，当个体累积的人力资本用于其他用途时可能导致价值的降低。

此外，人力资本还具有学习性质。人力资本的形成是一个动态发展的过程，人力资本具有学习的性质，反映了人力资本所有者具有持续不断地获取、积累、利用和创造知识的能力。

国内有人把人力资本与物质资本在企业产权方面相提并论，提出"企业是人力资本与非人力资本的一个特别合约"（周其仁，1996），认为企业里人力资本与非人力资本一样享有产权，因而企业的所有者不应该只是非人力资本所有者。方竹兰（1997）则认为非人力资本在现代经济中容易退出企业，人力资本的专用性和团队化使其成为企业的真正风险承担者，因而应"劳动占有资本"。最近国内外文献（Rajan，Zingales，2000；杨瑞龙、杨其静，2001）认为，企业由谁所有、由谁控制，取决于企业要素提供者的"谈判力"。谁拥有对企业最有价值的资源谁就有最强的"谈判力"，这种谈判力就构成对企业资源的"控制力"。换言之，拥有企业最有价值资源的所有者是企业的真正控制者、所有者。

人力资本在企业中的价值有越来越大的趋势，尤其在一些以高科技企业为代表的知识型企业里，人力资本地位日趋重要，因而人力资本在治理中扮演越来越重要的角色。

2.1.5　人力资本对"股东中心主义"的挑战以及对公司治理的再认识

知识经济时代，人力资本理论对公司治理理论产生的重要影响在于人力资本的性质决定了人力资本所有者成为企业风险的承担者之一，因此人力资本产权所有者具备了成为企业所有者的条件，这使公司治理的逻辑产生了由单纯的"股东中心主义"向物质资本所有者和人力资本所有者"共同治理"的转变。

从人力资本的角度看，两权的分离源于物质资本、人力资本在人口中分布的不对称。而两权分离可以理解成为实现人力资本和物质资本相对于企业价值最大化而进行的最优匹配。

如上所述，人力资本产权具有三个重要性质：人力资本与产权所有者不可分离；人力资本具有团队性；人力资本具有专用性。这些性质决定了人力资本产权所有者承担了企业的风险，因而应当成为企业的所有者，在企业治理中享有公司的控制权与剩余索取权。

人力资本的专用性以及人力资本与其所有者不可分离性，一起决定了人力资本是企业风险的真正承担者之一。随着知识经济的到来以及社会分工的日益细化，人力资本的专用性逐渐增强。与物质资本不同，人力资本所有者和人力资本具有不可分离性，因此人力资本所有者必须承担全部专用性所带来的风险。而物质资本与其所有者是可以分离的，也正是这种可分离性使得物质资本所有者在一定程度上能够逃避物质资本专用性带来的风险。因此，在一定的条件下人力资本所承担的风险性更大，人力资本的专用性使其所有者在进出企业时不得不考虑自己人力资本的适应性。人力资本的专用性反映了社会分工对人力资本所有者进入和退出企业的客观限制。这种客观限制增强了人力资本所有者承担企业风险的自觉性和主动性。

人力资本的团队性，也导致其所有者存在对企业的依赖性，从而承担着相应的退出风险。高度的社会分工使得团队合作性成为人力资本区别于物质资本的重要性质，特定人力资本作用的发挥和具体团队系统密切相关，这无疑增加了人力资本所承担的风险。

按照公司治理的逻辑，企业风险的承担者享有企业所有权。人力资本承担的风险要求人力资本产权所有者不仅应当相应拥有企业的所有权和控制权，而且应当拥有企业的剩余控制权和剩余索取权。

国内学者刘小玄指出："企业承担风险的能力是与企业创造价值的能力成正比的，而后者又与企业能否有效投入人力资本密切相关。人力资本能够从创造价值或增加价值的角度提高企业抗风险的能力。这是一种积极抵御风险的方式。"他还指出企业所有权的历史发展过程是：完美的出资者所有制——出资者主要控制的所有制——出资者部分控制的所有制——出资者"用脚投票"的所有制——出资者作为债权人的所有制。这就说明公司治理主体中非人力资本所有者的地位由强到弱，而人力资本所有者的地位却由弱到强的变化过程。人力资本在公司治理中作用的日益加强成为一种不可逆转的趋势。

从人力资本的角度审视，两权的分离源于物质资本、人力资本在人口中分布的不对称，两权分离的目的在于通过人力资本与物质资本的优化组合（或者匹配）实现物质资本所有者利益的最大化。公司治理的原始含义可以理解为：通过一种制度安排，在作为人力资本所有者的经理层和作为物质资本所有者的股东之间，实现责、权、利的合理配置，防止人力资本所有者对物质资本所有者利益的背离，并利用人力资本与物质资本所有者之间的监督制衡机制、科学决策机制，实现股东利益的最大化。

2.1.6 公司治理向企业治理的转变——公司治理理论的拓展

由于传统公司治理概念以及相关理论所适用企业形态及其前提假设的局限性，公司治理概念需要在人力资本理论基础上进行使之更具普遍性的拓展，拓展后的概念称为企业治理。

经典的公司治理理论至少隐含了三个前提假设，即所有权和控制权截然分离、人力资本和物质资本所有者相互区分，以及物质资本所有者与人力资本所有者之间单向的"委托—代理"关系，治理概念的拓展需要突破这些假设的局限性。

经典公司治理理论假设拥有企业所有权的股东对企业没有实际控制权，而拥有企业控制权的经理层没有企业的所有权。该假设与现实企业中所有权和控制权分离具有模糊性的普遍状况存在差别，以二值逻辑为基础的假设无法准确反映现代企业中两权分离的一般状况。所谓模糊性是指事物以 0～1 闭区间内某一程度隶属于二元状态中某一状态的性质。随着股东对经营管理的参与以及经营者持股现象的普及，两权分离模糊性的假设比极端的二元假设更加符合实际。

"股东是单纯的物质资本所有者，而经理是单纯的人力资本所有者"，该假设是经典公司治理的又一前提。但事实上股东通过参与董事会或者出任经理人员等方式为企业贡献了人力资本，而持股的经理层则成为物质资本所有者。人力资本所有者和物质资本所有者具有"二位一体"性，即股东与经理层均能够同时拥有物质资本与人力资本。

经典公司治理概念另外一个局限之处反映于股东对经理层的单向"委托—代理"关系。"股东中心主义"假定股东是企业唯一的所有者并拥有企业的最终控制权，而经理层只是股东权力的受托人。该假设既否定了人力资本所有者对企业的所有权，又忽略了所有权与经营权分离的模糊性、两种资本所有者的"二位一体"性。在多数情况下具体的所有者只拥有企业的部分所有权，但是所享有控制权的影响范围却涉及全部所有者。这种部分所有权所导致的控制权影响的整体性，决定了不同所有者之间双向的"委托—代理"关系。

鉴于以上分析，企业治理概念需作出如下假设：第一，人力资本与物质资本的相对稀缺性以及在创造价值中的作用，决定了人力资本所有者是否能够凭借对人力资本的所有权，与物质资本所有者共同享有企业所有权。第二，企业中所有权和控制权的分离具有模糊性。第三，企业中每一个所有权主体均可能同时拥有人力资本与物质资本。第四，掌握控制权的不同企业所有者之间是相互的"委托—代理"关系。第五，治理的目标由追求股东利益最大化，拓展为企业价值最大化。企业价值代表了物质资本所有者与人力资本所有者的共同利益。

综上所述，企业治理概念可以归纳为以追求企业价值最大化为目标[①]、以企

---

① 具体途径为保证决策科学和防范"道德风险"、"逆向选择"。

业所有权根据人力资本和物质资本状况进行最优分配为核心，配置责、权、利为手段的制度安排。最优的企业治理应当具有基于具体情境变化的动态特性。

企业是人力资本与非人力资本的一个特别契约，因此只要存在人力资本与物质资本分布的不对称，企业就需要根据人力资本与物质资本状况结构性地分配控制权以寻求所有者利益的最大化。同时，不同的所有者之间效用函数的不一致、契约的不完全性以及信息的不对称性，决定了"道德风险"和"逆向选择"问题普遍存在于非公司制企业中。因此，公司治理目标和代理问题发生的条件从总体上适用于所有基本形态的企业，治理的概念不仅仅局限于公司制企业。

公司治理是企业治理的子概念。当假设股东只拥有物质资本而经理只拥有人力资本、人力资本所有者不享有企业所有权、股东所有权与经理层的控制权完全分离并且二者之间为单向"委托—代理"关系时，企业治理概念就变为经典公司治理概念。

公司治理概念向企业治理概念的拓展反映了知识经济时代人力资本作为企业价值源泉的重要作用，并且反映了现代企业中，特别是以高科技企业为代表的新型企业中所有权与控制权分离具有模糊性的现状。企业治理的概念考虑了不同形态企业中人力资本与物质资本关系的复杂性，使治理的概念不仅适用于大型上市公司，而且为中小企业的治理探索性地提供了思路。

2.2

企业治理机制的基本分析

2.2.1 机制的含义与机制设计约束

机制的原意是指工程上机器的构造与工作原理，后被引入到生物学、医学等学科，指的是有机体的结构、内在的工作方式和功能。此后，机制的概念又扩展到经济、社会、管理等领域，如经济机制、治理机制等。现在，机制已经成为一个泛指的概念，指系统内部的有机制约关系及其运行机理。机制是一种制度，诺思认为，制度可以分为三大类或三个层次，即宪法秩序、制度安排和规范性行为准则。宪法秩序是第一类制度，它规定了确立集体选择的条件的基本规则，这些规则是制定规则的规则，它包括确立生产、交换和分配基础的一整套政治、社会和法律的基本准则。第二类制度指制度安排，是约束特定行为模式和关系的一套行为规则。制度安排既可以是长久的，也可以是临时的；既可以是正规的，也可以是非正规的。第三种制度是规范性行为准则，它主要来源于人们对现实的理解，并受到意识形态和文化背景的强烈影响。因此，经济机制确切的含义是一种制度安排，这种制度安排所规定的约束经济活动中当事人特定行为模式和关系的规则，决定和反映了经济系统内部的有机制约关系及其运行机理。

机制以经济中的当事人特定行为模式和关系的规则为内容，因此不可避免地涉及"经济人"假设。在个体层面中，西方经济学假定人是追求效用最大化的个体，即寻求最大效用的"经济人"。在该假设下，个体的选择基于效用的比较，并在特定约束下实现自身效用的最大化。部分基于此，行为修正型激励理论之一的强化理论认为，人的行为会依据行为结果对个人效用的影响实现强化，即当某种行为的结果对人有利时，这种行为就会重复发生；当某种行为的结果对人不利时，这种结果就会减少甚至不发生。追求效用最大化的"经济人"假设对机制设计理论产生了重要影响，其约束条件"激励相容"与"自我实施"成为机制研究的重要方面。

企业所有权和经营权的分离，使得所有者必须在增加专业化分工收益与减少代理成本之间作出综合的平衡，由此导致的结果就是机制设计理论。机制设计就是在自由选择、自愿交换、信息不完全以及决策分散化条件下，为了实现既定目标，根据一定的效率准则和约束条件，对人员行为进行激励与约束而进行的一种制度设计。机制设计的理论初始于 Hurwicz 于 1959 年发表的论文《资源分配过程中的最优性和信息效率》。20 世纪 70 年代以后，机制设计开始成为经济学研究的一个重要分支。1973 年，Gibbard 提出了"显示原理"，该原理后来被 Green 和 Laffont（1977）、Dasgupta（1979）、Myerson（1979）加以完善和补充。"显示原理"使得复杂的社会问题可以转化为博弈论可处理的不完全信息博弈，标志着机制设计理论进入了一个新的阶段。随后，Satterthwaite、Laffont、Green、Grove 等人发展了机制理论，Vickrey 和 Mirrless 还由于在机制设计方面的卓越贡献赢得了 1996 年的诺贝尔奖。

在个体为追求效用最大化的"经济人"假设下，一般化的机制设计思想如下：假定存在一个没有私人信息的委托人和多个符合一定类型分布的代理人，并且委托者的最后目标依赖于代理者的私人信息，委托人设计一个包含决策向量和货币转移向量对的机制，通过付出货币激励成本而换取代理人的私人信息，从而促进目标的实现。典型的机制设计是一个三阶段不完全信息（贝叶斯）博弈。第一阶段，委托人设计一个激励机制，根据这个机制，代理人发出信号，实现信号决定配置结果。第二阶段，代理人行动，决定是否接受这种机制。如果代理人选择不接受，他得到外生的保留效用；如果他接受机制，则进入第三阶段。第三阶段，代理人在机制约束下选择自己的行动。

如果将各种不同类型机制的业绩进行比较，要证明某个具体的机制是任何意义上的最优机制，将十分困难。事实上还可能存在其他更好但却没有发现的机制，利用"显示原理"就可以解决这样的难题。梅耶森（1979）的"显示原理"是指，任何一个机制所能达到的配置结果都可以通过一个真实显示信息的直接机制实现。直接机制即信号空间等于类型空间的机制，信号空间不等于类型空间的机制定义为间接机制。因此，委托人可以只考虑直接机制的设计。根据"显示原理"，机制的设计步骤如下：一是，限定分析的机制是市场参与者在均衡中真实显示自己的信息或行动的真实显示机制，也就是说，所有机制的均衡结果都是市场参与者真实显示的结果。二是，在给定市场参与者真实显示的限制中找到最佳的可行结果。如何定义最佳的标准，取决于机制设计人的目标。比如，可以以个人效用最大为目标，也可以以社会福利水平最大化作为目标。三是，运用显示原理确定最佳机制设计。因为任何一个虚假显示机制的均衡结果都会和某个真实显示机制的均衡结果一样，由此可以确认，没有一个虚假显示机制可以产生比第二步中找到的最佳机制更好的结果。

有效的机制设计面临两个基本的约束条件：第一个约束是参与约束，如果要一个理性的代理人有兴趣接受委托人设计的机制，代理人在该机制下得到的期望效用必须不小于他在不接受这个机制时得到的最大期望效用；第二个约束是"激励相容"约束。在"经济人"假设下，机制必须满足代理人自利过程促进既定机制目标实现的约束。满足参与约束的机制称为可行机制，同时满足参与约束与"激励相容"约束的机制称为可实施（"自我实施"）机制。

在"委托—代理"关系下，因为委托人和代理人效用函数的冲突、序数效用的存在等，委托人和代理人之间并不必然能够实现"激励相容"。机制也不仅仅局限于机制设计理论所限的激励机制。机制实质上规定了一个输出状态依存于输入的选择系统，"委托—代理"关系的机制不仅包括符合"激励相容"原理的激励机制，而且还包括体现产权权利排他性在内的约束机制等机制。机制研究的范式应当包括新制度经济学范式，研究内容包括产权、交易成本、具体行为规范和组织等。具体机制可以进一步分解为契约子机制、信息子机制、组织子机制等。

2.2.2　所有权配置、人力资本结构与机制效率

衡量机制优劣的标准是机制的效率。西蒙认为："效率准则要求在费用相同的两个备选方案中，选择目标实现程度较好的一个方案；在目标实现程度相同的两个方案当中，选择费用较低的一个方案"。因此衡量机制效率的准则包括两条：一是目标的达成度，即是否能够相对于特定目标有效约束当事人的行为模式与关系；二是达成目标的交易成本，即机制实施的经济性。当存在多个主体时，机制的经济学效率标准是帕累托最优，也称为帕累托效率，其含义是如果不使他人境况恶化，就不可能改善某人境况的状态。

企业是人力资本与非人力资本的一个特别契约，因此产权的特性、配置以及人力资本结构对机制的效率产生显著影响。

机制的效率依赖于当事人明确的产权安排。产权和交易密切相关，同时产权又是集体行动控制个人行动的主要手段，因此产权作为一种权力安排，既体现了规则又包含了习惯，其本身就是制度的同义词。如果没有产权的界定、划分、保护、监督等规则，即如果没有产权制度，产权的交易就难以进行。因此，明确的产权是人类经济活动外部性所导致的契约过程的前提，机制建立在明确的产权基础上，产权所内含的权力决定了机制中行为规则的合法性，不同的产权配置导致不同的机制效率。

产权具有激励功能，产权的内容包括权能和利益两个不可分割的方面，界限确定的产权明确了经济活动主体的选择集合，并且使其行为有了收益保证或稳定的收益预期，因此在经济主体的收益或收益预期与其努力程度之间建立了一致性

关联，使其行为有了利益刺激或激励。人类自利本性决定机制当事人拥有产权导致的效用，产权增量导致同向的效用增量能够有效激励机制当事人。产权激励影响当事人的行为，明确的产权有利于机制当事人付出更高程度的努力。根据强化理论，当事人产权数量应当具有状态依存性，即当事人的产权数量应当与机制期望产出同向变化。

产权是一系列权力的总称，其中控制权和剩余索取权的对应将导致效率的改进。在其他条件均相同的情况下，最优的所有权分配应当满足所有者同时拥有控制权和剩余索取权，这相当于业主自己经营企业的情形。在所有权和控制权分离的情况下，剩余索取权与控制权的对应，可以激励当事人付出更高程度的努力。由于剩余索取权导致了权力主体在剩余分配中的风险，剩余索取权的拥有者有动力作出最优决策，因此应当掌握企业的控制权。不同数量的剩余索取权对控制权拥有者产生不同的激励作用，剩余索取权的分配应当与控制权的效率对应。

机制效率的另外一个决定因素是人力资本结构，具体包括异质人力资本的完备性和专用性。现代企业中不同的人力资本所有者在分工合作基础上进行团队生产，个体人力资本所有者的生产活动具有外部性，为了实现正外部性的叠加以实现企业总体效率，企业应当具有完备的异质性人力资本，且人力资本具有足以达到必要生产率的专用性。机制作为约束经济活动中当事人特定行为模式和关系的制度安排，应当在权力资源配置中充分考虑人力资本异质性和专用性，使机制能够以更低的交易成本实现更高的目标达成度。

交易是对包括机制在内的制度进行分析的基本单位，这既是由于习惯和规则只能体现于人们之间的交易，同时又因为交易的各种具体形式为描述不同的制度创造了条件。一般认为，由于现实交易过程不可避免地会发生各种资源的耗费，即存在交易成本。机制规定了特定约束条件下的经济主体关系以及行为规则，因此与频繁的通过谈判进行交易对比，实现了交易费用的节约。交易成本的高低是一个制度优劣的评判标准之一。由于在不同的约束条件下，不同的制度具有不同的交易成本，低交易成本制度对高交易成本制度的取代是人们的理性选择，并由此导致制度的变迁。

2.2.3　企业治理机制的分析

现代企业理论认为，企业是一组契约的联结。新古典契约理论和现代契约理论的不同在于契约的完全性，新古典契约理论假设契约是完全的，所谓完全契约是指缔约双方都能完全预见契约期内可能发生的重要事件，愿意遵守双方所签订的契约条款，当缔约方对契约条款产生争议时，第三方（例如法院）能强制其执行。现代契约理论认为由于个人的有限理性，外在环境的复杂性、不确定性，信息的不对称和不完全性，契约当事人或契约的仲裁者无法证实或观察到一切，导致契约的不完全性，进而需要设计不同的机制以应对，处理由不确定性事件引发的有关契约条款带来的问题。

企业治理指以追求企业价值最大化为目标、以企业所有权根据人力资本和物质资本状况进行最优分配为核心，配置责、权、利为手段的制度安排。企业治理的概念决定了两类机制：一类根据当事人的人力资本与物质资本状况合理地分配控制权，以保证决策科学；另一类主要防止当事人之间的"道德风险"。上述机制分别针对企业的代理风险和商业风险。企业治理效率的实现，需要综合考虑产权、人力资本结构的影响。与此同时，企业的契约性基础是人类的自利本性，企业是一个多方参与的博弈，该博弈的均衡决定了企业的制度，因此在构造博弈结构的同时，应当充分考虑机制的"激励相容"。

风险企业的治理可以理解为企业治理的概念，即通过一种制度安排，根据双方的人力资本与物质资本状况，在风险投资家和企业家之间合理地配置责、权、利，防止双方背离对方的利益，实现风险企业价值的最大化。企业控制权应当根据人力资本、物质资本以及具体环境动态地予以配置。受研究范围所限，本书的研究基于风险投资机构（风险投资家）的视角进行，核心是通过适当的制度安排最大化风险企业的价值，具体包括两个方面：一是通过风险投资家人力资本的投入增加风险企业的价值；二是遏制企业家的"道德风险"从而减少风险企业价值的损失。因此具体的治理机制也相应包括上述两个方面的机制，分别针对风险企业的商业风险和代理风险。

风险企业是风险投资家和企业家之间人力资本与物质资本的契约。同时面对高度的商业风险和代理风险，风险投资家不仅需要投入物质资本，而且需要投入人力资本，以降低风险企业经济活动外部性以及不完全契约产生的风险。如果风险投资家实施治理机制的交易成本为零，那么所选择风险企业具体特性（如地理区位、行业特征等）将无关紧要。但是现实世界中交易成本不可能为零，利用专用性的知识和进行监控等活动不可避免地产生经济资源的耗费，因此风险投资项目不同的治理相容性必然导致不同的交易成本，具体项目的取舍决定于治理的交易成本与风险投资家可以接受阈值的比较。

风险投资家和企业家之间人力资本的互补性，使得风险企业治理机制当事人通过分工而寻求内部经济性成为理性选择。风险投资家人力资本的投入，不仅实现了风险企业权力的动态分配，而且减少了信息不对称程度，以及因财富集中度不同产生的效用不对称性，降低了企业家的"道德风险"。从超边际分析的角度看，以风险投资家人力资本为基础的治理机制发挥作用的过程，同时也是谋求风险投资家和企业家之间通过分工寻求内部经济性的过程。分工伴生的权力动态分配，约束了风险投资家和企业家的行为。

与作为"所有者"和"经营者"的企业家相比，风险投资家处于信息劣势。从博弈的角度看，风险投资家针对企业家"道德风险"的治理机制，主要是保留将"道德风险"的损失最终转移给企业家的选择权，改变企业家在背离共同利益最大化准则情况下的"成本—收益"分析，从而遏制企业家的机会主义行为。其中既包括具有"激励相容"特性投资工具的治理机制，也包括改变企业家未来交易成本流量的网络治理机制等一系列约束性机制。

最优的剩余索取权和控制权分配应当具有和产权相对应的特征。然而风险企业治理机制中，作为委托方的风险投资家却不是风险资本的所有者。作为产权机制的替代，风险基金"激励相容"的治理机制间接实现了直接机制的效率。此外，风险基金治理机制"激励相容"的效应，传递并作用到企业成长过程中的治理机制。风险企业的高速成长归因于风险投资家和企业家人力资本与物质资本的特殊契约，企业成长所引发的产权变化需要对所有权和控制权的分配规则作出适当约定。企业成长过程中不同类别风险的转化，导致对具有不同交易成本的治理组织的选择，其结果就是风险企业内部治理的演进。

与大型上市公司不同，风险企业属于新兴行业的、未上市的中小企业，因此外部治理机制主要包括法律和政治途径、声誉市场等机制，公司控制权市场对风险企业具有完全不同的含义。与大型上市企业中经理层规避控制权市场所导致的职业风险不同，IPO 是风险企业的目标，风险投资家和企业家通过所有权交换即期货币收益，因此对控制权市场交易收益最大化的寻求诱使风险投资家和企业家更高程度的努力，从而达到了治理的目的。风险企业内部治理机制也包括激励合约设计、董事会、大股东治理、债务融资等治理机制，但是债务融资总体上不属于风险企业的主要融资方式（通常仅发生于风险企业的晚期），因此债务融资的治理机制并不占有主要地位。风险企业治理机制的主要内容中，以风险投资家人力资本为基础的治理机制主要包括增值服务的治理机制和退出的治理机制；遏制企业家"道德风险"的治理机制主要包括董事会的治理机制、风险投资网络的治理机制、可中断分期投资策略的治理机制、可转换优先股的治理机制以及经理层薪资制度的治理机制。

2.3

风险企业当事人行为、治理机制的"激励相容"及"自我实施"

2.3.1　风险投资产生的历史背景以及特点

风险投资行业诞生的标志性事件是 1946 年 6 月 6 日美国研究与发展公司（ARD）在波士顿的成立。ARD 诞生的 30 年代和 40 年代，美国新企业由于创业资金的不足而出生率过低。因为创业企业具有高风险性，如规模小、各方面不成熟等，所以很难从银行或其他机构投资者（企业、家族、保险公司等所属的信托基金）那里筹集到资金。然而这些新企业对美国经济发展意义重大，ARD 创始人之一拉尔夫·弗朗德斯认为："美国的企业、美国的就业和居民的财富作为一个整体，在自由企业制度下不可能得到无限的保障，除非在经济结构中不断有健康的婴儿出生。我们经济的安全不可能依靠那些老牌大企业的扩张得到保障。我们需要从下而来的新的力量、能量和能力。我们需要把信托基金中的一部分和那些正在寻找支持的新主意结合起来。"弗朗德斯的观点得到哈佛商学院的教授乔治·迪罗特的支持。针对创业企业所面临的困难，他们设计了一个私人机构来吸引机构投资者，而非像其他人提出的从政府获得帮助。他们还认为建立这样一个专门机构可以给新企业提供管理服务，并深信对一个新企业而言，管理上的技术和经验与足够的资金支持相比同样必不可少。与此同时，美国麻省理工学院在第二次世界大战期间因战争储备了大量具有广阔商业前景的新技术，为了"不使多年的研究落空"，ARD便在麻省理工学院的地下室里应运而生。风险投资诞生的背景表明，风险投资不仅与宏观经济密切相关，而且与高风险密切结合在一起，风险投资家人力资本在风险投资过程中占有重要地位。

在经历了SBICs时代、有限合伙时代以及20世纪70年代的萧条之后，美国风险投资业在80年代开始起飞。1975~2001年，2600多家风险企业实现了IPO，这些企业中70%属于高科技行业。截至2000年年底，风险企业占据了公开交易公司数量的20%，公开交易公司市值的32%，销售总值的11%，税后利润的13%。在高科技领域，风险企业占据了公开交易软件公司75%的市值、计算机硬件行业60%的销售额和利润。风险投资培育的公司包括Apple、Intel、Microsoft、Yahoo!、Compaq、Fed Express、Amazon等一大批著名公司，这些公司对经济的发展甚至对人类的生活方式都产生了举足轻重的影响。

风险投资对于宏观经济的作用还表现在通过科技进步对经济增长的促进，这对于我国经济增长方式的转变具有重要意义。

风险投资能够有力地促进经济增长与技术进步。以美国为例1991~1998年经济实现了连续增长，其主要原因之一就是受高科技产业发展的拉动。1970~1990年技术进步成为美国经济增长首要因素（见表2.1）。许多新建高科技企业超过75%以上的权益资本由风险投资提供①。风险投资通过投资高科技企业有力地促进了美国经济的发展。

表2.1　　　　　　　　不同生产要素对经济增长的贡献度

生产要素	资本	劳动力	技术进步
亚洲新兴工业化国家	73%	17%	10%
美国	28%	19%	53%

资料来源：王松奇，李扬，王国刚．中国创业投资体系研究（上）．财贸经济．1999，1：23．

① 何为风险投资．人民日报第九版．2000年7月31日。

风险投资对技术的促进可以分为投资高科技企业直接对技术的促进，和投资高科技企业后通过研究与发展计划对技术的间接促进。一方面，风险投资以高科技企业为对象，在承担高度风险与分享高额利润的前提下，使一批高科技技术商品化、市场化、产业化，对高科技起到了直接促进作用。另一方面，受风险资本支持的企业，其平均投入的 R&D 资金大大高于一般企业（见表 2.2），从而带动了全社会 R&D 投入水平的上升，大大提高了国家经济增长的科技含量。此外，风险企业研发投入的效率也明显高于其他企业。Kortum 和 Lerner（2000）通过对美国 30 年二十个行业风险资本与专利之间关系的实证研究发现，美国风险资本投入量只占 R&D 投入的 3%，但其专利产出占全部产业专利量的 15%，即以专利衡量的风险资本研发投入产出效率是全部企业平均效率的 5 倍[①]。

表 2.2　　　1994 年年底抽样调查的 500 家风险企业与《财富》500 家企业的对比

指标	风险资本投资的 500 家企业	《财富》500 家企业	对比
平均净资产率	90%	30%	60%
年均雇员增长率	25%	-3%	28%
平均 R&D 占净资产比重	17%	13%	4%
人均 R&D 支出（千美元）	16	8	8
工程师、科学家和管理学家所占比重	59%	15%	43%

注：为 1989 ~ 1993 年平均数。

资料来源：张景安. 风险企业与风险投资. 北京：中国金融出版社，2000.

风险投资在美国的成功为世界其他国家和地区树立了榜样，欧洲的英国、法国、荷兰、德国和以色列，澳大利亚以及亚洲的日本、中国台湾地区等已经建立了发达的风险投资体系。

风险投资一般具有如下特点：

第一，风险投资的投资对象主要是新兴的中小企业，这些企业的规模很小，也许还没有盈利，但却可能具有很大的发展潜力。由于投资对象规模小，市场前景不明，所以投资成功与否很大程度上取决于风险投资家对项目前景与企业管理

---

① Sand Kortum，Josh Lerner. Assessing the Contribution of Venture Capital to Innovation. Journal of Economics，2000，31（4）：674 – 692.

能力、技术水平判断的准确性。

第二，风险投资是一种主动投资，风险投资家不仅投入资金，还为风险企业提供增值服务，即参与风险企业的战略制定与评估过程、监督风险企业的财务与运营绩效、介绍供应商以及客户等。

第三，以权益资本的方式进行投资，投资过程一般采取可中断的分期投资策略。风险投资是权益投资，投资回收期长，而且风险投资通常是多阶段的，根据企业的发展状况不断地追加扩张所需资本。

第四，投资回报方式不同。风险投资一般不以企业分红为目的，其退出与获取回报的方式有多种，其中包括 IPO、并购、清算等方式来退出所进行的投资活动，以获取投资收益。其中最理想的退出方式是 IPO。

第五，风险投资机构通常采取组合投资的策略，而风险投资机构之间通常采取联合投资的策略。由于风险投资机构所投资的企业都是新兴企业，就单个投资项目来讲风险很大，投资失败的概率很高。通过组合投资与联合投资，风险投资机构可以有效降低投资风险。

风险投资的判断标准是其独特的商业模式，即以股权方式进行投资并最终通过转让股权收回投资并获取投资收益。风险投资是一种金融资本，但是风险投资参与风险投资项目的培育过程。

风险投资涉及的主要组织有风险投资机构和风险企业，涉及的当事人主要有出资人、风险投资家和企业家。出资人将资金投入风险投资机构管理的风险投资基金，由风险投资机构中的风险投资家具体管理风险基金并进行投资，接受风险投资的企业称为风险企业，风险投资家代表风险投资机构参与风险企业治理。风险企业治理不仅仅局限于风险企业的财产边界，而且和风险投资机构及其治理密切相关。

2.3.2 风险企业当事人的行为分析

风险投资家面临着两个矛盾，一是通过提供信息、时间、精力和智慧来构建与企业家的相互合作关系；二是要防止企业家的短期自利行为。

2.3.2.1　人力资本、物质资本的互补性与风险投资家和企业家的合作

风险企业是风险投资创造价值的载体，是权益资本中含有风险投资的企业，是风险投资家和企业家之间人力资本和物质资本的结合体。风险投资家的物质资本与企业家的人力资本形成互补关系。知识的专用性分别赋予了风险投资家和企业家在人力资本上的比较优势，这种优势随着学习曲线的作用而增强，并强化了双方在人力资本方面的互补关系。

一般认为，企业家等价于创新者兼经理人，他们被自我实现激励，具有强烈的成长欲望，较少关注企业财务情况和个人的利益。他们接受过一定程度的教育和培训，有较高的社会参与意识和参与程度，对应付社会环境有较强的自信，有前瞻性的眼光。熊彼特认为创新是企业家的最本质特征，只有进行创新的活动才能称为企业家。麦克利兰也认为企业家活动的一个关键因素是创新。企业家的人力资本体现于创造性地识别和开发商业机会的能力、经营企业的能力以及付出持续努力的能力。

风险投资家分为两种：一种是从属于投资机构的风险投资家；另一种是独立的"天使"投资人。从属于投资机构的风险投资家一般是有限合伙投资机构的普通合伙人或助理；"天使"投资人一般为有经验的富有个人。由于我国风险投资主要以机构方式进行，从属于机构的风险投资家的行为及其规律对我国更具现实意义，所以本书主要以该类风险投资家为研究对象。在美国风险投资协会对风险投资的定义中，风险投资家被称为职业金融家的做法一定程度上反映了风险投资的高度专业性。在风险企业成长过程中富有高度技巧的人力资本投入是这种专业性的重要体现之一。风险投资家通常有着较长时间的风险投资职业生涯，在 Gorman 和 Sahlman（1989）的调查中，典型的风险投资家有着 7 年的风险投资职业经历，最长的从业时间达到 22 年，他们对风险企业的发展规律有着深刻的认识，他们清楚如何与企业家相处并提供增值服务，在风险企业 IPO 以及与资本市场合作方面知识、经验丰富。

风险投资家和企业家之间的人力资本和物质资本互补性主要体现在两个方面：一是风险投资家物质资本和企业家人力资本之间的互补；二是风险投资家和企业家之间人力资本的互补。风险投资家拥有充足的资金，而企业家具有创新性

的产品或服务，并且愿意为创业付出努力，二者都是创业的必要元素。从人力资本的角度看，风险投资家和企业家均具有一定的人力资本。双方人力资本和物质资本的互补性有利于风险企业规避风险、加快风险企业成长速度。

企业家的活动主要是负责企业的日常经营管理，而风险投资家则需要利用其人力资本的优势，一方面为企业提供增值服务；另一方面在风险企业成熟后利用其与资本市场接洽的经验，运作风险企业的 IPO。风险投资家提供增值服务的主要行为包括：充当风险投资家的参谋、提供融资支持、参与风险企业的战略制定与审查、监控风险企业的绩效以及雇佣和更换高层管理者等。与非风险投资机构支持的 IPO 相比，风险投资机构对风险企业 IPO 的正面影响包括使风险企业从成立到上市的时间更短，吸引更高质量的承销商和审计者，这主要是风险投资机构在声誉资本上的投资产生了公证作用。此外，有经验的风险投资机构能够选择更适当的 IPO 时机。

2.3.2.2 信息不对称与风险投资家对企业家"道德风险"的防范

与具有私人信息的企业家相比，风险投资家处于信息劣势，因此风险投资家的信息是不完全且与企业家不对称的。为了防止因对风险企业的专用性投资而受到企业家的"要挟"，风险投资家会和企业家之间签订一份"等级合约"。即便如此，由于合约的不完全性，风险投资家仍然要借助其他机制防范企业家的"道德风险"。

解决信息不对称的方法之一是"信息搜寻"，风险投资家通过各种信息渠道交叉确认可观察变量，并据此采取行动。风险投资家的信息权力是针对企业家的"道德风险"治理机制的基础，一旦企业家的败德行为被风险投资家发现，风险投资家就会利用契约中约定的权力对风险投资家进行制裁，可采取的具体行动包括中断对风险企业的后续投资、利用风险投资网络降低企业的声誉、提高可转换优先股的转换比率以及通过董事会发起风险企业管理层变动。

为了防止企业家的"道德风险"，风险投资家保留着对风险企业中断投资的无条件选择权，从而使企业家从根本上丧失最大化个人效用的机会。即使并非恶意侵蚀风险投资家的利益，企业家的"偷懒"行为依然面临着被中断投资的威胁。因为风险投资家进行的是组合投资，根据投资组合中不同企业的投资回报率而调整投资对象，从而实现投资收益的最大化显然更加符合自利的原则。因此，如果企业家不尽力经营风险企业，那么就有可能在竞争资金的"锦标赛"中落后，从而丧失从风险投资家处获取后续投资的机会。

可中断投资策略治理机制发挥作用的前提是：企业家无法从其他风险投资家处获得不低于现有条件的风险投资。风险投资网络的存在满足了该条件。由于企业家和风险企业的信息会通过风险投资网络传播到其他投资商处，因此企业家信誉的降低会导致交易成本流量的提高，进而起到了弱化风险投资家"道德风险"的作用。

风险投资家参与风险企业治理最重要的组织机构是董事会，风险投资家通常是风险企业董事会中最有影响力的董事。与大企业相比，风险企业董事会规模与构成更加合理、信息结构更合理、信息效率更高，决策效果相对于沟通成本更趋于最优。在此基础上，风险投资家能够对风险企业更加有效地实施治理机制，具体表现在对战略的高度参与以及对企业家更高地监控程度。

2.3.3　风险企业治理机制的"参与约束"与"激励相容"

风险企业治理机制的参与约束要求企业家接受治理机制时的效用水平不低于不接受治理机制时的效用水平。由于风险投资家人力资本与物质资本的投入，风险企业的价值因克服了成长"瓶颈"而迅速增加，风险投资家不仅能够获得财务上收益的增加，而且成就感、管理他人所带来的效用水平也因为企业规模的扩大而得到提高。因此，在风险投资家适度参与风险企业事务且因此所导致的企业家效用下降小于其他因素导致的效用增加时，企业家为获得风险投资而接受风险企业的治理机制将导致效用的提高。

"激励相容"约束要求风险企业治理机制的实施能够在增加企业价值的基础上，提高企业家自身效用。

风险投资家和企业家人力资本的互补性是双方合作的基础，风险投资家通过增值服务、IPO 向风险企业投入人力资本的过程实现了控制权的动态分配，自利的企业家对风险投资家人力资本的依赖，赋予了风险投资家治理的权力。与参与约束的分析同理，风险投资家以人力资本投入增加风险企业价值的治理机制通常能够增加企业家的效用。虽然风险投资家和企业家效用函数的自变量中均包括财务收益，但是有研究表明：财务收益在合作中的作用受对收益知觉的影响，由于风险投资家和企业家双方资产分散程度的不同，因此双方对于收益的知觉不同，企业家更容易采取合作战略。

从风险投资家和企业家博弈的角度看，风险企业针对"道德风险"的治理机制的构造，使得企业家诚实行为的效用大于"道德风险"情况的效用，从而实现了针对"道德风险"治理机制的"激励相容"，即企业家采取风险投资家希望的"策略—合作"的过程，导致了企业家自身效用的增加。

然而，由于企业家的效用可能具有序数效应，在风险企业治理机制实施的过程中，企业家财务收益的增加不是必然能够补偿其他效用的损失。因此，为了实现风险企业治理机制的"激励相容"，风险投资家应当在契约之前充分考察风险投资家，降低治理机制与企业家的自利需要冲突而导致治理机制"激励相容"性消失的概率；在契约之后，或者通过可置信威胁迫使企业家效用决定因素的结构发生改变，或者运用雇佣条款解除企业家的职务。

2.3.4 风险投资家作为非产权所有者实现最优权力配置的替代机制——出资人对风险投资家的治理机制

风险投资中存在双重的"委托—代理"关系，一是基金出资人对风险投资机构的"委托—代理"关系，二是风险投资机构对风险企业的"委托—代理"关系。按照机制理论的分析，产权在作为一种有效激励的基础上，最优的剩余控制权和剩余索取权应当与产权对应。然而，风险投资家作为风险投资基金出资人的代理人，掌握风险企业的控制权并对剩余索取权负责，出资人和风险投资家之间需要设置"激励相容"的治理机制，来替代产权机制提高风险企业治理机制的效率。风险投资家对风险企业治理的有效性以基金出资人对风险投资机构的治理为前提，换言之，第一层"委托—代理"关系决定了风险投资家是否会和企业家"共谋"。全球风险投资环境的变化增强了出资人对风险投资机构进行治理的趋势，以美国为例，风险投资基金的主要出资人是养老基金等机构投资者，对机构投资者治理的增强延伸到机构投资者对风险投资机构的治理；而不断增加的各种投资回报透明度，也为加强风险企业的治理提供了技术上的可行性。

从现有研究看，以美国为典型的有限合伙制风险投资基金治理机制主要包括契约治理机制、普通合伙人对风险投资基金投资的治理机制、有限合伙人可中断出资的治理机制、普通合伙人承担无限责任的治理机制、收益分配次序的治理机制、风险投资基金组织的治理机制、基金固定期限的声誉治理机制。

以基金生命周期为主线，风险投资基金的诸多治理机制可以归类为事前治理机制、事中治理机制和事后治理机制。事前治理机制主要包括契约治理机制；事中治理机制主要包括有限合伙人利用信息机制与绩效标准而进行的普通合伙人对风险投资基金投资的治理机制、有限合伙人可中断出资的治理机制、普通合伙人承担无限责任的治理机制、收益分配次序的治理机制、风险投资基金组织的治理机制；事后治理机制主要包括基金固定期限的声誉治理机制。根据防范"道德风险"的机理的不同，诸多机制可以分为弱化治理问题发生的前提类、针对"道德风险"类总计两大类。针对"道德风险"类治理机制根据组织行为学的"强化理论"又可以分为强化行为治理机制和弱化行为治理机制。针对不完全契约与信息不对称，契约治理机制与信息机制，可以在较大程度上弱化治理问题发生的前提。强化行为治理机制包括对风险投资基金投资的治理机制、收益分配次序的治理机制（指 80/20 收益分配机制），该类机制主要是在协同有限合伙人与普通合伙人之间的利益，实现普通合伙人与基金之间利益的"激励相容"。弱化行为治理机制包括有限合伙人可中断出资的治理机制、普通合伙人承担无限责任的治理机制、收益分配次序的治理机制（指普通合伙人在"剩余索取权"顺序上后于有限合伙人）、风险投资基金组织的治理机制、基金固定期限的声誉治理机制，该类机制主要是加大普通合伙人发生"道德风险"的成本，从而起到惩戒和弱化普通合伙人损害有限合伙人利益的相关自利行为。

2.3.4.1　有限合伙制及其治理机制

根据 2001 年对全球风险投资机构的调查，风险投资机构的组织形式主要为有限合伙制和公司制两种，其中有限合伙制占 65%，公司制占 35%。而在风险投资最为发达的美国，有限合伙制企业占 72%，公司制占 28%[①]。有限合伙制是风险投资机构的主要形式。有限合伙主要是英美法系国家法律所规定的一种合

---

① 谢世存. 全球风险投资指南. 北京：中信出版社，2001.

伙形式，虽然承认有限合伙的不同国家对其有不同的规定，但它基本是指，由至少一个对合伙企业享有全面管理权并对合伙债务承担无限责任的普通合伙人，与至少一个对合伙债务仅以出资为限承担有限责任的有限合伙人共同组成的合伙①。

（1）美国风险投资基金的契约治理机制。

治理问题的产生部分源于契约的不完全性，而在有限合伙制风险投资基金成立之初签订尽可能完善的契约，虽然不能完全避免治理问题，但是却能够显著降低基金管理人的"道德风险"。在美国，有限合伙制风险投资基金的主要法律文件为有限合伙协议，该协议通常达 100～200 页。为了维护自身利益，作为出资人的有限合伙人一般会对普通合伙人的行为作出限制，这些限制集中体现在风险投资合伙协议中。Gompers 和 Lerner（1996）根据对 140 份风险投资合伙协议的研究，将这些限制性条款分为三类，分别是与基金一般管理相关的限制性条款、与普通合伙人行为相关的限制性条款、与投资类型相关的限制性条款。各类条款所包括的具体内容见表 2.3。

表 2.3　　　　　　　　　140 份合伙协议中根据年份归类的条款数量

契约条款内容	包含该条款的协议占 140 份协议的比例		
	1978～1982 年	1983～1987 年	1988～1992 年
和基金管理相关的条款：			
对同一个企业投资规模的限制	33.3	47.1	77.8
对合伙企业举债的限制	66.7	72.1	95.6
对同一风险投资机构不同基金之间共同投资的限制	40.7	29.4	62.2
对合伙企业资本收益再投资的限制	3.7	17.6	35.6
与合伙企业普通合伙人行为相关的条款：			
对普通合伙人以个人名义和合伙企业共同进行投资的限制	81.5	66.2	77.8
对普通合伙人出售合伙企业股份的限制	74.1	54.4	51.1
对普通合伙人发起新的基金的限制	51.9	42.6	84.4
对普通合伙人其他行动的限制	22.2	16.2	13.3

① 刘曼红. 风险投资：金融与创新. 北京：中国人民大学出版社，1998.

契约条款内容	包含该条款的协议占 140 份协议的比例		
	1978 ~ 1982 年	1983 ~ 1987 年	1988 ~ 1992 年
对增加普通合伙人的限制	29.6	35.3	26.7
与投资类型相关的条款:			
对投资于其他风险投资基金的限制	3.7	22.1	62.2
对投资于公共证券的限制（Public Securities）	22.2	17.6	66.7
对投资于 LBO 的限制	0	8.8	60.0
对投资于国外证券的限制	0	7.4	44.4
对投资于其他资产类的限制	11.1	16.2	31.1
样本中合伙协议总的数量:	27	68	45
每个协议中平均的条款类别数:	4.4	4.5	7.9
每个协议中平均的条款类别数（以基金规模加权平均计算）:	4.4	4.6	8.4

资料来源：Paul Gompers and Josh Lerner，"The Use of Covenants：An Empirical Analysis of Venture Partnership Agreements". Journal of Law and Economics，XXXIX（October 1996）：485.

　　和基金一般管理相关的条款主要有四条。第一，对同一个风险企业投资规模的限制条款。该条款确保普通合伙人不会通过在一个绩效不佳企业中投入大量后续资金挽救该企业。牺牲投资组合的多样性增加了投资组合的风险，该限制通常表述为某一投资项目占承诺资本的一定比例。在另外一些情况下，风险投资最大的两笔或者三笔投资累计规模的上限也会受到限制。第二，对合伙企业举债的限制条款。对合伙企业举债的限制是指有限合伙协议通常限制普通合伙人外借资金，或者为投资组合中的风险债务提供担保。有限合伙协议通常限定债务总额为承诺资本或资产的一定比例，在某些情况下合伙协议限制债务的期限以确保债务是短期的。第三，对同一风险投资机构不同基金之间共同投资的限制条款。该限制的原因在于普通合伙人可能会在不同基金之间挪用资金，有意识造成某只基金业绩出色的假象，以便募集新基金。但是这种做法会损害被挪用基金出资人的利益。所以合伙协议要求咨询委员会审查这些交易，或者此类交易必须经过多数有限合伙人的同意。解决这个问题的另外途径包括：在契约中要求早期的风险投资基金对本机构所属的另一只较晚期基金的投资项目进行投资时，不同基金之间投资的成本必须相同，或者只允许多个非附属的风险投资机构以相同的投资成本进行投资。第四，对投资收益再投资的限制条款。在很多情况下，普通合伙人倾向于将投资收益再投资而非发放给有限合伙人。首先，很多合伙人是根据管理的资产或者经过调整的受托资本（资本减去发放的收益）确定管理费用，而发放红利显然会减少普通合伙人的收入。其次，再投资的收益会给合伙人带来新的收益分成。最后，这些利用投资收益进行的再投资在基金到期时可能无法收回，所以这通常成为延长基金年限的理由，而普通合伙人对延长后的基金会继续收取费用（虽然通常是调整后的）。所以，协议中通常规定收益的再投资需要得到咨询委员会或者有限合伙人的同意。对该类投资进行限制的另外形式是，在基金成立一段时间或受托资本投资超过一定比例之后，利用投资收益进行的再投资就会被禁止。

与普通合伙人行为相关的限制性条款主要包括五条。

一是，对普通合伙人以个人名义在投资组合中某家公司投资数量的限制。如果普通合伙人以个人名义在投资组合中某家公司投资或投入过多资金，那么他就会对这家公司分配较多的时间资源，并且当该公司陷入困境时也难以对合伙投资机构是否继续对该公司投资作出理性的决定。因此通常需要对普通合伙人以个人名义投入到合伙企业投资组合中任何一家企业的资金比例作出限制。这种限制通常表述为个人投资额占合伙企业投资额的一定比例，或者表述为投资的总额。此外，这种投资可能要求征得咨询委员会或者有限合伙人的同意。作为一种替代方法，一些协议中要求风险投资家在基金所投资的任何一个企业中均投入一定比例的资金。此外，由于风险投资家最初可能参与了创建企业并且以非常低的价格购买了股票，而当风险投资机构投资时权益估价可能非常高，股票价值的反差可能导致财富由风险投资机构向风险投资家个人的转移。为了解决这个问题，一些合伙协议要求普通合伙人个人投资必须和合伙企业投资的时间或价格相同。

二是，对普通合伙人出售合伙企业股份的限制条款。对普通合伙人行为的第二项限制与普通合伙人出售合伙企业股份有关，即限制普通合伙人出售合伙企业的股份。有限合伙人担心出售股份后，普通合伙人可能失去监控风险企业的积极性，所以合伙协议中通常禁止普通合伙人出售合伙股份，或者规定该类交易必须得到有限合伙人多数（或超级多数）同意。

三是，对募集新基金的限制条款。新基金的募集显然会增加普通合伙人的管理费用，但同时必然会降低普通合伙人对现有基金的关注，所以在现有基金投资未超过一定比例或未超过一定期限之前，有限合伙协议通常禁止普通合伙人募集新的基金，或者对新发起基金的规模和用途进行限制。

四是，对普通合伙人其他活动的限制条款。一些合伙协议限制普通合伙人的外部活动，因为外部活动可能会减少普通合伙人对现有投资的关注。风险投资家几乎被要求将所有的时间用于管理投资，或者对风险投资家投入到与投资组合无关商业活动的时间进行限制。这些限制通常限定在合伙协议生效后的最初几年或者一定比例的基金投资完成之前。

五是，对增加普通合伙人的限制条款。尽管吸纳新的、经验较缺乏的普通合伙人能够减轻现有风险投资家的负担，但是监控质量会降低。所以吸纳新的普通合伙人需要经过咨询委员会或者一定比例有限合伙人的同意。

对某一类型投资数额上限限制的条款通常构造如下：在某一类投资上的数量不能超过资金或者资产价值的一定比例。如确实需要超过此限制，须经咨询委员会或者一定比例的有限合伙人同意。偶尔也存在略微复杂的限制，例如在两类投资上的数额总和不得超过基金的一定比例。

对投资于其他风险投资基金进行限制的原因在于：将资金投入到风险投资基金时，投资经理可以一次性收取资金的 1% 作为佣金，因此合伙协议限制普通合伙人将基金投资到其他风险投资基金，以防止普通合伙人利用佣金获利。投资于公共证券的财务经理每年只收取管理资产 0.5% 的管理费，而普通合伙人不仅每年可以得到约 2.5% 的管理费，而且还可以得到收益的 20%，所以有限合伙协议需要对投资于公共证券作出限制，防止普通合伙人通过这种方式套利。此外，为了防止普通合伙人在缺乏经验与专业知识的领域进行投资，有限合伙协议还对投资于 LBO、国外证券投资与其他类资产进行限制。

Gompers 和 Lerner（1996）还发现募集风险投资基金过程中投资顾问的存在使得限制性条款的数量明显增加。风险投资家的供给和资金提供者对风险投资业务的供需关系影响合伙协议中限制条款的数量，并且和代理风险有关。

（2）普通合伙人对风险投资基金投资的治理机制。

典型的有限合伙制风险投资机构由有限合伙人、普通合伙人、助手、服务人员构成。有限合伙人一般出99%的资金,通常不参与风险基金的日常管理,对风险投资公司债务负有限责任,一般获得投资利润的70% ~85%。普通合伙人象征性地出1%资金,负责基金的日常管理,对风险投资公司的债务负无限责任,一般享有风险投资企业利润的15% ~30%。此外,普通合伙人还可以每年获得所管理基金总额1.5% ~2.5%的基金管理费用。

普通各合伙人对风险投资基金1%的投资虽然数额有限,但是从产权角度考虑意义重大。该行为在产权层面建立了普通合伙人与有限合伙人之间的利益关联,在一定程度上实现了双方之间的"激励相容"。为防止普通合伙人在基金发起设立后出售基金股份,从而解除其与有限合伙人的产权关联,有限合伙协议通常对普通合伙人出售所持基金股份作出限制。

(3) 有限合伙人可中断出资的治理机制。

有限合伙人只负责投入资金,不能参与基金的日常管理。有限合伙人注入资金一般是开始注入10% ~33%,现在剩余资金注入的方式和过去有所差别,过去的习惯做法是在不短于三年的时间内以等额的方式分三次支付,最近则采取承诺制,具体做法是在风险投资企业需要资金时才注入所需数量资金。如果有限合伙人放弃继续注入资金,已经投入的部分只能退回50%,产生的投资回报也只能得到50%。

在承诺制下,资金提供人只是承诺投入一定数量资金,但是如果风险投资基金管理方经营不善,有限合伙人可以终止继续投入承诺的资金。停止投入承诺资金必然导致风险投资机构的资金困难,风险投资基金管理人保持资金来源以获得个人利益的需求,客观上削弱了机会主义行为的动机。这种"用脚投票"的方式虽然给有限合伙人带来了一定损失,但是相对于继续投资而遭受更大损失,中断投资不失为一种主动的自我利益保护机制。

(4) 普通合伙人承担无限责任的治理机制。

美国有限合伙风险投资基金中,基金的日常管理完全委托给普通合伙人,但是普通合伙人要对基金的负债或者损失承担无限责任,具体视有限合伙协议约定。

尽管美国的风险投资基金绝大多数禁止举债投资,但针对允许举债的个别情况,承担无限责任的治理机制限制了普通合伙人过度投机,并促进了风险投资基金的合规经营。在有限合伙协议允许风险投资基金举债投资的情况下，普通合伙人必须在扩大举债规模以获取更大的投资收益与举债风险之间作出权衡，因为举债规模的扩大不仅意味着潜在获利的增加，而且在承担无限责任的治理机制下同时意味着普通合伙人个人债务风险的增加，这促使普通合伙人更加谨慎的举债，普通合伙人的自利行为客观上一定程度地保护了有限合伙人的利益。

在风险投资操作中，要求普通合伙人对风险投资基金的损失承担无限责任的例子并不多见。虽然有限合伙协议可能约定普通合伙人对基金的投资损失承担无限责任，但是在实际操作中，一般只要普通合伙人按照审慎的商业原则对有关投资进行了操作，有限合伙人一般并不主张该权力。因此，普通合伙人在承担无限责任的治理机制下，有着充足的动机进行科学决策、规范经营行为并保存相关记录。

（5）收益分配次序的治理机制。

典型美国有限合伙制风险投资基金的收益分配次序如下：

第一，100%向有限合伙人分配，直至有限合伙人均收回其实缴出资额。

第二，100%向普通合伙人分配，直至普通合伙人收回其实缴出资额。

第三，如有余额，100%向所有合伙人分配，直至各合伙人实缴出资额的内部年收益率达到 X%/（核算收益率的期间自各合伙人实缴出资到位起到收回各该出资之日止）。

第四，如有余额，100%向普通合伙人分配，直到普通合伙人分配取得的收益达到已累计分配给有限合伙人及普通合伙人全部收益的 20%。

第五，如有余额，按有限合伙人 80%、普通合伙人 20% 的比例分配；有限合伙人应得部分在有限合伙人之间根据其实缴出资额按比例分配。

上述分配机制核心原则是：有限合伙人优先收回成本并获得门槛收益，超额收益部分由有限合伙人与普通合伙人按照（80/20 收益分配机制）进行分配。

有限合伙人优先收回成本并获得门槛收益，使得普通合伙人在"剩余索取权"上位于有限合伙人之后，即普通合伙人承担了主要的收益风险。该风险与普通合伙人对风险投资基金的实际控制权相对应，构成了普通合伙人与有限合伙人在所有权与控制权分离情况下相对于最优产权配置的机制。在该机制下，普通合伙人为了获得满意的收益，必须尽职管理风险投资基金，以使基金收益在对有限合伙人分配之后仍有剩余。

对收益进行 80/20 分配的惯例最早可以追溯到 15 世纪的意大利海上贸易，当时条件下从事海洋运输是一件高风险的事业，为了鼓励商船从事远洋贸易，贸易的委托方与船方采取了对贸易利润进行 80/20 分配的激励措施。该措施是如此有效，以至于后来所有高风险行业纷纷效仿，风险投资行业便是其一。在风险投资基金中，普通合伙人之所以能够以 1% 的出资分享 20% 左右的利润，是因为风险投资是一项具有高度专业性的工作，该工作的成功与否依赖于普通合伙人的人力资本，超出出资比例的利润分配正是对普通合伙人人力资本"剩余索取权"的认可。有限合伙人与普通合伙人之间 80/20 收益分配的机制，有效协同了二者之间的利益，实现了对普通合伙人激励机制的"激励相容"。

（6）风险投资基金的组织治理机制。

虽然有限合伙制企业没有董事会，但是风险投资基金可以设立咨询委员会，有限合伙人主要通过该委员会了解交易状况并同技术专家沟通，部分咨询委员会还对风险投资基金的运行提供指导和监督。此外，咨询委员可能会被出资人指定承担特殊的责任，例如确定投资组合的价值。在 Sahlman（1990）调查的 76 个基金中，41% 建立了正式的咨询委员会，22% 建立了非正式的咨询委员会。在建立了正式咨询委员会的有限合伙制投资机构中，61% 的机构要求有限合伙人参加咨询委员会，58% 基金建立了单纯由有限合伙人代表组成的咨询委员会。

有限合伙人虽然不能参与基金管理，但是对一些重要事项有表决权，如合伙协议的修改、在期满前解散有限合伙组织、延长基金的期限、解雇普通合伙人、投资项目的资产评估方法。上述内容的修改，一般要求 2/3 以上有限合伙人的同意。有限合伙人行使上述权力，可以通过合伙人大会（会议）进行，合伙人会议一般每年召开一次。

Robbie 等（1997）认为风险投资出资人对风险投资机构的监控策略分为四种，分别是被动型、反应型、主动型和高度主动型（见表 2.4）。在他们的实证研究中，大多数风险投资机构（75%）认为他们的基金提供者目前采取被动型或者反应型监控策略。独立风险投资机构和非独立风险投资机构在监控策略上没有区别。

表 2.4　　　　　　　　　　　基金提供者采取的监控策略

监控政策	所有		独立的风险投资机构		非独立的风险投资机构	
	1996 年	2001 年	1996 年	2001 年	1996 年	2001 年
被动型	43.2	17.8	47.7	18.6	36.7	16.7
反应型	32.4	41.1	29.5	41.9	36.7	40.0
主动型	18.9	32.9	15.9	32.6	23.4	33.3
高度主动型	5.4	8.2	6.8	7.0	3.3	10.0

资料来源：Ken Robbie and Mike Wright and Brian Chiplin，"The Monitoring of Venture Capital Firms"，Entrepreneurship Theory and Practice，Summer（1997）：19.

（7）基金固定期限的声誉治理机制。

风险投资基金一般是固定期限的封闭式基金。固定期限封闭式基金作为一种集合投资制度，与有限合伙制的结合增强了出资人对风险投资机构的治理。一般基金的募集和有限合伙企业的设立同时进行。

根据资金募集对象的不同，风险投资的募集可以分为私募和公募两种形式，其中私募方式主要面向以基金、大型机构为主的特定对象，而公募的对象则主要是社会大众。因为风险投资的风险很高，所以一般以私募为主。在美国，公募形式仅仅限于部分实力雄厚的风险投资公司，并且有各种严格条件的限制。

私募过程涉及四方，分别是基金管理人、基金发起人、基金托管人和投资者。基金的管理人为风险投资企业的普通合伙人，基金的发起人一般为投资银行，基金托管人一般为商业银行，投资人一般为包括大公司在内的机构投资者以及富裕的个人投资者等。

合伙制风险投资基金为固定期限的封闭式基金。其特点如下[1]：第一，基金必须有固定的期限，并在有限合伙协议签订时明确下来。风险基金的存续期通常为 10 年，一般情况下可以延长 1 年，期限延长最多不能超过 2 年。期满后，所有基金的资产包括现金和证券必须清算。第二，有限合伙股权一般不能转让。第三，期满前一般不允许有限合伙人退出组织。

固定期限封闭式基金治理机制主要来源于两个方面：一是固定期限封闭式基

---

[1]　盛立军. 风险投资操作、机制与策略. 上海：上海远东出版社，1999.

金的再筹资机制；二是有限合伙人的注资终止机制。

由于风险投资基金属于固定期限的封闭式基金，基金到期时管理人必须返还本金并募集新的资金。在资金提供者多为经验丰富的机构投资者的情况下，基金管理人的经验、业绩与信誉对于筹资十分关键，良好的经营业绩是风险投资机构在行业中生存的根本，这种生存压力促使基金管理人努力经营，并避免"道德风险"的发生。

2.3.4.2 信息、绩效标准与治理机制的整合

（1）美国有限合伙制风险投资基金治理的信息机制与绩效标准。

第一，风险投资基金出资人治理的信息机制。完善的信息机制不仅有利于有限合伙人结合绩效标准对基金采取治理措施，而且还可以弱化普通合伙人因发生"道德风险"所引致的信息不对称。根据 Robbie 等（1997）的研究，风险投资基金出资人在典型的情况下需要 4~6 条信息以便监控风险投资机构的绩效，多数出资人要求提供 4 条信息（24% 的风险投资机构）。信息按照被需要程度由高到低排列，依次是年度报告、半年报告、季度报告、半年投资组合价值评估报告、年度陈述或访问，上述信息被半数以上的公司所需要。37.8%的风险投资机构被要求提供每笔交易的详细信息。在报告的要求方面，独立的风险投资机构和非独立的风险投资机构之间几乎相同，但是独立的风险投资机构对半年报告、月度以及更频繁报告需要的水平更高；独立的和半附属的风险投资机构更可能被要求提供半年报告；附属的投资机构更可能要求提供季度报告。约有 40% 的风险投资机构被要求提供月报。附属的风险投资机构与独立、半附属的风险投资机构相比，对于投资组合价值评估报告和对资金提供者的年度陈述的需要程度更低。但是，附属的投资公司更可能被要求提供每笔交易的详细信息。出资人要求风险投资机构提供的信息组合内容存在较大差别。40%的被调查风险投资机构同时提供年度报告和半年报告，但只有 30% 除上述两项内容外也同时需要年度陈述或访问。最普遍信息组合包括四项（样本的20%），包括年度报告、半年报告、年度陈述或访问、半年投资组合价值评估报告（见表 2.5）。

表 2.5　　　　　　　　基金出资人监控风险投资机构所需要的具体信息

信息 ＼ 投资机构	1996 年						2001 年					
	所有		独立的风险投资机构		非独立的风险投资机构		所有		独立的风险投资机构		非独立的风险投资机构	
	A	B	A	B	A	B	A	B	A	B	A	B
年度报告	12.1	55.4	12.0	56.8	12.3	53.3	10.7	52.1	10.4	54.5	11.5	46.7
半年报告 *	12.4	56.8	14.9	70.5	8.5	36.7	10.7	52.1	12.6	65.9	7.4	30.0
季度报告	11.2	51.4	9.1	43.2	14.6	63.3	11.5	56.2	10.0	52.3	14.8	60.0
月度或者更频繁的报告	3.6	16.2	1.0	4.5	7.7	33.3	3.4	16.4	1.3	6.8	7.4	30.0
每年投资组合价值评估报告	8.0	36.5	8.7	40.9	6.9	30.0	6.5	31.5	6.9	36.4	5.7	23.3
半年投资组合价值评估报告	10.4	47.3	10.1	47.7	10.8	46.7	10.1	49.3	10.0	52.3	10.7	43.3
更加频繁的投资组合价值	4.1	18.9	3.8	18.2	4.6	20.0	5.9	28.8	5.2	27.3	7.4	30.0
年度陈述或访问	10.9	50.0	11.5	54.5	10.0	43.3	8.4	41.1	8.2	43.2	9.0	36.7
半年的陈述或访问	3.6	16.2	3.8	18.2	3.1	13.3	3.9	19.2	4.3	22.7	3.3	13.3
更加频繁的陈述或访问	2.1	9.5	1.4	6.8	3.1	13.3	3.9	19.2	4.3	22.7	3.3	13.3
每笔交易的详细信息	8.3	37.8	8.7	40.9	7.7	33.3	8.7	42.5	9.5	50.0	8.2	33.3
投资者在委员会中有席位	6.2	28.4	6.7	31.8	5.4	23.3	6.7	32.9	7.4	38.6	5.7	23.3
接触投资者网络以及在需要的情况下接触	4.1	18.9	4.8	22.7	3.1	13.3	5.1	24.7	6.1	31.8	3.3	13.3
经常性地接触被投资公司	1.2	5.4	1.4	6.8	0.8	3.3	2.2	11.0	2.2	11.4	0.8	3.3
其他	1.8	8.1	1.9	9.1	1.5	6.7	2.2	11.0	1.7	9.1	1.6	6.7

注：A：接受调查的百分比；B：风险投资机构的百分比。＊独立假设的置信水平为 1% 。

资料来源：Ken Robbie and Mike Wright and Brian Chiplin，"The Monitoring of Venture Capital Firms"，Entrepreneurship Theory and Practice，Summer（1997）：20.

第二，风险投资出资人治理的绩效标准。出资人的治理目标在于实现投资收益的最大化，事实上吸引出资人进入风险投资行业的一个重要原因就是风险投资的高额收益率。1981 年前成立的风险投资机构到 1987 年为止收益率普遍为正。例如 1980 年成立的 13 只基金，到 1987 年 12 月 31 日为止平均年收益率是 20.6%，而同期标准普耳 500 的收益率为 16%[①]。绩效是出资人衡量风险投资家能力与努力程度的可观测变量，绩效标准作为一个可观察、可验证变量，是出资人对"逆向选择"和"道德风险"判断的重要依据。

虽然出资人可能给风险投资机构设立多个绩效目标，但是根据 Robbie、Wright 和 Chiplin（1997）的研究结果，单一的目标最普遍（62% 的被调查风险投资机构），少于 12% 的被调查风险投资机构设置了 2 个目标，仅有 14.5% 的被调查风险投资机构没有设置明确的目标。独立和非独立的风险投资机构之间没有统计上的显著差别，但是样本中 20% 的独立风险投资机构没有设置具体的目标，而没有设置具体目标的非独立的风险投资机构只有一家。非独立的风险投资机构分为完全附属的风险投资机构和半附属的风险投资机构，前者有 70%、后者有 80% 设置了单一目标。最被经常设置的目标是"投资收益率大于在其他类资产上投资收益率的一定百分比"，紧随其后的是特定的投资收益率。独立与非独立风险投资机构之间几乎在所有统计上的差别并不明显，例外的情况是年度资本收益率，附属和半附属的风险投资机构设置该目标的可能性更大（见表 2.6、表 2.7、图 2.1）。

（2）美国风险投资基金治理机制的整合。

以基金生命周期为主线，美国风险投资基金的诸多治理机制可以归类为事前治理机制、事中治理机制和事后治理机制。事前治理机制即在基金投入运作之前的治理机制，主要包括契约治理机制；事中治理机制即基金运作过程中的治理机制，主要包括有限合伙人利用信息机制与绩效标准而进行的普通合伙人对风险投资基金投资的治理机制、有限合伙人可中断出资的治理机制、普通合伙人承担无限责任的治理机制、收益分配次序的治理机制、风险投资基金组织的治理机制；事后治理机制指基金结束后的治理机制，主要包括基金固定期限的声誉治理机制

---

① William A. Sahlman, "The Structure and Governance of Venture-Capital Organizations", Journal of Financial Economics, 27（1990），pp. 473-521.

（见图 2.1）。

表 2.6　　　　　　　　风险投资基金出资人设置的绩效指标数量（一）

绩效指标数量	所有		独立的风险投资机构		非独立的风险投资机构	
	1996 年	2001 年	1996 年	2001 年	1996 年	2001 年
0	14.5	6.6	20.0	8.9	6.5	3.2
1	61.8	64.5	53.3	60.0	74.2	71.0
2	11.8	15.8	11.1	15.6	12.9	16.1
3	6.6	7.9	6.7	8.9	6.5	6.5
4	3.9	3.9	6.7	4.4		3.2
5	1.3	1.3	2.2	2.2		

资料来源：Ken Robbie and Mike Wright and Brian Chiplin，"The Monitoring of Venture Capital Firms"，Entrepreneurship Theory and Practice，Summer（1997）：20.

表 2.7　　　　　　　　风险投资基金出资人设置的绩效目标（二）

年份	1996						2001					
绩效目标	所有		独立的风险投资机构		非独立的风险投资机构		所有		独立的风险投资机构		非独立的风险投资机构	
	A	B	A	B	A	B	A	B	A	B	A	B
特定的毛投资收益率	21.3	30.3	21.7	33.3	20.5	25.8	16.7	25.0	14.1	22.2	20.9	29.0
投资收益率 > 在其他资产上投资收益率的一定百分比	24.1	34.2	21.7	33.3	28.2	35.5	26.3	39.5	26.8	42.2	25.6	35.5
根据基金年限调整的投资收益率	4.6	6.6	5.8	8.9	2.6	3.2	3.5	5.3	5.6	8.9		
在给定时间内累计一定数量的现金	14.8	21.1	17.4	26.7	10.3	12.9	14.9	22.4	16.9	26.7	11.6	16.1
投资收益率加现金	13.9	19.7	15.9	24.4	10.3	12.9	19.3	28.9	21.1	33.3	16.3	22.6

续表

年份	1996						2001					
绩效目标	所有		独立的风险投资机构		非独立的风险投资机构		所有		独立的风险投资机构		非独立的风险投资机构	
	A	B	A	B	A	B	A	B	A	B	A	B
年度资本回报率*	5.6	7.9	1.4	2.2	12.8	16.1	7.9	11.8	4.2	6.7	14.0	19.4
没有明确的目标	10.2	14.5	13.0	20.0	5.1	6.5	5.3	7.9	7.0	11.1	2.3	3.2
其他	5.6	7.9	2.9	4.4	10.3	12.9	6.1	9.2	4.2	6.7	9.3	12.9

注：A：接受调查者的百分比；B：接受调查机构的百分比。* 独立假设的置信水平为3%。

资料来源：Ken Robbie and Mike Wright and Brian Chiplin，"The Monitoring of Venture Capital Firms"，Entrepreneurship Theory and Practice，Summer（1997）：18.

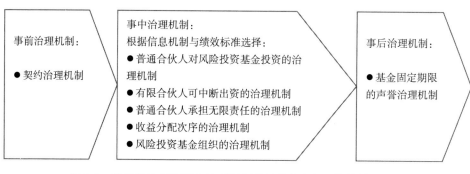

图2.1 美国风险投资基金治理机制基于基金生命周期的整合框架

资料来源：作者整理。

美国风险投资基金虽然治理机制众多，但是根据防范"道德风险"的机理的不同，可以分为弱化治理问题发生的前提类、针对"道德风险"类总计两大类。针对"道德风险"类治理机制根据组织行为学的"强化理论"又可以分为强化行为治理机制和弱化行为治理机制。根据公司治理的基本理论，公司治理问题的发生的前提条件是不完全契约与信息不对称，通过签署尽量完备的契约并建立良好的信息机制，可以在较大程度上弱化治理问题发生的前提，防范普通合伙人的"道德风险"。从组织行为学的角度考察，有限合伙制基金治理机制的核心就是要通过奖励强化普通合伙人维护有限合伙人利益的行为，通过惩戒弱化普通合伙人损害有限合伙人利益的行为。强化行为治理机制包括对风险投资基金投资的治理机制、收益分配次序的治理机制（指 80/20 收益分配机制），该类机制主要是在协同有限合伙人与普通合伙人之间的利益，实现普通合伙人与基金之间利益的"激励相容"。弱化行为治理机制包括有限合伙人可中断出资的治理机制、普通合伙人承担无限责任的治理机制、收益分配次序的治理机制（指普通合伙人在"剩余索取权"顺序上后于有限合伙人）、风险投资基金组织的治理机制、基金固定期限的声誉治理机制，该类机制主要是加大普通合伙人发生"道德风险"的成本，从而起到惩戒和弱化普通合伙人损害有限合伙人利益的相关自利行为。

第*3*章

风险企业治理的微观机制

以风险投资家和企业家签订契约为界，契约后的治理机制包括基于风险投资家人力资本的治理机制以及遏制企业家"道德风险"的治理机制，企业治理的目标在于企业价值最大化，前者通过对权力的动态分配直接增加风险企业价值，后者通过减少风险企业偏离公平原则的价值流失而间接增加价值。上述两类契约后治理机制作用的发挥，需要契约前风险投资项目选择满足治理相容性约束，治理相容的风险投资项目选择机制与契约后的治理机制存在替代关系。

3.1

风险投资项目选择的治理相容性

虽然在美国投资基金总量中所占的份额较小，但是全美约1/3市值的上市公司得到过风险投资基金的支持，风险资本的平均投资回报率常年保持在20%以上。风险投资之所以能够以如此小数量的资金取得巨大成功，与风险投资独具特色的项目选择密切相关。风险投资项目选择有宏观、中观和微观三个层次的标准，根据 Alchian 和 Demsetz（1972）的研究，风险投资家监控企业家行为的难度越高，则企业家发生管理机会主义行为的可能性就越大，因此这三个层面的选择标准均应与治理的要求相容。与治理不相容的项目将导致过高的交易成本，造成治理机制的失效。

3.1.1 风险投资项目选择的宏观标准与治理相容性

按照不可分散风险、投资额两个维度，可投资的创业项目分为五类（见

图 3.1）。风险投资支持的宏观投资类型包括类型 Ⅱ 与类型 Ⅲ。类型 Ⅱ 与类型 Ⅲ 具有较大的风险，往往难以像类型 Ⅳ 那样得到传统金融机构或者大财团的资助，同时该类型的风险与投资额又不至于达到类型 Ⅴ 那样典型风险投资难以承受的水平（如"铱星计划"），收益性也好于类型 Ⅰ（如餐馆）（见图 3.1）。

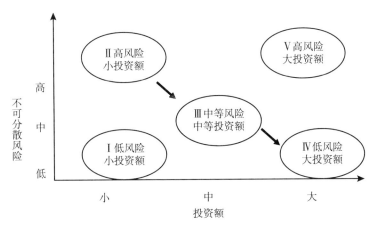

图 3.1 投资类型划分

资料来源：［美］Robert Hornaday. 南开大学 MBA《中小企业》课程讲义，2000①。

风险投资项目要求高收益性和高成长性，因此要求被投资行业相应具有特定的结构特征，所涉及的行业结构因素主要包括产业生命周期阶段、进入壁垒和产品差别。

完整的产业周期包括导入期、成长期、成熟期和衰落期。由于早期进入者可以通过制定产品标准、建立转换成本等方式赢得竞争优势，并有更多机会把握新的市场需求以避免残酷的业内竞争，故早期进入者通常更容易实现高收益和高成长。国外实证研究多数证实产业的早期进入者比晚期进入者更有可能获得高市场份额、高经营绩效。例如，Kenneth（1998）通过对 199 家独立新企业的实证研究表明：与进入成熟期产业的企业相比，进入导入期产业的企业获得了更好的经营绩效。

---

① Bhide，A. V. . The origin and evolution of new business. Oxford：Oxford University Press，2000.

风险投资项目的高风险性必然要求风险投资项目的高收益率，这意味着典型风险投资项目所在的行业理论上应当具有高进入壁垒。根据战略管理理论，高行业进入壁垒意味着高收益率，高行业退出壁垒意味着高收益风险性。反之则分别意味着低收益率和收益率的相对稳定性。进入壁垒和退出壁垒的状态组合如图3.2所示。

虽然任何投资均倾向于低退出壁垒项目，但是高退出壁垒的情况应当视行业的发展阶段以及项目的竞争优势而定。如果行业处于导入期和成长期，那么在竞争变得激烈之前仍然可能获取高额利润，该类高进入壁垒、高退出壁垒项目仍然具有投资价值。进入成熟期但具有高竞争优势、高退出壁垒的项目亦然。

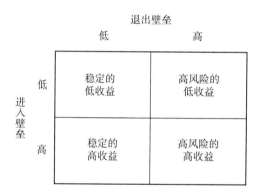

图3.2　进入壁垒、退出壁垒对行业收益率的影响

资料来源：［美］麦克尔·波特．陈小悦译．竞争战略．北京：华夏出版社，1997：21.

在符合宏观投资类型并满足高收益性行业特征的基础上，风险投资项目选择还需要考虑实现产品差别的可行性。根据波特的战略理论，企业可选择的基本战略有三种：低成本战略、差别化战略和集聚化战略，集聚化战略又分为集中的低成本战略和集中的差别化战略。低成本战略一般和规模经济相联系，通常需要大量投资，所以一般不属于风险投资的范围。风险投资项目所属行业应当具有可差别化特征，并且能够通过差别化获得竞争优势。

理查德·K. 洛赫里奇（1981）根据竞争优势的强度、差别化途径的多寡两个维度将产业分为四种类型（见图3.3）。风险投资项目应当选择其中的专业型产业，该类产业可以通过实施差别化战略并利用高竞争优势强度保证风险投资所要求的高利润。

	低竞争优势强度	高竞争优势强度
差别化途径多	分裂型产业：这一领域中难以营造出明显领先于对手的优势，但企业可以通过多种途径营造出一定的差别化优势	专业型产业：这一领域中企业可以通过多种途径营造出一定的差别化优势，而且明显领先于对手
差别化途径少	僵局型产业：这一领域中难以营造出明显领先于对手的优势，而且企业营造差别化优势的方法有限	规模型产业：这一领域中企业实现细分的机会很少，但可以营造出明显领先于对手的优势

图 3.3　根据差别化途径和竞争优势强度对产业的分类

资料来源：（1）［美］理查德·K. 洛赫里奇.80 年代的公司战略.（2）［美］卡尔·W. 斯特恩，小乔治·斯托克编. 公司战略透视. 上海：上海远东出版社，2000：82.

从宏观的角度看，风险投资适合高风险、小投资额或中等风险、中等投资额的项目类型；为了实现高成长与高收益，风险投资应当选择处于产业生命周期早期的产业，同时被投资行业应当具有较高进入壁垒；在高竞争优势强度前提下，考虑到投资规模限制，风险投资项目应当具有可差别化的战略特征，如专业型产业的项目。

风险投资项目的宏观特征决定了风险企业中人力资本的重要性。在风险投资家和企业家博弈的过程中，企业家凭借其独特的人力资本而拥有较强的"谈判力"，可以分享企业的剩余索取权和控制权。因此根据企业治理的理论，企业的所有权和控制权的配置应当充分考虑企业家人力资本的作用。风险投资以处于导入期或成长期的专业性行业为主，风险企业必然面临较大的外部环境不确定性。因此，为了应对这种由产业早期以及专业性带来的不确定性，风险投资项目的选择在宏观层面应当和风险投资机构的人力资本状况相适应，以通过增值服务等方式缩减不确定性。

风险投资家的增值服务和专用性知识密切相关。由于专用性知识的使用存在成本，而风险投资家（特别是偏好于早期风险企业的类型）对专用性知识的依赖程度如此之大，以至于在通过市场利用这些专用性知识时，或者交易成本如此之高以至于使该类交易丧失了必要的经济性，或者由于信息渠道的延长而降低了信息效率，因而导致风险投资家利用外部专用性知识行为的低效。风险投资家自身具有专用性知识，内部化的交易实现了交易成本的节约，信息渠道的缩短因减少了失真概率提高了效率。因此，风险投资（特别是偏好于早期风险企业的情况）宏观层次的项目选择应在人力资本方面满足治理的相容性。

3.1.2 风险投资项目选择的中观标准与治理的相容性

中观层面的选择标准反映风险投资机构资源的异质性，这些标准主要包括投资地域、企业成长阶段、投资规模和行业。上述四类标准和风险投资机构的类型密切相关。

Florida 和 Kenney（1988a，1988b）提出按照投资导向的差别，风险投资机构可以分为技术导向型、财务导向型和混合型。在美国的旧金山、波士顿、纽约集中了超过《普拉特私募股权与风险投资基金来源指引》（Pratt's Guide to Private Equity and Venture Capital Sources）所列示 1000 家创业投资机构的 50%，超过 49% 的风险企业也坐落于上述三个城市，而技术导向型和财务导向型风险投资分别以旧金山硅谷地区、纽约地区为代表，混合型风险投资以波士顿地区为代表。

技术导向型风险投资机构一般资金规模较小，投资规模也相对较小，在项目选择时更加注重技术的市场价值，因此通常有明确的行业偏好，并倾向于作为主投资人在企业的种子期或者创业期进行投资。而财务导向型风险投资机构资金实力雄厚，它们通常作为跟随投资者在企业的成长期或成熟期进行投资，因此行业偏好较不明确，同时投资规模较大并且主要着眼于财务收益，混合型风险投资机构介于二者之间（见图 3.4）。

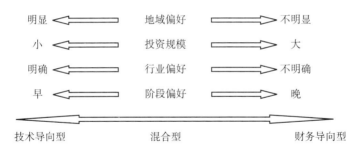

图 3.4　不同类型风险投资机构的偏好

风险投资机构中观层面的项目选择标准源于风险投资机构资源的差异。从提供增值服务与治理资源的角度看，由于早期项目具有较大的不确定性，风险投资家可能需要提供较多的增值服务或监控，所以技术导向型公司一般将投资地域限制在公司附近以免支付过高的相关成本；而财务导向型公司则对地域敏感性较低。从财务资源的角度看，风险投资机构出于分散风险的考虑通常将有限的资金进行组合投资，并由此确定投资规模的偏好；由于资金实力的差别，技术导向型公司在投资规模上小于财务导向型公司。人力资源与项目选择具有互动性，着眼于新兴技术的经济价值并由技术专家构成的技术导向型投资机构，必然比着眼于财务收益的财务专家们有着更加明确的行业偏好。技术导向型公司通过投资于早期项目并主动承担较高风险，避免与财务导向型公司在市场定位上的冲突，以投资阶段偏好差别的形式形成市场资源开发上的互补关系。

风险投资机构中观层面的项目选择标准以专业化为基础。风险投资机构专业化的重要性在于通过在某一领域积累投资经验而提高投资成功率。然而根据调查，我国风险投资机构存在市场定位不明确、专业化程度较低的不足，这不利于我国风险投资机构根据自身资源状况合理地选择项目。

风险投资是风险投资家在自身资源条件约束下最大化投资收益的过程。中观层面项目选择标准要求风险投资机构在选择项目以及投资策略时，因治理而发生的交易成本应当满足资源的约束。作为技术导向型公司，应当尽量选择适当的投资领域以主投资人的角色进行早期投资，以便发挥在人力资本方面的优势，而财务导向型公司则适合作为跟随投资者在晚期进行投资。为了方便监控风险企业，主投资人应当尽量选择临近的区域。1994 年，Freear 等发现无论是否是"天使投资人"，风险投资家都倾向于在本部附近进行投资。风险投资对于风险企业的监控能力与投资地点有关，Lerner（1995）证明风险投资基金与所投资创业企业空间距离越近，基金对企业的监控力度就越大。风险投资机构距离风险企业总部距离不超过 5 公里时，与该距离超过 500 公里的情况相比，风险投资家成为董事会成员的可能性增加一倍。在统计样本中，一半以上的风险企业与风险投资机构距离在 60 公里以内。25% 的风险企业有一个在 7 公里以内的风险投资家参与董事会；如果风险投资机构和风险企业的空间距离在 5 公里以内，那么风险投资家成为风险企业董事的可能性为 47%，500 公里以外的情况相应概率为 22%。时间对于风险投资家而言是稀缺性的资源，适当的投资规模可以限制投资组合中项目的数量，而适当的投资数量有利于风险投资家分配足够的时间参与风险企业事务并且对风险企业进行监控。此外，为了限制因行业知识专用性而造成的风险，风险投资家必须具备所投资行业的知识，即实现风险企业行业知识与风险投资家人力资本之间的匹配。

3.1.3 风险投资项目选择的微观标准与治理相容性

对具体风险投资项目筛选标准的研究最早可以追溯到 1974 年，Weller 在其研究中提出了 12 项标准，在 20 世纪 70 年代提出项目筛选标准的还有 Poindexter（1976）。80 年代对项目筛选标准作出研究的有 6 人，他们是 Tyebjee 和 Bruno（1984）、Premus（1984）和 Macmillan、Siegel、Narasimha（1985）。90 年代的相关研究主要有 9 项，依次为 Dixon（1991），Robert（1991），Hall 和 Hofer（1993），Fried 和 Hisrich（1994），Guild 和 Bachher（1996），Mason 和 Harrison（1996），Manigart、Wright 和 Robbie（1997），Chotigat、Pandey 和 Kim（1997），Boocock 和 Woods（1997）。最近的研究主要有 Kaplan 和 Strömberg（2000）。

前期的研究主要提出了若干项独立的标准，而中后期的研究则把具体筛选标准模块化为几个部分，如风险企业家或管理层选择标准、产品（或技术）选择标准、市场标准和财务标准（见表 3.1）。

风险企业面临着巨大的风险和不确定性，企业家或管理团队的能力是企业成功最根本的决定因素。有经验的风险投资家在具体选择项目时往往将"人的因素"放在第一位。著名风险投资家 Arthur Rock 曾经说道：在审阅商业计划时"……首先注意的是简历，对我而言，它才是计划的根本（可能没有人看中中间的章节）。我把计划书视为评估人才的机会。"他还说："我投资于人，而非投资于想法。""如果你能找到优秀人员，而他们选错了产品，那么他们马上会改弦更辙。所以，一开始就了解他们所谈论的产品有什么大用呢？"

表 3.1　　　　　　　　MacMillan、Siegel 和 Narasimha 的项目筛选标准

Ⅰ. 企业家的人格		Ⅱ. 企业家的经验		Ⅲ. 产品或者服务的特性		Ⅳ. 市场		Ⅴ. 财务	
标准	均值	标准	均值	标准	均值	标准	均值	标准	均值
1. 付出持续的高强度努力的能力	3.60	6. 完全熟悉风险企业的目标市场	3.58	11. 产品受到专利保护或者可以通过其他渠道得到保护	3.11	15. 目标市场具有很高的市场增长率	3.34	20. 在 5 ~ 10 年内，要求至少 10 倍于投资的回报	3.42
2. 能够很好地评估风险并对风险作出反应	3.34	7. 历史证实的领导能力	3.41	12. 产品被市场接受并经过证实	2.45	16. 风险企业将促进一个现存市场的发展	2.43	21. 投资具有较高的流动性（例如，上市或者被收购）	3.17
3. 在讨论风险企业时条理清晰	3.11	8. 同风险企业有历史联系	3.24	13. 产品已经发展成功能性原型	2.38	17. 投资方熟悉风险企业的目标市场	2.36	22. 至少在 5 年内要求 10 倍于投资的回报	2.34
4. 注重细节	2.82	9. 经由值得信赖的渠道被推荐	2.03	14. 产品可以被描述为"高科技"	2.03	18. 在头 3 年中没有市场竞争的威胁	2.33	23. 不需要进行后续投资	1.34
5. 与投资者的人格兼容	2.09	10. 投资方了解企业家的声誉	1.83			19. 风险企业将开创一个新市场	1.82	24. 不参与第一轮投资以后轮次的投资	1.2

注：1 ~ 4 分量表：1 代表不相关；4 代表必须。

资料来源：Macmillan, I. C., Siegel, R., Subba Narasimha, P. N.. Criteria used by venture capitalist to evaluate new venture proposals. Journal of Business Venturing, 1998, 1：121.

包括创业者在内的管理团队的重要性也被 Kaplan 和 Strömberg（2000）所证实，在其风险企业成功与项目选择标准的相关分析中，管理团队的质量与 IPO 明显正相关。投资之初对管理层评价为"强"的公司中有35%实现了 IPO，而评价为"中等"或者"弱"的公司中仅有13%实现了 IPO。对市场的评价与 IPO 无关。该研究一个有趣的结论是：项目选择时对竞争强度估计为"弱"的公司中仅有6%实现了 IPO，而竞争强度估计为"强"时相应数据却为40%，即投资之初预期竞争强度大的项目反而更加容易成功。根据《中国创业投资发展报告（2010）》的数据，我国24.4%的风险投资机构认为"市场前景"是他们进行投资时所考虑的首选因素，22.9%的投资机构认为"管理团队"是投资成功的关键（见图3.5），这一点同 Kaplan 和 Strömberg 的研究结果存在差异。

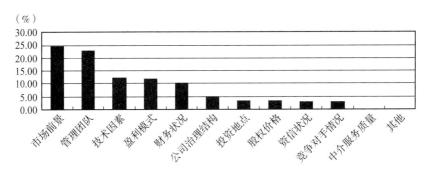

图3.5 影响中国风险投资决策最重要的因素

资料来源：王松奇，王元．中国创业风险投资发展报告（2010）．北京：经济管理出版社，2010：48．

微观项目选择标准的相对重要性和项目发展阶段有关。Elango、Fried 和 Hisrich（1995）发现风险投资机构投资阶段偏好越早，就越注重产品的产权、产品的独特性和高增长的市场；而阶段偏好为晚期的投资者对经过确认的市场接受程度更感兴趣；虽然对管理层的筛选在各个阶段均非常重要，但是投资阶段越早，风险投资评价和雇佣管理层的重要性就越高。

与独立的风险投资机构相比，非独立的风险投资机构由于需要与所属上级机构实现战略协同，因此其微观项目选择标准中还包括两条特殊的标准，即"市场/行业对母公司的吸引力"与"产品适合母公司的长期战略"。

风险投资微观层面标准的核心是对企业家的筛选。一方面，从博弈论的角度看，企业家之所以会发生"道德风险"问题，在一定程度上是由于存在机会成本问题，风险企业经营越成功则相对机会成本就越低，发生"道德风险"的可能性就越小。选择合格的企业家本身具有遏制"道德风险"的作用。另一方面，风险投资家和企业家之间人格以及能力信息的不对称程度越小，则发生机会主义行为的风险就越小。Patzelt（2010）研究了技术型风险企业 CEO 的称职程度对风险投资融资量的影响，对相关生物产业 117 个融资事件的分析证明，管理层的受教育程度、类似企业的创业经验、国际化经验、CEO 的行业经验影响了风险投资家的投资数量。

为此，美国的风险投资界建立了驻守企业家制度，并且在业内得到了较为广泛的应用。驻守企业家制度（Entrepreneur In Residence，EIR）实现了风险企业中创业者、风险投资家和职业经理层三个基本利益主体的统一，该制度在一定程度上削弱了经理层对所有者利益背离的基础，进而防止了治理问题的发生。

作为对技术和财务环境变化趋势的回应，驻守企业家制度产生于 20 世纪 80 年代中期的美国硅谷。该制度在公司内部为优秀企业家特别是有创业成功经验的企业家提供职位，风险资本家和他们一起参与项目挑选过程。驻守企业家或者从公司中挑选适当的项目，并与项目提供者一起组建新风险企业，或者在公司任职期间孕育新的创业项目，风险投资公司提供 6 个月到 1 年的薪水、有关信息、工作条件和必要的资金支持，在项目成熟时，由风险投资公司投入资金组建新的风险企业，由驻守企业家担任新风险企业的总裁。

风险企业治理在一定意义上是风险投资家对企业家的一种监督与制衡机制，即通过一种制度安排，防止经营者对所有者利益的背离，保证决策科学，实现股东利益的最大化。治理问题的基本前提是不同利益主体目标函数不一致、所有权和经营权的分离并由此导致的"委托—代理"问题。而驻守企业家制度实现了风险企业中创业者、风险投资家和职业经理层三个基本利益主体的统一，削弱了经理层对所有者利益背离的基础。以风险投资家解雇管理层的研究为例，作为有着成功经验的优秀企业家，驻守企业家的能力可以验证，而风险投资家与驻守企业家共同选择项目并创建风险企业的工作程序，则极大地降低了意见分歧的概率。驻守企业家本身是风险投资公司一员，除了在社会上享有很高的声誉之外，驻守企业家还有可能成为风险投资公司的合伙人，所以代理问题也不是驻守企业家理性行为的结果。

即使在风险投资谨慎于创建新风险企业的今天，很多风险投资家仍然对驻守企业家制度在增强投资的有效性方面深信不疑，如基准风险投资（Benchmark Capital）的合伙人安德鲁·拉克莱夫（Andrew Rachleff）所言：驻守企业家"创建的公司带来了巨大的回报，而投资风险却大大降低"。存储芯片公司 Rambus 就是麦克·法姆沃德（Mike Farmward）在 Merrill 风险投资担任驻守企业家时的杰作，而 Merrill 的另一位驻守企业家杰夫·霍金斯（Jeff Hawkins）则建立了 Palm Computing 公司。驻守企业家制度于 20 世纪 90 年代在美国风险投资业内盛行开来。以坐落于美国加利福尼亚的基业风险投资公司（Foundation Capital）为例，该公司所有投资项目中 30% ~ 50% 是由驻守企业家启动的，该公司自 1999 年以来所有的新创企业投资均是驻守企业家制度的结果。

　　风险投资项目的选择应当依据宏观、中观和微观的次序进行（见图 3.6），其中宏观、中观标准用来做项目的初步筛选，微观标准用来做项目的精细筛选，依据三个层面标准而进行的项目筛选构成了风险投资的项目选择机制。本书主要从理论角度对项目选择机制进行了研究，具体项目的选择还应充分考虑风险投资机构之间博弈的影响。

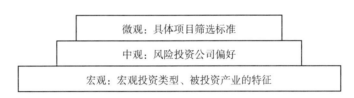

图 3.6　风险投资宏观、中观和微观三个层次选择标准的关系

资料来源：作者整理。

　　风险投资项目的选择机制应当在宏观、中观与微观三个层面充分考虑项目与治理的相容性。在宏观、中观和微观层面，需要分别考虑风险投资家人力资本与项目的相容性、风险投资家治理资源的约束、以企业家特征为主要内容的选择机制与治理的相容性。

3. 2

遏制企业家"道德风险"的治理机制

　　风险投资家和企业家效用函数的差异以及信息的不对称，决定了风险投资家和企业家合作存在非合作博弈的一面。防范企业家"道德风险"的治理机制主要包括风险企业董事会的治理机制、风险投资网络的治理机制、可中断分期投资策略的治理机制、可转换优先股的治理机制和针对经理层的治理机制。风险投资家利用投资协议构造一个完全信息的动态博弈机制，通过适当地支付函数，将风险转移给企业家，达到治理机制的"激励相容"，遏制企业家的"道德风险"。

3.2.1　遏制企业家"道德风险"的治理机制的博弈机理研究

博弈的划分可以从两个角度进行。第一个角度是参与人行动的先后顺序。从这个角度，博弈可以划分为静态博弈和动态博弈。静态博弈指的是博弈中，参与人同时选择行动，或非同时但后选择者并不知道先行动者具体参与了什么具体行动；动态博弈指的是参与人的行动有先后顺序，且后行动者能够观察到先行动者所选择的行动。划分博弈的第二个角度是参与人对有关其他参与人（对手）的特征、战略空间及支付函数的知识。从这个角度，博弈可以划分为完全信息博弈和不完全信息博弈。完全信息指的是每一个参与人对所有其他参与人（对手）的特征、战略空间及支付函数有准确的知识，否则就是不完全信息。上述两个角度的结合导致四种不同类型的博弈，分别是完全信息静态博弈、不完全信息静态博弈、完全信息动态博弈和不完全信息动态博弈。上述四种博弈所对应四个均衡概念是：纳什均衡、子博弈精炼纳什均衡、贝叶斯均衡及精练贝叶斯均衡。

风险投资家试图构造一个完全信息的动态博弈机制，利用治理机制构造适当的支付函数，将风险转移给企业家，使得企业家对背叛行为产生正确的预期，从而遏制企业家的"道德风险"。该思想也得到了风险投资研究的支持，例如 Megginson 和 Weiss（1991）发现："除去非常高的回报率以外，风险投资家无一例外地这样构造他们的投资：将大部分商业风险和财务风险转移给企业家。如 Golder（1987），Testa（1987）和 Sahlman（1988，1990）所描述的，风险投资家的投资具有相当苛刻的特征，包括：使用分期投资机制，风险投资家借此可以停止资助风险企业；使用可转换优先股作为投资工具，该工具不仅使风险投资家的证券具有高于企业家证券的优先清算权利，而且附带一系列具有强制性的条款；除非关键的目标达到,风险投资家拥有更换企业家经理的权力。"①

在图 3.7 所示的扩展型中,参与人为风险投资家和企业家。企业家首先选择行动,风险投资家随后选择行动;企业家可以选择的策略为合作或者背叛,合作即采取诚信行为,背叛等价于采取机会主义行为;风险投资家可选择的策略为合作或者惩罚,合作即不实施带有惩罚性的治理机制,惩罚就是运用治理机制对企业家的机会主义行为进行惩罚。风险投资家在选择策略时已知企业家选择的信息。

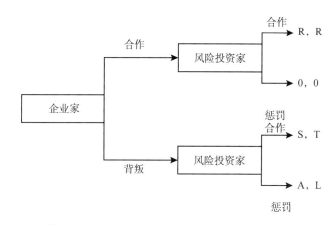

图 3.7 风险投资家和企业家的完全信息动态博弈

资料来源:作者整理。

若企业家合作,而风险投资家也合作,那么双方均获得合作收益 R;若企业家合作,那么风险投资家没有理由进行惩罚,所以为了简化分析,将该策略组合下的收益均为 0;若企业家背叛,风险投资家合作,那么风险投资家及企业家分别获得支付 S 与 T,因为风险投资家受到了欺骗而没有作出反应,企业家侵占了风险投资家的利益,所以 T > S;若企业家背叛,风险投资家惩罚,风险投资家和企业家所获得的支付分别为 A 和 L。由于风险投资家可以运用董事会的治理机制、风险投资网络的治理机制、可转换优先股的治理机制、可中断分期投资策略的治理机制等惩罚企业家,可能在降低企业家效用的同时增加自身效用,所以此时 A > L,且

① William Megginson, Kathleen A. Weiss. Venture Capitalist Certification in Initial Public Offerings. Journal of Finance, 1991, 3: 882.

A > S；但是在惩罚的情况下，由于惩罚与合作相比必然存在成本，所以 A < R，显然 L < R。

在上述支付函数下，如果企业家背叛，那么风险投资家惩罚是一种可置信威胁，因为 A > S，如果风险投资家不进行惩罚就要支付成本（A − S）。企业家由于预见到风险投资家将在自己背叛的情况下必然采取惩罚策略，且在此时所得支付 L 小于双方均合作的收益 R，所以企业家第一步必然选择合作，在此前提下风险投资家在第二步也必然选择合作。在所有的子博弈上，双方均合作都是最优的。因此在完全信息动态博弈条件下，风险投资家和企业家的子博弈精练纳什均衡是双方均合作。

上述博弈中精练纳什均衡的实现，前提性地假设了参与者能够根据完全信息理性地作出预期，因此基于完全信息动态博弈的治理机制需要风险投资家和企业家之间完全的信息机制。尽管契约的不完全性是绝对的，但是一份内容尽可能详尽的投资协议的确能够在风险投资家和企业家之间传递有效信息，从而遏制企业家机会主义行为的企图。

3.2.2　分期投资策略的治理机制

风险投资一般有一个渐进式、多轮次的投资过程。这样可以对风险企业的前景进行周期性的重新评估，风险投资机构则据此享有是否继续注入资金的无条件选择权。该投资过程被称为分期投资策略，美国某风险投资机构对其投资组合投资的过程如表 3.2 所示。分期投资是风险投资家对风险企业最强有力的控制机制之一。

表 3.2　　　　　　美国某风险投资基金对多家风险企业的多轮次投资过程

风险企业/投资时间	购买的证券	每股价格（美元）	购买的股份数（股）	总成本（美元）
风险企业 1				
5/1/85	可转换优先系列 B	0.68	525145	354473
8/1/85	可转换优先系列 B	0.68	972531	656458
3/1/86	可转换优先系列 C	2.25	444445	1000001

续表

风险企业/投资时间	购买的证券	每股价格（美元）	购买的股份数（股）	总成本（美元）
4/1/87	可转换优先系列 D	4.5	66667	300002
总计（平均每股价格）		1.15	2008788	2310934
7/24/90	估计价值	23		46202124
风险企业 2				
6/1/85	可转换优先系列 A	15.00	20833	312500
11/1/85	可转换优先系列 A	15.00	20833	312495
4/1/86	可转换优先系列 A	15.00	25000	375000
5/2/88	可转换优先系列 B	8.6	28588	245875
总计（平均每股价格）		13.08	95254	1245852
注：1987 年的借款总计达到了 206500 美元，这些借款在 5/2/88 转换为可转换优先系列 B。				
7/24/90	估计价值	3.27		311463
风险企业 3				
2/1/87	可转换优先系列 B	1.15	347827	400001
7/1/87	可转换优先系列 C	1.9	131579	250000
3/16/88	可转换优先系列 D	1.60	283326	453322
总计（平均每股价格）		1.45	762732	1103323
注：1987 年的借款总计达到了 200000 美元，这些借款在 3/16/88 转换为可转换优先系列 D。				
7/24/90	估计价值	1.45		1103323
风险企业 4				
2/1/86	可转换优先系列 B	0.95	1473684	1400000
12/1/86	可转换优先系列 D	1.85	461808	854345
7/22/87	可转换优先系列 D	1.85	141829	262384
总计（平均每股价格）		1.21	2077321	2516728
7/24/90	估计价值	4.34		9005259
风险企业 5				
11/1/85	可转换优先系列 A	0.34	1470588	500000
3/1/86	可转换优先系列 B	0.45	2083333	937500
3/1/87	可转换优先系列 C	0.75	1333333	1000000
总计（平均每股价格）		0.50	4887254	2437500
7/24/90	估计价值	0.00		0
5 家风险企业的投资总额：			9614336	
5 家风险企业的总估计价值：			56622169	
5 家风险企业总的收益：			47007832	

注：a：原始数据来源于一只规模超过 2000 万美元的风险投资基金；

b：所列数据不包括其他投资者同时的投资，也不包括其他投资者在其他时刻的投资。

资料来源：William A. Sahlman. The Structure and Governance of Venture-Capital Organization. Journal of Financial Economic，1990，27：480.

3.2.2.1 关于分期投资的理论分析

Gompers（1995）认为风险投资之所以通过分期投资这种离散的方式进行，主要是因为分期投资可以实现交易成本的节省。如果监控企业和投资是无成本的，那么风险投资家可能连续地监控风险企业并投资。但是在现实中，风险投资家在监控和注入资本的过程中会发生成本。这些成本包括风险投资家评估风险企业的成本，对某一企业进行监控而需要放弃其他活动的机会成本，企业家签订契约的成本（如律师费）等。连续投资支付的高额成本使连续投资成为一种不经济的行为，这意味着注入资金将以离散的方式进行。在分期投资的情况下，风险投资家对风险企业进展状况的评估、审慎调查以及是否对风险企业继续投资的决策，主要在再投资时进行，这种离散的投资方式能够实现交易成本的节约。

风险投资机构和企业家之间存在"委托—代理"关系，分期投资是风险投资机构遏制企业家"道德风险"的需要。根据创业研究，企业家的效用主要包括经营一家企业所产生的成就感、管理他人、财务收益和独立性。而独立风险投资机构风险投资家的效用主要是财务收益，因此二者的效用决定因素并不一致。在信息不对称的前提下，企业家经营企业的动机不必然与风险投资家相同，并有可能利用其信息优势以损害风险投资家利益的方式投资于能够带来个人效用的活动。例如，企业家可能经营净现值为负的企业，维持作为一名企业家的成就感，也可能投资于对企业家自身有很高私人利益但是对风险投资家而言财务回报很低的项目。所以在有足够资金的情况下，企业家不会主动停止风险企业的经营。风险投资家在风险企业不同的发展阶段分期投入资金，使每家风险企业只有能够维持到下一个阶段的资金，无条件放弃投资的选择权降低了企业家发生"道德风险"的可能。风险投资家在风险企业中是一个积极的内部投资者，从已发生的投资角度看，风险投资家作为股东对企业进行的是内部治理；从追加投资的角度看，风险投资家类似于银行或者其他金融机构，所以风险投资家的分期投资策略形成了对风险企业的外部治理机制。在风险投资家中断分期投资策略的威胁下，企业家为了从风险投资机构获得生存发展所必需的后续投资，必须提高公司的运营效率，改善公司的经营管理，并维护风险投资家的利益①。

Kaplan 和 Strömberg（2001）从不确定性的角度解释分期投资，认为导致风险投资家分期投入资金的原因主要有市场规模的不确定性和管理层风险的不确定性。除了管理层不确定性外，风险投资追求高额回报的性质决定了风险投资家必须有效地利用有限的资金，寻求投资组合价值的最大化。风险投资家根据被投资公司的行为和绩效分期投入资金，降低了风险投资家在一家企业投资上冒险投入的资金量，风险投资家由此获得了最大化投资组合价值的选择权。因此日本学者青木昌彦（2000）认为：由于风险投资采取分期投资策略，所以在资金早期阶段的投入后，创业投资者根据预期价值最大化的原则，从现有的投资项目中选出一个企业进行再投资以使项目完成。也就是说，风险投资家和企业家之间进行了一场锦标赛，只有那些能产生最高的预期价值的企业家才能得到后续阶段完成项目所必需的资金，这种机制称为锦标赛式治理机制。由于创业投资家和企业家均追求自身预期价值的最大化，所以锦标赛式治理机制能导致企业家更高的努力，而其条件是优胜者获得的价值要更高。

3.2.2.2　分期投资结构和投资成本的调整

Gompers（1995）认为融资的间隔、融资轮次的数量和每轮融资的数额，与资本结构中有形资产的比例以及资产的专用性有关。风险投资家单轮投资持续的时间越短、投资轮数越多，对风险企业的监控频度和强度就越大。Gompers（1995）从风险经济学数据库中随机选取 1961 年 1 月到 1992 年 7 月的 794 家风险企业、2143 轮分期投资进行了实证研究，结果表明随着企业无形资产比例和资产专用性程度的提高，企业清算时资产出售的难度和预期损失增加，"道德风险"的结果越严重，其相应的监控强度就应当越大，融资周期就应当越短。

更高的资产流动性意味着更低的违约风险。流动性资产的价值和有形资产的价值正相关。因为有形资产（如机器和工厂）比无形资产（专利或者版权）更加容易出售，并且一般能够回收更高比例的账面价值，因此无形资产导致更高的

---

① 李昌奕. 风险投资中的公司治理创新. 天津：公司治理改革与管理创新国际研讨会，2003 年 11 月。

潜在代理成本。随着资产有形化程度的提高，风险投资家能够通过清算收回更多的投资，风险投资家的风险相应降低，这导致对密切监控需要的减少，进而导致融资间隔的延长。

与无形资产的作用类似，资产专用性的提高降低了清算价值，使风险投资家的期望代理成本增加，进而减小分期投资的间隔。风险企业总体上属于高研发密集型行业，企业家投资不仅享有更高的投资自由度，而且在研发上投入的物质资本或者人力资本同时也是高度专用的，资产专用性造成的风险比一般企业更大。

此外，Gompers（1995）还认为投资间隔和风险企业的市场价值与账面价值之比有关。投资的成本依据企业的市场价值确定，但是企业的市场价值所依赖的企业未来发展状况具有高度不确定性，企业家有着更多的自由选择权，以牺牲股东利益的方式投资于公司价值依赖于未来增长机会的行业而为个人谋取利益。高市场价值与账面价值之比意味着更高的风险，因此增加了监控成本并缩短投资间隔。

融资间隔和每轮融资的数额也对风险投资行业的变化敏感。当更多的资金进入风险投资行业时，平均每轮的投资额增加，而融资间隔缩短。在 Gompers（1995）的研究中，风险基金数量的每一个标准增加会引发融资间隔 2 个月的缩短，并且使平均每轮融资数额增加 70 万美元。

风险投资家还可以根据风险企业的进展状况调整投资的成本，保证风险投资的合理收益。苹果公司（Apple）和联邦快递公司（Federal Express）两个著名的例子反映了风险投资家根据风险企业发展状况调整投资成本的情况。

苹果公司收到了总计三轮风险投资。1978 年 1 月，风险投资家以 0.09 美元每股投入了 51.8 万美元。苹果公司在第二轮融资前发展良好，所以风险投资家在 1978 年 9 月以 0.28 美元的价格投入了 70.4 万美元，该价格反映了风险企业的进步。第三轮投资发生于 1980 年 12 月，风险投资家以每股 0.97 美元的价格投入了 233.1 万美元①。联邦快递公司是运用分期投资策略投资风险企业的另外一个典型例子。对联邦快递的投资也有三轮，但是联邦快递的发展

---

① Paul A. Gompers. Optimal Investment，Monitoring，and the Staging of Venturing Capital. The Journal of Finance，1995（5）：1461 - 1488.

却与苹果公司截然相反。第一笔投资发生于 1973 年 9 月，以每股 204.17 美元的价格投入了 1 亿 2 千 2 百 50 万美元。但是公司业绩低于期望，于是在 1974 年 3 月进行的第二轮投资中，以 7.34 美元每股的价格投入了 640 万美元。然而形势继续恶化，所以在 1974 年 9 月进行的总额为 388 万美元的第三轮投资中，每股价格是 0.63 美元。最终联邦快递公司改善了绩效，并于 1978 年以每股 6 美元的价格上市。在每一个阶段，变化的价格和投资额反映了两个公司的不确定性程度。

风险投资的分期投资策略和对企业家惩罚措施的结合，增加了分期投资的有效性，这些惩罚措施通常有两种形式：第一，提高资本的成本，以带有惩罚性的价格进行投资，稀释企业家的股权；第二，分期投资使风险投资家可以彻底停止对风险企业资金的供应。即使存在经济上的可行性，风险投资家放弃风险企业的可信威胁是风险投资家和企业家关系中重要的组成部分。风险投资家不仅自己放弃投资，而且还会向其他资金提供者传递存在问题企业的风险信息。

尽管风险投资家会坚持保留对风险企业放弃投资的权利，但是风险投资家也需要保证自身提供资金的权利，这种权利通过投资协议中约定的前置拒绝权和优先购买权实现。

3.2.3　可转换优先股的治理机制

一般意义上的可转换优先股是指发行时定下可转换条款，允许持有人在某种情况下转换为普通股的优先股，转换比例可以根据优先股与普通股的价格比例事先确定，持有人一般不享有投票权。在 Kaplan 和 Strömberg（2002）的研究中，213 轮风险投资中有 204 轮（96%）使用了可转换优先股，80% 的融资轮次完全使用了可转换优先股，38% 使用了参与优先股。可转换优先股是美国风险投资行业标准的投资工具，这一结论和 Sahlman（1990）、Gompers（1997）的研究结果一致。由于风险企业中可转换优先股的治理作用来源于一般优先股的特点以及风险企业中可转换优先股的特点，所以有必要对优先股的一般特征、类型和风险企业中可转换优先股的特点作出简要论述。

优先股的优先权是相对于普通股而言的，具体体现在两个方面：一方面是在企业有盈利时，优先股优先于普通股获得股利；另一方面是在企业破产清算时，优先股获取剩余财产的次序优先于普通股。优先股根据是否可以由公司收回，分为可收回优先股与不可收回优先股。优先股的收回通常用于调整公司的资本结构。根据优先股是否可以参与多余盈利的分配，分为参与优先股与非参与优先股。参与优先股除获取固定股利外，在普通股股利高于优先股股利时，可以参与股利的分配，其数额一般等于每股普通股与优先股的股利差，非参与优先股则没有该权利。根据股利发放情况的差别，优先股又可以分为可累积优先股和不可累积优先股。可累积优先股股利固定并且股利可以累积，公司经营不善时未分发股利可以累积到公司经营状况改善时，一起付给优先股持有者。不可累积优先股到了期限没有支付的股利则不可以累积至以后各期。

一般优先股股东不享有投票权，但是在风险投资中，风险企业中可转换优先股股东，即风险投资家，不仅享有投票权，而且可能在企业决策中占据主导地位；可转换优先股的转换比例可以调整，其依据是企业经营业绩，企业业绩越好则转换比例越低。

可转换优先股之所以能够在风险投资中作为主要工具，原因有三：第一，可转换优先股能够获得稳定的股利，尽管风险投资家在早期风险企业中通常放弃该项权利；第二，可转换优先股能够在破产或者清算时得到优先偿付，因此有利于化解风险投资的金融风险；第三，可转换优先股转换比例的调整，能够更好地激励企业家努力工作，降低"道德风险"发生的概率。

当企业盈利时，优先股股东可以按事先规定的股息在普通股之前优先取得公司分配的股利，而且通常是固定的，不受公司经营状况和盈利水平的影响，这一点类似于债券。

按照有关法规和公司财务学的原则，企业破产清算的顺序如下：

（1）清算所需各项费用。

（2）拖欠工人的工资、有关保险与福利支出。

（3）企业所欠税款。

（4）抵押债权。

（5）一般债权。

（6）优先股。

（7）普通股。

由企业破产清算的顺序可以看出，由于风险投资家持有可转换优先股，而创业者持有普通股，在企业清算财产分配上，可转换优先股优先于普通股，所以若风险企业经营不当，企业家承担的风险更大，从而激励企业家努力提高企业的经营绩效。

可转换优先股的行权转换比率可以根据企业盈利目标的实现程度而调整，这是风险投资中一个非常关键的机制，起到了控制风险、保护投资和激励企业管理层等多方面作用，并且可以对签订投资协议时不当的盈利预测和每股价格作出后续调整。为了更好地理解可转换优先股的转换比例调整机制，下面用一个理想化的例子来说明。

表3.3中假定风险企业中股东仅仅包含风险投资家与企业家，风险企业的投资协议将根据企业的经营业绩对可转换优先股转换比例作出调整。风险投资家要求的正常盈利率为50%，如果企业年盈利率达到此标准，则可转换优先股的转换比例为1:1，转换后风险投资家与企业家的股权比例设定为5:4，为了满足这项股权配置，还要发行新股，其中企业家得到40%的新股认购权，而投资者将以8美元的价格获得60%的新股认购权，风险投资家与企业家的最终股权比例将为5.6:4.4。如果企业盈利率超过协议要求的正常盈利率，达到60%，则风险投资家持有的可转换优先股转换比例为1:0.64，风险投资家与企业家的股权配置比例设定为4:5，风险投资家将以10美元的价格获得新发行股票的50%的认购权，企业家将获得另外50%的新股认购权，双方最终的股份比例为4.5:5.5。如果风险企业经营业绩低于协议要求的正常盈利水平，例如年盈利率仅仅达到30%，则可转换优先股的转换比例为1:1.6，风险投资家与企业家之间的股权比例设定为6:3，创业者仅仅获得新股认购权的20%，风险投资家将以6美元的价格获得80%的新股认购权，风险投资家与创业者最终的股权比例为6.8:3.2。从该例子可以看出，企业经营业绩越好，则企业家（在一般情况下也就是实际经营者）越有利。

风险投资企业可转换优先股的转换比例调整还适用于以下几种情况，其目的在于降低风险投资家的代理风险，激励创业者提高企业经营业绩。一般转换比例调整的情况有：

表 3.3			风险企业的股份比例调整的条件和方法		
年盈利率（%）	企业家股份（%）	风险投资家股份（%）	转换比	企业家认购新股比例（%）	风险投资家认购新股价（美元）
50	40	50	1:1	40	8
60	50	40	1:0.64	50	10
40	30	60	1:1.6	20	6
30	20	70	1:2.8	0	4

资料来源：作者整理。

第一，违约补救。在风险企业违反投资协议并产生经济损失，或者签订投资协议时企业家对企业情况有所隐瞒而给风险投资家造成损失时，风险投资家有权要求调整转换比例来减少企业家的持股比例作为补偿或者惩罚。

第二，分期投资。为了减小投资风险，风险投资家一般采用可中断的分期投资策略，即将资金分不同的时期注入企业。如果风险企业在上一笔风险资金的投入期内未能达到风险投资家要求的正常盈利水平，则风险投资家将在下一笔风险投资注入时，要求增大可转换优先股的转换比例。

第三，反释股。为了防止企业增股、送股和配股等原因造成风险投资家的股票价值被稀释，风险投资家常常以调整可转换优先股的转换比例作为反释股手段，使前期投资者的原始股票价值不被减少。

可转换优先股还经常用来补偿变现方法调整造成的损失。通常风险投资协议中规定，如果风险企业可以通过上市或被其他大企业收购的方式实现股权变现，而企业家不愿意接受这样的变现方法，则风险投资家将有权要求调整转换比例。在这种情况下，风险投资家实际上只能通过风险企业的股票回购来变现，由于股票被风险企业回购的价格通常比上市或被大企业收购的价格低，所以风险投资家将调整可转换优先股的转换比例，以避免损失。

在可转换优先股的转换比例随企业经营业绩的提高而递减的转换机制下，风险企业家为了获取更多的股份，防止对企业控制权削弱，必须提高风险企业经营绩效，避免机会主义行为，以降低风险投资家的转换比例。

但是对于可转换优先股在风险投资中的广泛应用，也存在不同的观点，最有代表性的观点认为可转换优先股在风险投资中的广泛应用是美国税收制度造成的。Cumming（2002）对 1991~1998 年加拿大 5323 笔风险投资交易的研究表明，可转换优先股在加拿大并非主要的风险投资工具，并认为美国和加拿大之间区别的根源在于两国的税收政策不同。Gilson 和 Schizer（2002）进一步认为美国风险投资之所以利用可转换优先股作为投资工具主要是因为投资轮次和雇佣新的管理层成员、通过股票激励管理层同步进行，管理层接受的股票按照普通股的市场价格与购买价格之差上税，如果风险投资家以普通股进行投资，那么接受股份的管理层就可能必须支付高额的税款；如果风险投资家以可转换优先股投资，那么管理层就可以选择适当的时机转换为普通股，从而避免沉重的税赋。因此，该观点实际上是认为可转换优先股因更好地支持经理层薪资体系"激励相容"特性，而被广泛应用。

3.2.4　风险投资网络的治理机制

在具有专用性资产安排的契约关系中，产生了一种可占用的专用性准租，导致事后的机会主义行为，这种"道德风险"被称为"敲竹杠"、"套牢"或"要挟"。为了解决这个问题，需要创立一种自动履约机制，使交易顺利进行。在现实生活中，大多数契约是依赖习惯、诚信、声誉等方式完成的，付诸法律往往是迫不得已。根据这种情况，一个自动履约的契约就可以利用交易者的性质和专用关系将个人惩罚条款加在违约者身上。这个惩罚条款包括两方面内容：一是中止与交易对手的关系，给对手造成经济损失；二是使交易对手的市场声誉贬值，使与其交易的未来伙伴知道其违约前科，以至于不相信该交易者的承诺。当然，如果交易者发现在这个自我履约的范围外，还存在一个比施加的个人惩罚条款损失还要大的收益时，自动履约机制就失灵了[①]。风险投资网络的存在，不仅使风险投资家获得使企业家的市场声誉贬值、增加其未来交易成本的能力，而且在一定程度上排除了企业家存在一个比施加的个人惩罚条款损失还要

---

① ［美］科斯，哈特，斯蒂格利茨等著，［瑞典］拉斯·沃因，汉斯·韦坎德编. 契约经济学. 李风圣主译. 北京：经济科学出版社，1999，第28页，第29页。

大的收益的可能性，从而避免了风险投资家的专用性投资免于企业家"敲竹杠"的威胁。

风险投资机构之间存在密切的联系，它们彼此链接，形成一个交换资源与信息的网络。美国的风险投资网络如图 3.8 与图 3.9 所示。

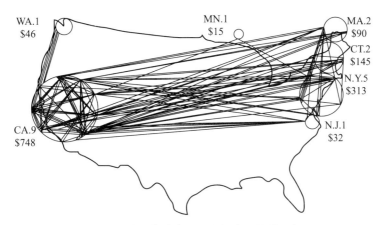

图 3.8　美国高度变革风险投资机构的网络

资料来源：William D. Bygrave. The Structure of The Investment Networks of Venture Capital Firms. Journal of Business Venturing，1988，3：144.

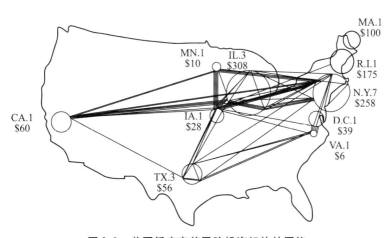

图 3.9　美国低度变革风险投资机构的网络

资料来源：William D. Bygrave. The Structure of The Investment Networks of Venture Capital Firms. Journal of Business Venturing，1988，3：145.

Bygrave（1988）的研究认为风险投资机构通过网络交换资源。网络的作用首先在于分享投资机会，因为良好投资机会总是稀缺的；其次是分散投资的财务风险和分享知识。根据投资对象的差别，Bygrave（1988）将风险投资家分为高度变革的风险投资家（HIVC）和低度变革的风险投资家（LIVC）。尽管风险投资家均运营在高度不确定的环境下，高度变革的风险投资家所面临的环境不确定性更加突出。这种不确定性不仅来源于企业家头脑中关于技术或产品的高度无形资产，而且还包括企业家的才能、市场对于产品的需求、产品的开发、募集风险企业第二轮融资所需运营和扩张资金、产品的生产、行业内竞争、资本所得税和ERISA 条款等政府政策的不确定性等。风险投资机构通过收集信息应对不确定性，Bygrave（1988）的研究表明不确定性程度越高，联合投资程度就越高。前21 位高度变革的风险投资家组成一个密切联系的网络，与之形成对比，投资于低度变革性技术的前21 位风险投资机构连接程度较低。高度变革的风险投资机构之所以密切联系，是因为它们承担着更大的不确定性而需要更大程度地分享信息。

White 等（1967）将网络内的交换分类如下：交流情感；相互影响；信息传递；交换商品或者服务[①]。Titchy（1981）认为在风险投资机构网络内部有两种类型的交换：经济交换和信息交换[②]。

风险投资机构之间最重要的两种交易是信息和共同投资，通过交换有前景项目的信息而缩减环境的不确定性。通过分享投资机会，风险投资机构可以应对投资机会的稀缺性。在一项针对联合投资的研究中，Bygrave（1987）发现投资的不确定性越高，风险投资机构联合投资的程度就越高。其中的原因并不仅仅是分享投资机会，而且应当被解释为分享信息。

美国风险投资机构之间的网络主要通过联合投资形成，美国2000 年有60%的风险投资是通过联合投资进行的，欧洲总体上只有30%，而英国只有13%[③]。

---

① White, H. C., Boorman, S. A., Brieger, R. L.. Social structure from multiple networks. American Journal of Sociology, 1988, 3: 137.

② Tichy, N. M.. Networks in orgnizations. In: P. C. Nystrom, W. H. Starbuck, eds.. Handbook of Orgnizational Design. New York: Oxford University Press, 1981: 225.

③ Sophie Manigart, Vlerick Leuven, Andy Lockett, etc.. The syndication of venture capital investment. 2002, [http://www.cicf.de/documents/erimrs20021104111253.pdf].

Pfeffer 和 Salancik（1978）提出的资源交换模型对于解释风险投资机构通过共同投资形成的网络具有解释力。根据资源交换模型，公司之间的相互链接是不确定性、资源的完备性和行业集中度的函数。

公司之间的互联被定义为行业内公司被链接成一个网络的程度。链接的主要形式有两种：一种形式是联合投资；另一种是相互出任董事。

根据典型的定义，不确定性就是事件结果不能被预测的程度。所有行业都有一定程度的不确定性，但是行业之间以及行业内部公司之间所面对的不确定性存在差别。资源的完备性指需要收集的资源在环境中多寡的程度。这些资源包括资金、雇员、厂房和设备、材料、客户等。集中度是指一个行业中相互竞争的公司数量。这是一个经常被经济学家用来描述组织环境的关键变量，最常用的一种衡量指标是用行业内最大的 4 家、8 家或者固定数量的公司的销售额占整个行业销售额的比例。

资源交换模型预计不确定性越大、资源完备性越差的行业，公司的互联程度越高（网络化程度更高），与此同时，中等程度的集中度导致的互联程度更高。

根据资源交换模型，风险投资行业由于面临着巨大的不确定性、投资所需资源的稀缺性，因此需要更高程度的网络化，高度变革的风险投资家面临的环境尤其如此，这与风险投资机构网络化的研究相一致。

总体上，研究认为联合投资不能单纯地用分散财务风险来解释，其中的原因还包括分享信息和减少不确定性。这些研究因此得出结论：联合投资可以解释为公司之间合作的一种机制，这种机制源于资源依赖、竞争环境的不确定性和各种与互联相关的情境因素。

广义风险投资网络的节点不仅包括风险投资机构，而且还包括企业家、准企业家、机构或者私人投资者、律师、银行、出版商、咨询师、教授等，它可以被理解为一个以风险投资机构为核心的多维网络。风险投资机构网络的存在对企业家具有多方面的影响。首先，当风险投资家向风险投资机构提交一份商业计划时，他应当认识到消息很快会传播到其他公司。因此企业家应当高精度地选择他们的目标，将商业计划书递交给熟悉他们产品或者技术的投资机构手中。其次，企业家寻求风险投资时不应当仅仅关心资金的价格，而且应当重视风险投资机构所能够带来的网络资源，这些资源在培育风险企业的过程中非常重要。最后，由于风险投资机构网络内部迅速的信息交换，企业家的诚信状况和能力信息会很快被其他风险投资家接收，Sahlman（1990）指出在分期投资的情况下，风险投资家一旦发现风险企业风险过大，不仅自己会放弃投资，而且还会向其他资金提供者传递存在问题企业的风险信息。所以任何机会主义行为和低效经营的情况都会使企业家断送利用风险投资发展事业的机会。

3.2.5 风险企业董事会的治理机制

董事会是风险企业治理的核心组织，参与董事会是风险投资家监控风险企业、提供增值服务的重要途径。因为风险企业具有成长性，并且面临更大的内部不完善性与外部不确定性，所以风险企业董事会具有不同于一般大型上市公司董事会的特征。

3.2.5.1 风险企业董事会的规模

Barry 等（1990）对 433 个实现了 IPO 的风险企业的研究发现，风险企业董事会的规模约为 6 人。Rosenstein 等（1993）对位于马萨诸塞、加利福尼亚和得克萨斯的 162 个风险企业的统计结果表明，风险企业董事会的平均规模为 5.6 人。Fried（1998）等的研究结论是：生物技术行业的风险企业董事会平均规模为 6.81，标准差为 1.28。综合以上研究，美国风险企业董事会 IPO 之前的规模为 5~7 人。

由于风险企业具有成长性，董事会在不同风险企业发展阶段具有不同规模（见表 3.4），并呈逐渐扩大的趋势。Rosenstein（1988）发现创业期风险企业董事会典型的规模为 3 人或 5 人，随着风险企业的成长以及 IPO 的临近，董事会可能增长到 7 人。在 Rosenstein（1993）的研究中，处于种子期的风险企业董事会平均规模为 3.67 人，第二轮融资阶段的董事会平均规模为 5 人，而到第四轮融资以后董事会平均规模达到 6.04 人。首次风险投资后董事会的规模平均由 3 人增加到 4.8 人。

表 3.4 不同发展阶段的风险企业董事会规模

风险企业发展阶段	企业数量	平均董事会规模	标准差
种子期	3	3.67	0.47
创业期	17	5.00	1.24
第一轮融资	38	5.76	1.22
第二轮融资	40	5.50	1.36
第三轮融资	36	5.72	1.66
第四轮融资、麦则恩融资以及桥式融资	28	6.04	1.43

资料来源：Joseph Rosenstein，Albert V. Bruno，William D. Bygrave. The CEO，Venture Capitalists，and the Board. Journal of Business Venturing，1993，8：105.

小规模董事会有利于风险投资家和风险企业之间建立更加密切的工作关系。由于影响成员之间的沟通和互动，董事会的规模最终会影响到董事会的有效性。随着群体规模变得过大，群体成员之间的互动减弱。在规模变得过大的董事会中，难以展开有效的辩论和讨论，导致董事参与董事会的程度降低。该结论被 Judge 和 Zeithaml（1992）的研究部分地证实，二人证明了大公司董事会规模与董事参与战略决策程度之间的负相关关系。与大公司董事会 11 ~ 14 人的平均规模相比，风险企业董事会 5 ~ 7 人的规模相对较小，然而根据组织行为学群体理论，该规模群体的有效性最高。因此，在董事会构成合理的前提下，风险企业的董事会可能更有效率。

3.2.5.2 风险企业董事会的构成与董事来源

在保证股东参与企业治理的前提下，董事会的构成还要保证适当的内、外部董事比例，以保持董事会相对于执行董事的独立性，从而更好地保护股东利益。实证研究总体上证明美国风险企业董事会中，内、外部董事数量更加平衡，董事对决策参与程度更高，在决策中的影响也更大。

Rosenstein（1988）发现在董事会规模为 3 个人的情况下，企业家通常占据一个席位，另外两个席位或者均由风险投资家占据，或者由风险投资家和外部董事各占一席；当董事会规模为 5 个人时，典型的构成为企业家占一席，职业经理人占一席，余下的 3 个席位或者完全由风险投资家占据，或者由风险投资家占 2

席而外部董事占 1 席。董事会规模扩大到 7 人后，新增席位由风险投资家或者外部董事填充。Barry 等（1990）发现风险投资家作为外部董事平均控制着 6 个董事会席位中的 2 个。Rosenstein 等（1993）的进一步实证发现：在典型的风险企业董事会（规模为 5.6 人）中，平均有 1.7 个内部董事，2.3 个风险投资机构负责人，0.3 个风险投资机构职员，1.3 个其他外部董事。在 82% 以上的风险企业董事会中，内部董事占有少于或等于 40% 的董事会席位；55% 的董事会中风险投资家占有 40% 以上的席位。如果风险投资机构在全美排名前 20 位①，并且作为风险企业的主投资人，那么风险投资家平均占据被投资企业 55% 以上的董事会席位。与此形成鲜明对比，当主投资人不是全美前 20 位的公司时，风险投资家所占据的董事会席位只有 23%。

风险企业董事会的构成随着风险企业成长而发生变化。Baysinger 和 Butler（1985）将董事分为内部董事、外部董事和半内部董事。半内部董事是指那些不直接为风险企业工作，但是与风险企业存在利害关系的董事。Rosenstein（1988）将外部董事定义为除风险投资家和管理层外，拥有行业关系或者特殊专业知识的董事。Lerner（1995）认为，随着风险企业的成长，董事会中风险投资家的数量增长显著，而其他外部董事、内部董事和半内部董事增长不明显或基本维持不变（见表 3.5）。

表 3.5　　　　　　　　　　　　风险企业不同发展阶段的董事会构成

融资轮次	平均董事会规模			
	风险投资家	其他外部董事	内部董事	半内部董事
第一轮	1.4	0.86	1.28	0.52
第二轮	1.87	0.86	1.40	0.56
第三轮	2.09	1.02	1.61	0.67
后面的轮次	2.12	1.27	1.73	0.54

资料来源：Josh Lerner. Venture Capitalists and the oversight of private firms. Journal of Finance, 1995, 1: 308.

董事的来源及其职业背景决定了董事会的信息结构、信息效率以及独立性，

---

① 排名的标准是参与风险企业董事会的频率。

从而影响董事会的有效性。Lerner（1995）对风险企业最后一轮融资时董事来源的定量研究（见表3.6）表明，风险企业外部董事的来源主要包括：以风险投资家为首的投资人、同行业的高层管理人员、独立的学者或专业人员。风险企业的高层管理者则构成了内部董事的主体；半内部董事则主要由与风险企业有利益关系的学者、专业人员与管理人员的亲戚构成。

表 3. 6　　　　　　　最后一轮融资时风险企业董事会成员的构成　　　　　单位：%

外部董事	
风险投资家	36. 2
公司合伙人	6. 4
其他投资者	3. 1
其他医药保健和生物技术公司的现任高层管理者	3. 5
退休的医药保健和生物技术公司的高层管理者	3. 6
与风险企业没有利益关系的学者	0. 9
与风险企业没有利益关系的律师、咨询人员或者投资银行家	1. 4
其他	5. 1
内部董事	
高层管理者	20. 3
中、低层管理者	7. 1
半内部董事	
与风险企业有利益关系的学者	8. 9
与风险企业有利益关系的律师	0. 5
与风险企业有利益关系的投资银行家或商业银行家	1. 0
风险企业的前经理	0. 6
亲戚或其他	1. 3

资料来源：Josh Lerner. Venture Capitalists and the oversight of private firms. Journal of Finance，1995，1：308.

从结构上看，风险企业董事会不设分委员会。因此与大型公司的外部董事在各个委员会中发挥重要作用的模式相比，风险企业外部董事发挥作用的模式存在一定差别。

3. 2. 5. 3　风险企业董事会的治理机制

董事会的有效性主要取决于监控经理层以及决定公司发展方向的能力。因为风险企业的高风险性，风险企业董事会在监控管理层和决定公司发展方向上的作用相应更加显著。特别是风险企业董事会对风险企业经理层（包括企业家）有更高程度的监控力度，从而能够有效遏制企业家的"道德风险"。

风险企业的成功率只有约 20%，而在导致投资失败的众多原因中，管理层的问题居于核心地位。因此风险企业董事会对管理层表现出更高的监控力度，雇佣和更换 CEO 也更加频繁。在业绩不良的风险企业中，有 74% 的 CEO 至少被更换过一次；在业绩尚可的公司中，有 40% 的 CEO 至少被更换过一次。另据统计，在风险企业成立后的前 20 个月中，由创业者之外的人担任公司 CEO 的比例为 10%，到了第 40 个月该比例上升为 40%，第 80 个月则有 80% 的 CEO 已经不是当初的创业者①。

风险投资家在更换风险企业 CEO 过程中发挥着重要作用，Lerner（1995）的研究证实风险投资家在董事会中席位的增加与 CEO 更换之间的正向相关关系，即在公司 CEO 被替换的融资轮次期间，平均有 1.75 个风险投资家加入到董事会；而没有 CEO 被替换的融资轮次期间，只有 0.24 个风险投资家加入董事会；无论 CEO 被替换与否，在各融资轮次期间其他外部董事的数量没有明显变化。Gorman 和 Sahlman（1989）发现每位风险投资家在投资职业生涯中平均解雇过 3~4 名风险企业总经理，即平均每 2.4 年解雇一位。

关于风险投资家解雇管理层的原因，根据 Bruton 的调查主要有三个：经营观点分歧、能力不足和代理问题。其中"能力不足"占 47%，"经营观点分歧"而被解雇的情况占 37%，"代理问题"占 16%。该研究还发现，经理层的投机行为与其持有企业股份的比例正相关。

风险投资家之所以频繁地解雇风险企业 CEO（包括企业家），是因为关于风险企业失败原因的研究表明，管理层问题是风险企业失败的主要原因。在风险企业董事会中，风险投资家一般占有董事会的多数席位，因此能够通过董事会决议更换风险企业管理层。

在风险投资家通过董事会解雇风险企业管理层的过程中，雇佣条款发挥了重要作用。为防范管理层的"道德风险"，及时更换不称职的管理者，特别是在管理者同时持有风险企业一定股权的情形下（例如企业家），风险投资家通常和管理层签订雇佣条款。管理层雇佣条款规定风险企业对管理层（包括企业家）是一种雇佣关

---

① 上述结果包括因创业者能力不足而主动将 CEO 职位让给职业经理人的情况。

系，其内容一般包括解雇条件、解雇费的支付、撤换管理者并回购其股份等规定。雇佣条款对包括企业家在内的风险企业管理层形成了强力制约，为董事会解雇风险企业管理层提供了法律依据，客观上遏制了机会主义行为。

3.2.6　针对经理层的治理机制

针对经理层的治理机制主要包括以股票期权为特征的薪酬制度的治理机制，以及经理人市场的荣誉治理机制。风险企业的经理层通常采用以股票期权为核心的薪酬体系，典型的组合为"较低的基本薪资 + 较高的股票期权"，由于股票的价格与企业的价值相关，因此这种薪酬组合有利于激励经理层努力工作，避免"道德风险"。西方发达国家存在着完善的经理人市场。在经理人市场上，工作业绩是经理层职业发展的基础，寻求职业发展的动机激励着风险企业的经理层努力维护自身的声誉。

3.2.6.1　风险投资家针对经理层机会主义行为的契约治理机制

风险企业的管理层涉及两类机会主义行为：一类称为管理机会主义行为，表现在花费过多的资金于研发而减少风险投资家的财富，索取过高的工资，以及在风险企业中保留低绩效的管理人员。风险投资家在契约中设置某些条款防范管理机会主义，方便监控，并且在必要的情况下改变目前的管理层行动。管理机会主义行为发生的概率和监控管理层的障碍密切相关，监控障碍导致信息不对称程度的提高，从而增加了发生管理机会主义行为的概率。管理团队作为一个群体，来自群体内部的压力也不利于管理团队对内部成员的不当行为作出符合原则但悖于情感的决策，因此该类机会主义行为随着风险企业中高级管理层作为一个团队工作时间的延长而增加。

另一类机会主义行为称为竞争性机会主义行为，包括离开目前的风险企业而创建一家新的具有竞争性的企业从而减少风险投资家的财富，向竞争性的公司披露专有技术，充当具有竞争性公司的顾问等。由于这类行为会增加风险企业的竞争水平，所以该类机会主义行为称为竞争性机会主义行为。该类机会主义行为对风险企业至少有两方面影响：第一，如果现有公司的管理层创建了一家新的竞争性公司，那么将提高现有公司的竞争水平；第二，这些经理人员离开公司会带走在原公司开发的资产、技能和知识，而这些部分地由风险投资家资助，并导致风险投资家财富的损失。显然，创建一家新公司的利润潜力越大、产品差别化能力越强、产业内竞争对手越少，则诱发竞争性机会主义行为的可能性就越大。

通过签订契约条款限制经理层的行为，使风险投资家免于机会主义行为之害。由于制定和执行这些条款是有成本的，所以只有当该类机会主义行为发生的概率高时，风险投资家才会坚持签订该类条款。因此包括某类条款的可能性与上述讨论的因素相关。这些合约条款被称为"条件条款"，该类条款明确了风险投资家和企业家之间在具体情况下的权利和义务。其中和限制管理型机会主义密切相关的条款包括：工资限制、资金限制、管理层更替、雇佣；和限制竞争型机会主义密切相关的条款包括：不披露、不竞争。

Barney，Busenitz，Fiet 和 Moesel（1994）对 151 家美国风险企业的管理层契约进行了实证研究（见表3.7），结果证明了上述基本分析。研究结果还表明：高级管理层投入到风险企业中的平均财富比例越大则包括限制管理型机会主义条款的可能性越大；产品或者服务过时的威胁越大，包括限制竞争型机会主义的条款就越多，且契约中限制管理型机会主义的条款和限制竞争型机会主义条款是无关的。

表 3.7　　　　　　风险投资家限制风险企业管理层机会主义行为的契约条款

契约条款内容	解释
资金限制	对于资金花费的限制
工资限制	对于管理层工资的限制
董事会控制	控制董事会的条件
管理层变更	对于管理层作出强制变化的条件
清算	对交易进行强制清算的权力
稀释	募集外部资金的限制
收益	收益分配
雇佣	管理层的雇佣期限
不竞争	管理层同意不竞争条款
不泄露	管理层答应技术不泄露

资料来源：Barney, J. B. , Lowell Busenitz, Jim Fiet. The Relationship Between Venture Capitalists and Managers in New Firms：Determinants of Contractual Covenants. Managerial Finance, 1994, 20（1）：28.

3.2.6.2　风险企业经理人股票期权的治理机制

在美国，经理层的薪酬包括四个基本组成部分：一是基本薪资；二是短期激励收入，主要是奖金；三是长期激励收入，主要是股票期权；四是额外收入。根据 1998 年的调查，在美国经理人员的报酬结构中，固定工资、年末奖金和股票期权的比例大约为 4:3:3[①]，美国 86 家大公司的行政总裁收入的 54% 来自股票期权，平均达到了 500 万美元[②]。风险企业的经理层通常采用以股票期权为核心的薪酬体系，典型的组合为"较低的基本薪资 + 较高的股票期权"。

股票期权就是以现在约定的价格在将来规定的时间内购买股票的选择权。行使股票期权购买股票的过程称为"行权"，只有在行权的时刻股票市场价格高于约定购买价格，期权的行权人才能获益。由于股票期权的授予通常与允许的行权时间相隔较长时间，所以股票期权通常被用做针对管理层的长期激励手段。自 1952 年美国瑞辉制药公司第一个推出股票期权计划后，经理人股票期权逐渐盛行，并自 20 世纪 90 年代以来在经理层薪资构成中扮演重要角色。美国高级管理人员的薪资水平随着股票期权计划的引入而快速增长，平均收入从 1982 年的 94.5 万美元上升到 1994 年的 248.8 万美元，年增长率为 8.4%。股票期权给那些管理能力出众、创新能力突出、经营业绩良好的企业高级管理人员提供了丰厚的回报，起到了良好的治理效果。1996 年《财富》杂志评出的全球企业 500 强中，89% 的公司实施经理人股票期权制度。1998 年美国高层管理人员的薪资结构中，基本工资占 36%、奖金占 15%、股票期权占 38%、其他收入占 11%，美国 86 家大公司的行政总裁收入的 54% 来自股票期权，平均达到了 500 万美元。在 1998 年，实施股票期权制的美国总裁的年薪达到天文数字，其中 CA 公司创办人王嘉廉以 6.7 亿美元年收入创造纪录。华特迪斯尼公司的总裁艾斯纳，薪水加奖金不过是 576 万美元，但是股票期权带来的财富却有 5.7 亿美元。由于股票期权不但具有巨大升值潜力，而且以经理层长期服务于企业为前提条件，所以被称为经理人员的"金手铐"。

---

①　郭金林. 论从一元激励到多元激励. 经济问题，2000，1：25.

②　范金定，张栋. "金手铐" = 激励机制. 中国中小企业，2001，1：18.

由于保持快速发展对风险企业有着重要意义，所以风险企业管理层一般采用"较低的基本薪资＋较高的期权"的薪资组合模式，其用意在于鼓励风险企业管理层加快企业发展，并避免"道德风险"。此外，由于风险企业经营具有"高风险、高收益"的特征，采用"较低的基本薪资＋较高的期权"的薪资组合可以充分反映这一特征，如果风险企业经营不善，管理层仅能获得低于平均水平的基本薪资；如果企业经营良好，那么经理层不仅能够得到基本薪资，而且会从股票期权中获得大量的收入，二者之和可能显著高于经理层的社会平均收益。

赋予风险企业经理层期权的做法也可能产生一定副作用，持有较大比例股权或期权的经理层往往偏好从事收益很高但风险很大的项目，导致对风险投资家利益的背离。因此，在双方签订的风险投资协议中，一般含有专门的经理层雇佣条款，即赋予风险投资家解雇、撤换经理层的权力，同时使企业能够从离职经理层那里购回股份，以此惩罚那些业绩不佳的经理人员，并限制其偏好风险的倾向。

股票期权在风险企业经理人的治理机制中发挥着核心作用。从"委托—代理"理论的角度看，股票期权协调了所有者与经营者二者的利益，实现了所谓"激励相容"，使经理层的利益与企业价值增长紧密联系起来，激发其努力工作以增加企业价值的积极性，同时防范契约后的机会主义行为。

3.2.6.3 经理人市场的荣誉激励机制

西方发达国家存在着完善的经理人市场。所谓经理人市场，是指以经理人的劳务作为一种特殊的人力资源进行交易的隐形市场。

根据美国商务部劳动统计局对美国劳动力职业的分类，2000 年美国全部 1.35 亿就业人口中，被称为"经理"的有 1977.4 万人，占总就业人口的 14.65%。美国的企业里有"经理"，政府部门和非营利机构中也有"经理"，甚至还有担任市政管理工作的"城市经理"。从工厂经理到殡葬经理，美国经理的种类繁多。

经理人虽然享有高于其他专业人员的工资，但是经理人行业竞争激烈，每当有经济波动或组织规模缩小时，经理人往往受到很大冲击。20 世纪 80 年代以后，美国企业界爆发的裁员之风对经理人影响甚大。在美国 90 年代公司裁减员工过程中，中层经理成为大规模减员的主要对象之一。例如，通用汽车公司将管理层级从 28 层减少到 19 层，许多公司力图通过削减管理费用以降低生产成本。美国管理协会在 1995 年调查了 1005 家实行"扁平化"改革的公司，发现在 1994 年 6 月至 1995 年 1 月的裁减岗位中有 55% 属于一线经理、中层经理以及专业技术人员。仅 1993 年，就有 50 万名年薪在 4 万美元以上的经理人员失去工作。而在 1993 年，全部劳动力中管理和专业人士占 24.4%，至 1999 年为 30.02%，增长的比例为 23.03%。与此比较，1993 年管理人员及专业人士失业者在总失业人员中占 7.77%，至 1999 年这个比例变为 12.61%，增长了 62.29%[①]。

美国经理人面临激烈的竞争环境，只有强者才能在竞争中生存下来。美国的经理人也正是在激烈的竞争中得到了充分的锻炼。职业经理人的经营业绩通过猎头公司、行业网络以及媒体的传播，被社会广泛了解。他们中的佼佼者被各个公司以高薪聘用，而他们中的失败者则被市场无情淘汰。

优秀的经理人始终受到风险企业的青睐，1976 年当马克库拉、乔布斯和沃兹奈克筹建苹果电脑公司时，为了加强公司的管理，风险投资人马克库拉请来了全美半导体制造商协会主任斯科特担任公司的总经理，为苹果公司的日后大发展奠定了基础[②]。1995 年，杨致远和费洛创办 YAHOO! 时由于缺乏管理经验，寻找合适的管理者一度成为公司的关键问题。经过塞阔亚风险投资公司帮助和筛选，最后确定库格为公司的首席执行官。库格 1951 年生于一个技术工人家庭，一向以拆装汽车为乐，他从斯坦福大学毕业后曾经自办公司，1983 年进入摩托罗拉的风险投资部门工作，在此他学会了辨别企业是否具有潜力。在担任生产数据通讯产品的 Seattle's Intermec 公司总裁期间，他使该公司收入以每年 50% 的速度增长，本人也因此受到计算机业界的关注[③]。

职业经理人在风险企业中发挥着重要作用，而且随着风险企业的不断成长以及管理活动的复杂化，重要性与日俱增。实证研究表明，在风险企业成立后的前 20 个月中，仅有 10% 风险企业的 CEO 由职业经理人担任；到了第 40 个月，这个

---

①　王志平. 美国经理人队伍的构成和开发. 西宁：青海社会科学. 2001, 3：114.

②　黄涛. 风险投资. 北京：中国财政经济出版社，1999.

③　曹红辉，彭作刚. 创业投资：知识经济时代的创业新概念. 北京：中国城市出版社，1999.

比例为40%；第80个月，已经有80%的风险企业由职业经理人担任 CEO[①]。

由以上案例看出，工作业绩是经理层职业发展的基础，经理层为寻求职业发展，必须努力经营企业以维护在经理人市场上的声誉。所谓声誉是一种保证形式，它是拥有私人信息的交易一方向没有私人信息的交易方的一种承诺[②]。现代经济学表明，声誉在经济生活中具有非常重要的作用。无论是产品市场还是资本市场，声誉都是维持交易关系的一种不可缺少的机制。在产品市场上，声誉是卖者对买者关于产品质量的承诺；在资本市场上，声誉是企业家、经营者对投资者（股东、债权人）作出的不滥用资金的承诺。这种承诺通常不具有法律上的可执行性，也就是说，一般不能通过交易关系之外的第三方（如法院）来强制执行[③]。从这种意义上讲，声誉是一种租金，它是对高声誉者的一种奖励。也正是从这种意义上讲，新制度经济学代表人物诺思将声誉视为一种有价值的资产，认为声誉与制度一样减少了交易的不确定性，降低了交易成本。

同其他声誉一样，经理层的声誉具有"路径依赖"特性。当经理层对自身声誉投资越来越多时，他就越来越关注自身的声誉，为了维持和扩大声誉做进一步的声誉投资，因为原有的投资都是一种沉淀成本，沉淀成本越高，丧失声誉的机会成本也就越高，声誉一旦丧失就很难再重新建立起来，或者说声誉的建立要比声誉的毁坏难得多。因此经理层对自身声誉的顾及，能够遏制"道德风险"的发生。

综上所述，经理人市场的治理机制在于：经理人业绩、经历，与聘任与解聘密切相关，风险企业的经理层为谋求自身职业生涯的发展，具有维持良好声誉的动机，激励其为实现风险企业股东利益最大化而努力工作。

3. 3

以风险投资家人力资本为基础增加风险企业价值的治理机制

风险投资家与企业家之间的合作不同于一般商业合作之处在于双方资本的互补性，风险企业以及企业家对风险投资家资源的依赖赋予了风险投资家治理的权

---

① 盛立军. 风险投资：操作、机制与策略. 上海：上海远东出版社，1999.

② ［美］斯蒂格利茨. 经济学（上册）. 姚开建译. 北京：中国人民大学出版社，1997.

③ 张维迎. 企业理论与中国企业改革. 北京：北京大学出版社，1999.

力基础。风险投资家和企业家之间进行的是团队生产，人力资本结构对于团队生
产效率具有显著影响，风险投资家人力资本的投入增加了企业的价值，通过权力
动态分配促成了企业治理目标的实现。

3.3.1 增值服务的治理机制

Shilson 将风险投资定义为一种"投资者运用财务资源和商业技能支持企业家
开发市场机会，并由此获得长期资本收益的投资方式"。增值服务被认为是风险
投资区别于其他类型投资的重要特征，其目的在于最大化投资价值并获得较高的
资本收益。Gorman 和 Sahlman（1989）发现，风险投资机构的高级合伙人 60%
的时间用于提供增值服务。通过提供增值服务，控制权在风险投资家和企业家之
间实现了动态分配并增加了风险企业的价值。此外，风险投资家提供增值服务的
过程也是和企业家互动的过程，Sapienza，Manigart 和 Vermeir（1996）提出风险
投资家通过与企业家互动进行治理。风险投资家和企业家通过互动，可以降低信
息不对称的程度。

3.3.1.1 增值服务的理论分析

风险企业的不确定性、"委托—代理"理论以及知识专用性，是对风险投资
增值服务进行分析的三个主要理论视角。

Amit 和 Brander（1998）认为由于风险企业面临着巨大的不确定性，所以需
要风险投资家和企业家的人力资本产生最大限度的协同。根据经典的定义，不确
定性就是事件结果不能被预测的程度。所有的行业或企业均有一定程度的不确定
性，但是以新兴高科技项目为主要投资对象的风险企业所面临的不确定性显著高
于一般企业。风险企业所面临的高度不确定性需要风险投资家以增值服务的形式
投入必要的人力资本，以缩减风险企业的不确定性。

风险投资家与企业家之间存在"委托—代理"关系，增值服务可以降低二者
之间的信息不对称程度。由于风险投资家较高的风险企业所有权份额，风险投资
家具有通过介入风险企业事务降低代理风险的动机与可能性。Fried，Bruton 和
Hisrich（1998）认为根据"委托—代理"理论，风险投资家更高的所有权水平

决定了风险投资对风险企业事务有更高程度的参与。Sahlman（1990）认为风险投资行业经过长期演化的运营和契约机制，是对委托人与代理人之间信息不对称和不确定性适应的结果。

Cable 和 Shane（1997）主要从知识专用性的角度对增值服务加以分析。增值服务是风险投资家与企业家合作的具体方式。他们认为：企业家和风险投资家一定程度的合作是风险企业成功的必要（虽然不充分）条件。在增加风险企业价值的同时，知识的专用性导致企业家和风险投资家人力资源的差别。知识专用性意味着风险投资家和企业家分别专长于并贡献不同的知识，双方不同类型知识的积累赋予其在知识上的比较优势。由于缺乏有效的企业家和风险投资家市场，所以需要双方的合作来弥合这种人力资源的分离。同时，学习曲线强化了各自的比较优势。Cable 和 Shane（1997）进一步认为企业家专注于发展两种类型的知识：一方面，企业家敏感于商业机会，并对综合各种有形和无形资源以创新的方式开发这种商业机会有着实用的知识；另一方面，企业家在创建新企业的日常活动的知识方面具有优势。风险投资家的专用性知识集中于创建个人与机构网络，以降低在获取资金、确定客户和供应商、建立企业信用方面的成本。同时，风险投资家监控新建企业并提出建议，帮助企业家形成和坚持他们的战略，并且为企业确认管理层人选。知识的专用性使风险投资家与企业家的合作区别于其他商业合作，二者的合作源于互补性的资源，而其他商业合作则可能主要是为了获得垄断权力或者产生规模经济。Cable 和 Shane（1997）还解释了为何包括供增值服务在内的长期合作是风险投资家和企业家合作的最佳机制。合作的必要性有诸多原因，这些原因大多与缺乏有效的风险投资家和企业家市场有关。由于企业家的知识具有高度的专用性，风险投资家不可能找到另外一个企业家拥有开发该商业机会的必要技能。与此同时，替代风险投资家的供给不足，也使得企业家选择合作。即使替代的风险投资家或者企业家存在，高昂的搜寻以及谈判成本也使得替代行为在现实中不可行。

风险投资代表了一种积极的金融形式，除去资金外，风险投资家努力增加被投资项目的价值。他们是风险企业创建过程中积极的参与者。

3.3.1.2 增值服务的内容与控制权的动态分配

MacMillan 等（1988）1986～1987 年间对 62 位风险投资家进行了调查（见

表 3.8、表 3.9），发现风险投资家参与风险企业的活动可以具体分为 20 项，这 20 项活动被认为是增值服务可采取的具体形式。其中 7 项活动与生产运营相关，包括"开发实际的产品或者服务"、"开发产品或者服务的技术"、"挑选供应商以及设备"、"制订市场营销计划"、"测试和评价市场营销计划"、"联系顾客和分销商"、"监控运营绩效"；5 项活动与人力资源相关，具体内容为"寻找风险企业管理团队的候选人"、"面试和挑选风险企业管理人员"、"同管理团队候选人就雇佣条款进行谈判"、"激励风险企业人员"、"更换、解雇管理团队成员"；与财务相关的活动 4 项，包括"同投资者集团进行沟通和协调"、"获取债务融资的资源"、"获得权益融资的资源"、"监控财务绩效"；此外，其他活动还有"为风险企业建立专业的支持群体（如财务、营销）"、"制定商业战略"、"处理风险企业的危机和麻烦"、"充当企业家团队的参谋"。研究者对上述内容利用 6 分量表进行了定量研究，发现风险投资家最经常介入的 6 项活动依次为"充当管理团队的参谋"、"获取权益融资的替代资源"、"同投资者集团沟通和协调"、"监控财务绩效"、"监控运营绩效"和"获取债务融资的资源"；最不经常介入的 6 项活动依次为"挑选供应商以及设备"、"开发产品或者服务的技术"、"开发实际的产品或服务"、"联系顾客和分销商"、"测试和评价市场营销计划"及"制订市场营销计划"。该结果反映了风险投资家对各项活动提供价值能力的知觉。

表 3. 8	风险投资家参与风险企业的活动
1. 寻找风险企业管理团队的候选人	11. 挑选供应商以及设备
2. 面试和挑选风险企业管理人员	12. 制订市场营销计划
3. 同管理团队候选人就雇佣条款进行谈判	13. 测试和评价市场营销计划
4. 同投资者集团沟通和协调	14. 联系顾客和分销商
5. 为风险企业建立专业的支持群体（如财务、营销）	15. 监控财务绩效
6. 获取债务融资的资源	16. 监控运营绩效
7. 获得权益融资的资源	17. 充当企业家团队的参谋
8. 制定商业战略	18. 激励风险企业人员
9. 开发实际的产品或者服务	19. 更换、解雇管理团队成员
10. 开发产品或者服务的技术	20. 处理风险企业的危机和麻烦

资料来源：Ian C. MacMillan，David M. Kulow，Roubina Khoylian. Venure Capitalists' Involvement in Their Investments：Extent and Performance. Journal of Business Venturing，1988，4：33.

表3.9　　　　　　　　　　风险投资家最经常介入的领域与最少介入的领域

风险投资家最经常介入的领域			风险投资家最少介入的领域		
领域	平均值	标准差	领域	平均值	标准差
充当企业家团队的参谋	3.77	1.19	挑选供应商以及设备	0.60	0.95
获取权益融资的替代资源	3.63	1.23	开发产品或者服务的技术	0.71	0.98
同投资者集团沟通和协调	3.62	1.14	开发实际的产品或者服务	0.72	0.83
监控财务绩效	3.18	0.88	联系顾客和分销商	0.94	0.94
监控运营绩效	2.82	0.98	测试和评价市场营销计划	1.64	1.13
获取债务融资的资源	2.70	1.58	制订市场营销计划	1.85	1.19

注：样本为62家风险企业；问卷采取6分量表，重要性由1~6递增；调查对象为风险投资家。

资料来源：Ian C. MacMillan, David M. Kulow, Roubina Khoylian. Venure Capitalists' Involvement in Their Investments: Extent and Performance. Journal of Business Venturing, 1988, 4: 33.

在 Gorman 和 Sahlman（1989）的研究中，49 位被调查的风险投资家认为帮助风险企业的活动按照重要性排序依次是："获取追加融资"、"规划战略"、"雇佣管理层"、"制订营运计划"、"介绍潜在的客户和供应商" 和 "解决报酬问题"（见表 3.10）。Gorman 和 Sahlman 根据上述调查结果得出结论：风险投资除了向风险企业提供资金外，还主要提供三种重要的服务，分别是建立投资者网络、审查和制定商业战略以及为管理团队物色合适人选。

表3.10　　　　　　　　　　风险投资家对风险企业帮助的形式

帮助的形式	重要性排序的均值	被提及的频率（%）
获取追加投资	1.9	75.0
战略规划	2.4	67.5
管理层雇佣	2.6	62.5
制订营运计划	4.1	55.0
介绍潜在的客户和供应商	4.6	52.5
解决报酬问题	5.6	55.0

资料来源：Michael Gorman, William A. Sahlman. What Do Venture Capitalists Do? Journal of Business Venturing, 1989, 4: 237.

与上述两项以风险投资家为调查对象的研究不同，Rosenstein 等（1992）的调查对象为企业家。1978~1988 年间，通过对 98 家风险企业 CEO 的调查，发现企业家认为包括风险投资家在内的外部董事最有帮助性的领域包括："充当创业者团队的参谋"、"与投资者集团进行沟通、协调"、"监控生产运营绩效"、"监控财务绩效"、"雇佣或者更换 CEO"、"应对短期危机"。此外，CEO 们认为上述帮助在风险企业的早期比晚期更加珍贵（见表 3.11、表 3.12）。

表 3.11　　　　　　　　　企业家认为非执行董事最有帮助性的领域

外部董事的活动	被评为最重要三项活动的次数	被评为最重要三项活动的次数所占样本比例（%）
充当创业团队的参谋	62	38.27
与投资者集团进行沟通、协调	61	37.65
监控营运绩效	30	18.52
监控财务绩效	26	16.05
雇佣或者替换 CEO	26	16.05
应对短期危机	22	13.58
帮助联系重要的客户	19	11.73
发展新战略以应对变化的环境	18	11.11
获取债权融资资源	18	11.11
获取风险投资以外的产权融资资源	18	11.11
雇佣或者替换除 CEO 以外的管理团队成员	16	9.88
发展最初的战略	15	9.26

资料来源：Joseph Rosenstein，Albert V. Bruno，William D. Bygrave，etc.. The CEO，Venture Capitalists，and the Board. Journal of Business Venturing，1993，8：105.

表 3.12　　　　　　　风险企业 CEO 认为风险投资家最有帮助的五个领域

活动	将活动列为前 5 项最重要活动的比例（%）	
	"前 20 位"风险投资机构	非"前 20 位"风险投资机构
充当创业团队的参谋	31.8	47.1
与投资者集团进行沟通、协调	31.8	33.8
监控营运绩效	31.8	16.2
监控财务绩效	27.3	16.2
雇佣或者替换 CEO	22.7	10.3
获取除风险投资以外的产权融资资源	18.2	13.2
应对短期危机	9.1	13.2

注：数据只是用来比较，因为"前 20 位"与"非前 20 位"风险投资机构间对于最重要五项活动的排序是不同的。

资料来源：Joseph Rosenstein，Albert V. Bruno，William D. Bygrave，etc.. The CEO，Venture Capitalists，and the Board. Journal of Business Venturing，1993，8：105.

综合上述三项研究，风险投资增值服务的最主要内容可以归纳为："充当创业团队的参谋"、"提供融资支持"、"参与风险企业的战略制定与审查"、"监控风险企业的绩效"以及"雇佣和更换高层管理者"。根据风险企业的具体情况，风险投资家应当对上述事项的权力进行动态的分配。

3.3.1.3 关于增值服务效果的研究

增值服务以风险投资家增加风险企业价值为目标，增值服务的效果反映于该目标的达成度。有两条途径可以验证风险投资增值服务的效果：一是对风险企业和非风险企业的投资回报率进行比较，如果增值服务真的增加了企业价值，那么风险企业的回报率应当高于同类非风险企业的相应比率；二是研究企业家对于增值效果的知觉，即企业家对于增值服务的主观评价。

1988 年，以计算机设备和软件行业的 71 家风险企业和 59 家非风险企业为对象，Cherin 和 Hergert 对比了 IPO 之后 24 个月的累计回报以及风险调整回报。结果发现两个对比群体的回报均为负值，并且没有显著的区别，因此否定了风险投资家可以提供附加价值的假设。然而如笔者所言，这项研究的缺陷在于缺乏对风险投资家于 IPO 前约 5 年的时间内可能已经增加价值的考虑，这些价值可能已经被计入了股票 IPO 价格。

Brophy 和 Verga（1988）比较了 1977～1983 年 210 家风险企业和 1053 家非风险企业 IPO 的回报率，以及上市 20 天内的股票价格的变动性。他们假定，如果风险投资家为风险企业提供了附加价值，那么风险企业 IPO 时折价率应当更低，并且价格的变动程度应当更低。其研究方法试图将风险投资机构以前可能的增值活动影响纳入研究之中，并在方案设计中考虑了承销商的作用。其最终结论是：第一，风险企业的表现优于非风险企业；第二，风险企业从著名承销商处获益有限；第三，非风险企业可以从著名承销商处获得明显的利益。

Stein 和 Bygrave（1990）检测了 77 家高科技风险企业的回报，时间范围是从最初的投资开始一直到 IPO 以后第 4 年。他们将那些在风险企业董事会中拥有最多席位的风险投资机构定义为"前 20 位"（20 家风险投资机构在 51 家风险企业中拥有总计 84 个董事会席位，而其余的风险投资机构在 26 家风险企业中拥有 80 个董事会席位），在此基础上，他们发现"前 20 位"风险投资机构的风险企业回报率更高，并因此断言"前 20 位"风险投资机构确实增加了风险企业价值。

Brav 和 Gompers（1997）对 1972 ~ 1992 年间 934 起风险企业 IPO、1975 ~ 1992 年间 3407 起非风险企业 IPO 的对比发现，风险企业 IPO 后五年持有期的平均收益率为 44.6%，而非风险企业相应收益率为 22.5%；IPO 五年后仅有 7.5% 风险企业退市，而退市的非风险企业却达到 13.3%。进一步研究表明，二者差别的主要原因是小型风险企业的绩效明显优于小型非风险企业绩效。

上述研究将风险企业视为黑箱，研究风险投资家的增值服务是否和风险企业 IPO 价格、股票回报率或投资回报率之间存在正相关关系，从而判断风险投资家的增值服务是否有效果。其他学者则试图研究风险企业 CEO 对增值服务的知觉，并以此判断风险投资家增值服务的实际价值。

参与风险企业董事会是风险投资家增加附加投资价值的重要途径，风险企业 CEO 对包括风险投资家在内的外部董事的评价，反映了 CEO 对风险投资家增值服务效果的主观判断。Rosenstein 等（1992）的研究显示：从总体上看，风险企业 CEO 并不认为风险投资家所提建议的价值高于其他董事会成员。与其他董事相比，风险投资家董事的贡献被 CEO 评价为 2.13[1]，该结果表明风险投资家董事在董事会中虽然发挥了积极作用，但是总体上的贡献并不显著高于其他外部董事。然而当风险投资家董事来自"前 20 位"的风险投资机构并作为主投资人时，风险企业 CEO 对风险投资家建议的评价明显高于对其他外部董事建议的评价。而在非"前 20 位"的风险投资机构作为主投资人的情况下，上述评价没有明显差别。该研究因此得出结论："前 20 位"的风险投资机构所提供的增值服务，与"非前 20 位"风险投资机构所提供的增值服务相比，存在明显差别。

Gomez 等（1990）的研究有条件地支持了增值服务具有效果的假设。该研究分别对风险企业 CEO 和风险投资家进行了 10 次定性访谈，CEO 们认为风险投资家的金融和网络角色最为重要，但是对风险投资家参与管理却意见不一，许多 CEO 甚至认为风险投资家对管理事务的干预阻碍了风险企业发展。

尽管存在投资回报量化方法差异、接受调查者的知觉偏差和研究方法的不同等问题，现有研究总体上表明增值服务在多数情况下确实增加了风险企业价值。

---

① 　3 分量表：1 代表与其他董事相比明显低，2 代表大致相同，3 代表明显高。

增值服务效果研究表明，风险投资家通过包括一系列具体内容的增值服务，确实增加了企业的价值，达到了治理的目的，从而证明增值服务具备构成一种治理机制的条件。

3.3.1.4 风险投资家提高增值服务治理机制效率的途径

由于风险投资家的增值服务构成治理机制，所以增值服务效率的提高意味着治理效率的提高。时间对于风险投资家而言是一种稀缺资源，增值服务的效率对风险投资家而言是一个关键问题。价值是客体对于主体的有用性，Fried，Hisrich 和 Polonchek（1995）认为风险投资的增值服务和风险投资机构的员工支持是两个不同概念，前者强调提供支持的质量，而后者强调提供支持的数量。

首先，为了提高增值服务效率，风险投资家和企业家之间应当建立相互信任的关系，保持沟通渠道的畅通、沟通方式的坦诚和非正式性。Sapienza（1992）对 51 对首席风险投资家和风险企业 CEO 的问卷、访谈发现：风险企业追求变革的程度越大、主投资人和风险企业 CEO 接触越频繁、沟通越公开、风险投资家和风险企业 CEO 之间意见分歧越小，则风险投资家参与风险企业事务的价值就越大。Walsh 和 Seward（1990）认为：组织性与契约性的控制措施都是浅薄、不成熟的机制。

其次，风险企业提供增值服务应当和风险企业的发展阶段结合起来。尽管 CEO 可能主观上认为风险投资家早期提供的帮助比晚期更加宝贵，但是 Sapienza（1992）认为在风险企业任何阶段均存在增加附加价值的机会，因此提供增值服务应当针对风险企业不同发展阶段的主要需求。

Kazanjian（1988）的科技企业创业成长模型将科技企业创业分为四个阶段：创意和开发阶段、商业化阶段、成长阶段和稳定阶段。该项对 105 家科技企业创业过程中"战略定位"、"市场营销"等问题在不同阶段相对重要性的研究表明：不同的增值服务内容在风险企业不同发展阶段具有不同的重要性（见图 3.10），因此风险投资家提供增值服务应当适应风险企业不同发展阶段的主要需求。

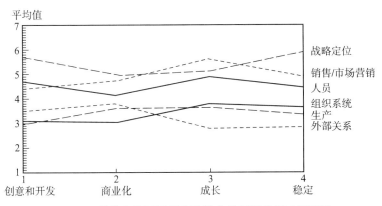

图 3.10 科技企业不同创业阶段有关问题的相对重要性

注：原研究采用 7 分量表，重要性从 1～7 依次增加。

资料来源：Robert K. Kazanjian. Relation of Dominant Problems to Stages of Growth in Technology-Based New Ventures. Academy of Management Journal, 1988, 31（2）：273.

最后，提供增值服务应当和风险企业所面临的不确定性程度相结合。在 Sapienza，Manigart 和 Vermeir（1996）对美国、英国、法国和荷兰的风险企业公司治理和增值服务的研究中，风险企业不确定性（市场变革、技术变革）越强，附加价值增加就越显著；风险投资家经验和增值服务相关的假设只得到了部分支持。在欧洲三国中，英国提供的增值服务最多，其次是荷兰，最后是法国。

此外，增值服务的具体内容还应当和风险投资家介入风险企业的程度相适应。具体论述见 2.3 节 MacMillan 等（1988）的研究。

高效率地提供增值服务应当适应企业家和风险企业的具体情况，在与企业家保持良好关系和良好沟通的前提下，综合地考虑企业的发展阶段、类型以及参与风险企业的程度。

增值服务是风险投资行业实现差别化的重要途径，风险投资机构（特别是专于早期创业企业的风险投资机构）可以通过增值服务实现差别化战略。风险投资行业面临着更高强度竞争、更低利润率和更高市场集中度的挑战，风险投资家们可以通过提供增值服务创造更多的附加价值，并借此获得更高的投资绩效和竞争优势。

增值服务和企业具体的决策密切相关，因此增值服务的过程实现了风险投资家和企业家之间控制权的动态分配。在增加风险企业价值的同时，企业家对增值服务的依赖赋予了风险投资家治理的权力，增值服务的过程降低了风险投资家和企业家之间信息不对称的程度，所以增值服务能够遏制企业家的机会主义行为。

3.3.2 风险投资机构基于对 IPO 的影响的治理机制

风险企业 IPO 不仅是风险投资链条的重要环节，而且是风险投资机构主要的利润来源之一。根据对美国 1997 ~ 1998 年美国 IPO 市场的统计，通过 IPO 方式退出的风险资本投入的总回报为：种子期为 22.5 倍，创业期为 10 倍，成长期为 3.7 倍。风险投资机构对风险企业 IPO 具有多方面的影响，风险投资家在 IPO 过程中对风险企业人力资本等的投入能够增加风险企业价值。

（1）从成立到上市，风险投资机构支持的风险企业 IPO 需要的时间更短；而且有经验的风险投资机构能够选择更适当的 IPO 时机。Megginson 和 Weiss（1991）选取了 1983 ~ 1987 年间实现了 IPO 的 320 个风险企业和 320 个非风险企业，并尽可能实现行业与发行规模的匹配。经比较发现，风险企业从成立到实现 IPO 平均所用的时间为 8.6 年，中位数时间为 5.3 年，而非风险企业相应数据分别为 12.2 年和 8.1 年。Megginson 和 Weiss 认为风险企业能够较快上市得益于风险投资机构在 IPO 中的公证作用。

由于在公众投资者和公司内部人之间存在不对称信息，所以需要第三方在 IPO 过程中发挥公证作用。除了享有较高信誉的审计人和承销商外，风险投资家是另一个发挥公证作用的第三方。风险投资机构依赖于 IPO 市场，所以需要在声誉资本上进行连续投资，该投资使其具有了公证作用。因此，IPO 中风险投资家的存在降低了公众投资者和公司内部人之间信息不对称程度，使风险企业能够比相同类型的非风险企业更快地实现 IPO。

此外，Lerner（1994）研究发现与经验相对较差的风险投资机构相比，有经验的风险投资机构选择 IPO 时机的能力更强，即能够在 IPO 市场接近高峰（或者短期内的高点）时实现 IPO。此外，风险投资家能够在企业所有权估价较低的时候进行投资。

（2）风险投资机构对 IPO 承销商、审计者的等级以及相关费用的影响。利用 Carter 和 Manaster（1990）对承销商的分级方法，Muscarella 等（1990）发现风险投资支持的 IPO 与非风险投资支持的 IPO 相比，承销商的信誉等级更高。根据对 1978～1987 年 409 个风险企业 IPO 案例和 926 个非风险企业 IPO 案例的统计，风险企业承销商的平均声誉等级为 6.94，而非风险企业承销商的平均声誉等级为 6.19。Muscarella 等还进一步缩小了研究范围，对上述数据中 1983～1987 年的 IPO 案例进行了研究，结果表明 211 家风险企业 IPO 承销商的平均信誉等级为 7.19，而 797 家非风险企业 IPO 承销商的相应平均值为 6.38，风险企业 IPO 承销商的信誉等级仍然高于非风险企业承销商的信誉等级。对此，Megginson 和 Weiss（1991）的研究也得出了类似结论。他们假定首席承销商所占 IPO 市场份额与其质量呈正向关系，即首席承销商所占 IPO 市场份额越大则质量越高。统计结果证明 320 家风险企业 IPO 首席承销商平均所占市场份额为 3.4%，而 320 家非风险企业 IPO 首席承销商平均所占市场份额为 3.0%，二者相应的中位数分别为 3.4% 和 0.8%，风险企业首席承销商质量仍然高于非风险企业首席承销商质量。

Megginson 和 Weiss（1991）的研究还表明风险企业 IPO 的审计者质量更高。320 家风险企业 IPO 中使用"八大"会计师事务所的比例为 83%，320 家非风险企业使用"八大"会计师事务所的比例为 64%。此外，在 IPO 过程中风险企业比非风险企业对机构投资者的吸引力更大。

尽管风险企业承销商和审计者的质量比非风险企业高，但是付给承销商的报酬以及包括审计费在内的杂项费用却相对较低。承销商的报酬主要包括承销、销售和管理费，杂项费用包括审计费、律师费、印刷费和登记费，上述报酬、费用的高低按其与股票发行额之比衡量。在 Megginson 和 Weiss（1991）的研究中，风险企业 IPO 承销商报酬占发行额的比例为 7.4%，非风险企业为 8.2%；风险企业 IPO 的杂项费用为 3.6%，非风险企业为 4.3%。

风险企业 IPO 承销费用之所以低是因为风险投资家的存在降低了承销商和风险企业之间信息不对称的程度，进而缩减了审计调查的费用并降低了招股说明书中由于内容不当而产生后续责任的风险。此外，由于风险投资机构在 IPO 方面富有经验，从而在提供相关信息方面更有效率，承销商也更愿意接受被密切监控的企业。杂项费用的降低可以归因为风险投资机构在一系列 IPO 过程中同审计师、律师以及印刷机构建立的长期关系。

Megginson 和 Weiss（1991）还发现风险企业更加能够吸引机构投资者。在

IPO 后的第一个季度，风险企业中机构投资者持股比例为 42.3%，而非风险企业中机构投资者持股比例仅为 22.2%。其原因主要有两方面：一方面机构投资者认为风险投资机构的监控保证了 IPO 企业的质量；另一方面部分机构投资者就是风险投资基金的出资人，这些出资人更愿意购买所投资风险企业的股票。

总而言之，研究结果表明风险投资支持的公司在 IPO 时有更高质量的承销商和审计者，并且能够吸引更多的机构投资者，原因在于风险投资机构在声誉资本上的持续投资，以及在一系列 IPO 中同承销商、审计者和机构投资者建立并保持良好关系的能力。

（3）风险投资机构对 IPO 收益率的影响。关于风险投资机构对风险企业 IPO 收益率的影响似乎没有得出一致结论。Megginson 和 Weiss（1991）实证研究表明与非风险企业 IPO 相比，风险企业 IPO 的 7.1% 上市收益率低于非风险企业 11.9% 的上市收益率，但是统计上并不显著。在 Muscarella 等（1990）的研究中，风险企业 IPO 首日回报率为 8.43%，略高于非风险企业 7.47% 的首日回报率，但是统计上也不显著。Muscarella 等还比较了风险企业与非风险企业之间发行前一年的每股盈利与 IPO 股价之比，结果表明风险投资支持的 IPO 该比率更低，但 Muscarella 等认为这在很大程度上归因于风险投资所选择的投资行业，而不能认为风险投资家更有能力让收益率较低的企业实现 IPO，但是也有个别行业例外。

尽管风险投资机构对风险企业 IPO 收益率的影响存在不同的实证结果，但是对 IPO 后风险企业与非风险企业业绩的跟踪比较却证明：风险企业的价值总体上高于非风险企业。Brav 和 Gompers（1997）对 1972～1992 年间 934 起风险企业 IPO、1975～1992 年间 3407 起非风险企业 IPO 进行了对比，风险企业 5 年持有期的收益率平均为 44.6%，而非风险企业 5 年持有期的收益率平均为 22.5%；IPO 5 年后仅有 7.5% 风险企业退市，而退市的非风险企业却达到 13.3%。进一步研究表明，二者绩效的差别主要是因为小型风险企业表现明显优于小型非风险企业。

虽然风险投资机构对风险企业的 IPO 具有上述诸多正向影响，但也存在产生负面影响的可能。Chemmanur 和 Fulghieri（1999）认为风险企业是否上市融资，取决于上市融资和通过风险投资融资二者之间成本的比较。但 Gompers（1996）

却发现新风险投资机构为了赢得声誉并募集新的风险投资基金，倾向于尽快实现风险企业 IPO。在 1978 年 1 月 1 日到 1987 年 12 月 31 日间的 433 个 IPO 案例中，99 个首席投资人所属风险投资机构成立时间少于 6 年，新风险投资机构与 240 个出任首席投资人的、成立时间大于等于 6 年的老风险投资机构相比，在新风险投资机构支持下实现 IPO 的风险企业成立时间更短，二者时间分别为 55.1 个月与 79.6 个月；13.6% 的 IPO 折价率也比非风险企业 7.3% 的折价率更高；IPO 与募集下一只投资基金的平均时间差更短，分别为 16.0 个月与 24.2 个月。这种以风险投资机构自身利益为核心的 IPO 可能违背了风险企业 IPO 的理论，以降低风险企业的价值为代价增加了风险投资机构的利益。因此，需要对风险投资机构在 IPO 中的作用持有客观的观点。

（4）基于风险投资家对 IPO 影响的治理机制。综合上述，风险投资家在 IPO 过程中对风险企业人力资本等的投入能够增加风险企业价值。具体表现为：从成立到上市，风险投资机构支持的风险企业 IPO 需要的时间更短，而且有经验的风险投资机构能够选择更适当的 IPO 时机；风险投资机构支持的 IPO 承销商、审计者的等级更高，但是相关费用更低；IPO 以后更能够吸引机构投资者；风险投资机构支持的 IPO 收益率有可能更高。

因为风险投资家在 IPO 中人力资本的投入增加了风险企业价值，风险投资家因在 IPO 方面的人力资本而应当享有更多的相关控制权。

在契约中发起 IPO 的权力一般被称为要求登记权。在美国除非享有免于登记的权力，无论何时证券被发行或者出售，交易必须在证券交易委员会登记。风险投资家通常在风险投资契约签订时，要求享有要求登记权，以更好地控制 IPO 时机。要求登记权在风险投资中非常普遍，相关条款属于最重要的条款之列，并且属于风险投资谈判的重点对象。在 Smith（2001）的样本中，超过 96.5% 的风险企业提供了要求登记权。这一发现与登记权是投资交易中一个重要部分的常识相一致。

要求登记权还可以赋予风险投资家对风险企业施加影响的权力。由于登记权的行使会产生巨大成本，威胁使用要求登记权可能迫使企业家遵从风险投资家的战略。要求登记权生效的时间变化非常大。极少数契约立刻赋予了风险投资家要求登记权，少数登记权开始于双方允许的 IPO 日期之后的一段时间，多数把允许

IPO 的日期和投资开始日期结合起来，例如，开始于协议签订两年之后或者允许进行 IPO 日期 6 个月之后。由于 IPO 不可避免地需要修改公司章程，因此要求登记权受到与修改公司章程有关权力的制约。

虽然风险投资家通过 IPO 对风险企业价值的增加涉及社会资本、声誉资本的问题，但是社会资本、声誉资本不能独立于人力资本，前二者在一定程度上可以视为风险投资家人力资本运用并累积的结果。从该意义上分析，风险投资家通过风险企业 IPO 对风险企业价值增加的影响可以归为风险投资家人力资本对风险企业价值增加的影响。风险企业对风险投资家在 IPO 中人力资本的依赖，赋予了风险投资家治理的权力。

风险投资家在一系列 IPO 过程中同会计师、律师、承销商和印刷机构等建立的网络，有助于降低风险企业 IPO 成本，风险投资家因此应当享有确定会计师、律师、承销商和印刷机构的决策权。此外，风险企业能够较快上市的原因在于风险投资机构的公证作用，因此风险投资机构在风险企业 IPO 的过程中承担了责任。该责任要求风险投资机构在风险企业日常运营中享有相应的权力，规范风险企业运作以适应 IPO 的要求。

虽然本节从风险投资家人力资本投入对风险企业价值增加的角度论述增值服务、IPO 的治理机制，但是上述机制同时具有遏制企业家"道德风险"的作用。一方面，风险投资家对风险企业价值的增加是企业家的机会成本，企业家机会主义行为导致风险投资家人力资本投入的减少，将造成企业家自身的损失；另一方面，就对风险企业的投资而言，风险投资家和企业家投入的物质资本占其总财富的比例存在巨大差距，某一家风险企业只是风险投资家投资组合中的一小部分，但是企业家对风险企业的投资却几乎代表了其所有财富，因此风险企业价值的降低对风险投资家和企业家造成的效用损失具有不对称性。风险投资家为了增加自身的效用并避免相对较大的效用损失，将努力争取风险投资家人力资本的投入以增加风险企业的价值，降低风险企业的风险，从而起到了遏制"道德风险"的作用。

第 *4* 章

风险企业治理机制的整合与
治理模式创新

风险企业的治理机制涉及风险投资的全过程，众多风险企业的治理机制也可以通过"道德风险"发生的条件以及企业家的效用函数加以整合。从文献回顾的结果看，风险企业的治理模式需要进行基于交易成本节约原则的创新。

4.1
针对企业家"道德风险"的治理机制整合

信息不对称以及效用函数的不一致，意味着风险投资家必须防止企业家的短期自利行为。风险投资机构对风险企业设置治理机制的主要目的之一在于遏制代理问题。"委托—代理"关系以委托方与代理方的利益冲突为前提假设，二者之间该情形下的关系适用于非合作博弈的分析框架。

4.1.1 风险投资家与企业家合作中"道德风险"发生的条件以及对策

尽管合作对于风险企业十分重要，但是 Sahlman 等（1990）的研究却表明风险投资家和企业家之间并不总是能够很好地合作，企业家对风险投资家利益的背离时有发生。诱惑企业家发生"道德风险"的因素包括：故意操纵信息以获得更多的投资、更大的控制权；按照自我意志使用企业资源（例如在损害企业财务绩效的前提下开发某种技术）；挥霍风险投资家的资金（如购买豪华轿车等）。"囚徒两难"通常被用来描述企业家背离风险投资家利益的机理。

"囚徒两难"是在社会学、心理学以及经济学研究中被广泛应用的一个模型。该模型被用来描述个体理性与集体理性之间的冲突，其本质是尽管在合作的战略下参与者能够得到更高的支付，但是每一个参与者却采取竞争、狭隘和自利的战略。如图4.1所示，在"囚徒两难"中每一个参与者均有两种战略：合作（C）与背叛（D）。合作战略牺牲个体短期自利而寻求所有参与者的共同利益，背叛战略则牺牲集体利益而寻求个体利益。每个参与者的支付不仅取决于自己的战略，还取决于其他人的战略，并且满足 T > R > P > S，T 代表一方背叛而一方合作时背叛方的支付，R 代表双方均合作时所获支付，P 代表双方均背叛时所获支付，S 代表一方背叛而另外一方合作时合作方所获支付。由于对任何一方而言背叛的支付总是大于合作，所以从"囚徒两难"模型可以看出，企业家在合作中背离风险投资家利益的目的在于获得更大的效用。

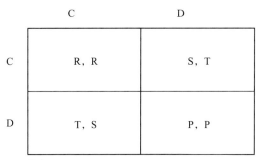

其中：T>R>P>S

图 4.1 "囚徒两难"博弈

资料来源：Daniel M. Cable，Scott Shane. A Prisoner's Dilemma Approach to Entrepreneur-Venture Capitalist Relationships. Academy of Management Review，1997，22（1）：146.

从经济学的角度看，参与者是否发生机会主义行为取决于机会主义行为与非机会主义行为的效用比较。如果机会主义行为的效用大于非机会主义行为的效用，那么就会发生机会主义行为。这一条件可以表述如下：

$$U^B > U^A$$

其中，U^A 为非机会主义行为的效用；U^B 为机会主义行为的效用。

钱水土和侯波（2001）认为促进双方共同合作，应当改善现有风险投资合作机制，通过改进与完善风险投资合作机制来影响博弈双方的成本收益分析，改进合作机制就是要改变囚徒困境的假设条件，即各种情况下支付之间的关系[①]。Cable 和 Shane（1997）认为在风险投资家和企业家"囚徒两难"关系中，增加合作的收益或者增加对合作行为的惩罚均可以促进双方的合作。提高收益能够增加合作的可能，原因在于这样能使合作行为相对于自利行为更有吸引力，当合作的回报减少时，双方建立合作的倾向将明显减小，经常会导致双方停止合作。大多数风险投资交易能够发生，是因为各方希望能够从合作中获得高回报。因此，Sapienza（1989）提出，如果风险投资家和创业者能够看到合作的收益，那么双方合作的可能性就会增加。合作的收益并不仅仅是财务收益，企业家同风险投资家合作存在多种非财务收益，其中包括从风险投资家处获得的关于商业事务的专家意见、向外界传递风险企业稳健发展的信号、获得打开市场的渠道、与融资集团建立关系等。与此相似，风险投资家声称他们从双方的合作中了解一个行业可能是投资的重要原因之一。研究表明，在"囚徒两难"问题中增加惩罚的威胁能够促进博弈方的合作。不合作的惩罚既可以是直接的，例如直接惩罚不合作方；也可以是间接的，例如运用道德和舆论惩罚不合作者（排斥）。另外，惩罚为了有效必须持续进行[②]。因此为了促进投资家与企业家的合作，就要改变原有博弈的支付函数。使得：

$$U^A > U^B$$

即通过增加合作收益或者增加对不合作行为的惩罚，使得合作的回报高于不合作的回报。

4.1.2　风险投资家与企业家的效用分析

上述分析表明，风险投资家和企业家效用函数的不一致是企业家在双方博弈中背离风险投资家利益的根本原因，改变博弈中的效用支付是遏制机会主义行为

---

① 钱水土，侯波．风险投资家与风险企业家合作机制的博弈分析．数量经济技术经济研究，2001，9：60–63。

② Daniel M. Cable，Scott Shane. A Prisoner's Dilemma Approach to Entrepreneur-Venture Capitalist Relationships. Academy of Management Review，1997，22（1）：142–176.

的主要途径。因此，风险投资家和企业家效用的分析是建立、分析与整合相关治理机制的基础。

4.1.2.1 风险投资家的效用函数

财务回报和战略安排是风险投资主要的效用决定因素。一方面，风险投资基金出资人对投资目标的设定使得追求财务回报成为风险投资家的必然选择。根据对英国风险投资机构的研究，62%的风险投资机构被风险基金的出资人设置了单一目标，少于12%的机构被设置了两个目标，仅仅有14.5%的机构未被设置明确的目标。最经常被风险投资基金提供者设置的目标为投资回报率，有34%的创业投资机构被设置了该目标，另有30%的机构被设置了基于其他基础计算的回报率目标。另一方面，风险投资基金数量、投资额与风险投资回报率呈现明显的相关关系。美国1995年风险投资的平均投资回报率为48%，1996年为40%，1997年为36%。与高额财务回报相应，美国20世纪90年代风险投资基金数量稳步上升。这种相关关系实证了财务回报对于风险投资家效用的决定作用。

除高额财务回报外，"战略安排"也是风险投资家的效用来源，公司型风险投资尤其如此。为了在激烈的竞争环境中取得优势，Intel、Cisco、IBM等大公司纷纷进入风险投资领域。它们或者将此作为外部研发战略的一部分；或者将此作为企业集团实施一体化和多样化战略的重要途径。Intel风险投资公司的董事会主席Vadasz说："当我们开创Intel风险投资公司的时候，公司汇聚了大量具备丰富经验的职业经理人，能够从不同的角度观察一个企业，在此基础上将其同我们的战略需要联系起来""当你做一笔交易的时候，你在一张纸上写下'我们要给予什么？我们会得到什么？'""当给予的只是金钱，而得到的只是股份的时候，这个交易就不应该考虑。"

因此，可以将风险投资家的效用函数表示为：

$$U_{vc} = F_1(F, S)$$

其中，U_{vc}表示风险投资家的效用；F表示风险企业的财务收益；S表示风险企业的战略。

风险投资家对战略收益的追求，体现于契约前的项目选择过程中对风险企业战略的审慎调查，风险投资家契约后的效用最大化途径主要是追求财务收益。

4.1.2.2　创业者的效用函数

Stevenson 和 Jarillo（1990）曾经将企业家研究划分为三个主要领域：企业家行为、企业家作用和创业原因，企业家的效用决定因素显然和创业原因的研究密切相关。

Baumol（1990）将创业者定义为能够创造性地发现增加个人财富、权力和声誉途径的人，他认为个人选择创业是因为能够实现效用（由财富、权力和声誉而获得的效用）的最大化。Eisenhauer（1995）在期望效用的基础上建立了创业的模型，认为创业者的期望效用不仅来源于预期的收入，而且来源于自我雇佣工作环境的变化。Douglas 和 Shepherd（2000）进一步将收入潜力同个人能力和企业家精神联系起来，并将工作条件细化为所需付出的工作努力、承担的风险和决策的自主性。英国在 1991 年就创业动机进行的一项研究表明，98% 的创业者将个人成就感列为创业的重要原因；88% 的人将"能够按自己的方式做事"列为重要原因；将"采取长远观点的自由"列为重要或非常重要原因者占 87%；其余动机见图 4.2。

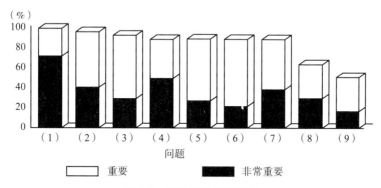

图 4.2　创业者的创业动机

注：（1）对个人成功的满足；（2）资本增值；（3）收入；（4）能够按自己的方式做事；（5）采取长远观点的自由；（6）个人发财致富；（7）生活有安全保障；（8）积攒退休金；（9）给孩子们留一点东西。

资料来源：［英］科林·巴罗，高峻山译．小型企业．北京：中信出版社，1999.

John Gill（1985）在《影响小企业生存与发展的因素》一书中，对以往众多创业研究结论进行了归纳，结果发现人们创业的主要动力是个人独立、成就感、管理别人和挣钱①。

综合上述，尽管自变量之间存在相互关系，但是从解释企业家效用的目的出发，企业家效用函数的自变量可以归纳为"成就感"、"管理他人"、"财务收益"和"独立性"，相应效用函数为：

$$U_{EN} = F_2(A, M, F, I)$$

其中，U_{EN} 表示创业者效用；A 表示创业者的成就感；M 表示管理他人；F 表示创业者的财务收益；I 表示创业者的独立性。

虽然风险投资家和企业家效用函数的自变量中均包括财务收益，但是有研究表明：财务收益在合作中的作用受对收益知觉的影响，由于风险投资家和企业家双方资产分散程度的不同，因此双方对相同收益的知觉存在差异，企业家更容易采取合作战略。因此，风险投资家与企业家之间的博弈矩阵如图 4.3 所示。

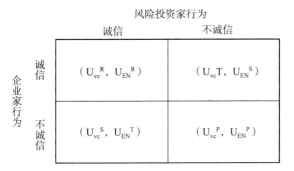

图 4.3　基于风险投资家与企业家效用的博弈矩阵

资料来源：作者整理。

4.1.3　针对企业家机会主义行为的治理机制整合

根据机会主义行为发生的条件，当机会主义行为的效用高于非机会主义行为的效用，或者对机会主义行为的效用预期高于对非机会主义行为的效用预期时，

---

① 张玉利，任学锋. 中小企业成长的管理障碍. 天津：天津大学出版社，2001，第 50 页。

企业家的机会主义行为就会出现，即：

$$U'_{EN} > U_{EN}$$

$$F_2(A', M', F', I') > F_2(A, M, F, I)$$

其中，U'_{EN} 为创业者不诚信行为的效用；U_{EN} 为创业者诚信行为的效用；A'、M'、F'、I' 分别为创业者不诚信时的成就感、管理他人、财务收益和独立性；A、M、F、I 分别为创业者诚信时的成就感、管理他人、财务收益和独立性。

显然，为了防止不诚信问题的发生，必须使得：

$$F_2(A', M', F', I') < F_2(A, M, F, I)$$

即令变量 A'、M'、F'、I' 产生的实际效用或者效用预期，小于 A、M、F、I 产生的实际效用或者效用预期，假设效用是相关变量的增函数，则必要条件是：$A' < A$，或者 $M' < M$，或者 $F' < F$，或者 $I' < I$。

虽然各机制对不同效用因素同时存在影响，风险投资机构可以通过下列具体机制有针对性地降低企业家的效用，从而遏制或惩罚企业家的机会主义行为：

（1）降低企业家成就感的治理机制主要包括可中断分期投资策略的治理机制、风险投资网络的治理机制。虽然成就感的决定因素较多，但是从企业家创业的现实观察，其成就感主要决定因素来源于创业成功。因此，中断投资并通过风险投资网络阻止其在即期以及远期获得创业所需资金，将降低企业家的成就感。

（2）降低创业者机会主义行为的财务收益的治理机制主要包括可转换优先股治理机制、经理层薪资制度的治理机制。该机制对企业家财务收益的影响已经做过深入论述，此处不再赘述。

（3）针对企业家的独立性和管理他人的治理机制主要有董事会的治理机制。通过董事会增加对风险企业的干预、改变企业家的职位或者权力，可以影响企业家因独立性和管理他人获得的效用。

建立完善的治理机制，可以降低企业家不诚信行为的效用预期；对治理机制合理的运用，将使创业者不诚信行为的效用降低；二者均有利于防范创业者的不诚信行为，增强双方合作的稳定性。

风险投资家并非风险投资基金的主要所有者，风险投资家对企业家进行有效治理的前提是风险投资基金的有效治理。此外，风险投资家对企业家进行有效治理需要建立与治理相容的风险投资项目选择机制。

　　风险投资家对企业家机会主义行为的治理，需要通过建立合理的治理机制，借此一方面使创业者对双方效用状态产生正确的预期，防止机会主义行为的出现；另一方面保证企业家单方面背叛的情况下，使企业家支付更高的成本并迫使其返回合作状态，从而使双方的合作具有稳定性。根据"囚徒两难"博弈的分析，治理机制与企业家的效用决定因素具有一定的对应关系，风险投资家对企业家的治理机制通过企业家的效用函数得到整合，并具有结构性（见图4.4）。

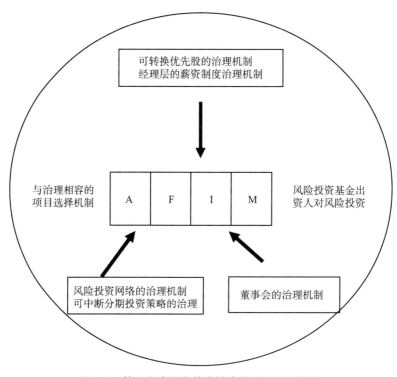

图4.4　基于完全信息静态博弈的治理机制整合

4. 2

基于风险投资家人力资本的不同治理模式及其治理机制的剖析

　　风险投资家和企业家之间的关系类型反映了二者人力资本结合的方式，从企业治理的视角观察，不同的人力资本结合方式影响了控制权的分配方式，进而形成治理模式的差别。

4.2.1 风险投资家与企业家之间的关系类型

（1）MacMillan 等（1988）根据风险投资家对风险企业事务的参与范围与程度，将风险投资家与创业者之间的关系从风险投资家的视角分为放任型、中等介入型和密切追踪型。

MacMillan 等 1986 年 12 月至 1987 年 2 月期间，对美国 62 位风险投资家就参与风险企业的程度与风险企业绩效之间的关系进行了研究。对风险投资家参与风险企业活动的 6 分量表调查结果，利用 SAS 软件将风险投资家与企业家之间的关系分为放任型、中等介入型和密切追踪型三种。其中放任型为 18 家，占被调查风险投资家总数的 29%；中等介入型为 27 家，占被调查风险投资家总数的 44%；密切追踪型为 17 家，占被调查风险投资家总数的 27%。与风险企业的产品（或服务）特征、管理层特征、风险投资机构特征的相关分析表明，风险投资家与企业家之间的关系类型与上述因素无关，具体关系的设定是每个风险投资机构的主观选择。

对以销售量、市场份额、净利润和投资回报率为标准的业绩比较显示，上述三种关系的群体没有显著区别，特别是密切跟踪型群体的业绩不好于中等介入型群体。MacMillan 通过进一步分析排除了放任型群体是因为企业业绩好而放任、密切追踪群体因为企业业绩差而密切追踪的可能。

对放任型关系群体内部的相关分析表明：风险投资家应当把有限的精力放在提供专业支持方面，这样就能以较小的努力取得更加有效、更容易成功的战略性成就。这也验证了 Davis 和 Stetson（1987）的观点：风险投资家重要的增值服务内容之一就是为风险企业提供适当的支持群体。

中等介入型群体内部相关分析表明：风险投资家参与战略制定、寻找管理层成员两项活动与风险企业绩效呈负相关，而监控企业的运营和风险企业绩效之间呈正相关。

与同行业的其他风险投资家相比，密切追踪型群体系统地介入更多的风险企业事务。从统计结果看，该群体事实上几乎介入风险企业的每一项事务。密切追踪型群体内部的相关分析表明：寻找风险企业管理层和企业绩效之间呈现负相关关系。经过访谈确认，其原因有两方面：一方面风险投资家虽然能找到具有一流资格的管理人员，但是这些管理人员不一定能与企业家很好地协同；另一方面需要更换管理层的企业往往业绩比较糟糕，所以从统计上表现为负相关。由于风险投资家更善于采取激励措施，如股票期权、奖金，所以风险投资家参与管理层雇佣契约条款的制定与企业绩效之间呈正相关。

总体上看，密切追踪型和中等介入型群体的风险投资家应当在寻找管理层上降低参与程度，而放任型群体则应当为风险企业建立最强的专业人员团队，这样有利于风险企业绩效的提高。

（2）Fried 等（1995）从风险投资家向风险企业提供员工支持的角度，将风险投资家与企业家之间的关系从风险投资家的视角分为被动型、积极的建议型和控制型三种。

Fried 等（1995）根据风险投资机构员工对风险企业的支持数量对风险投资机构进行了分类。高员工支持型的风险投资机构（作为首席投资者）提供的支持时间≥20 小时/月；≥10 小时/月而 <20 小时/月为中等员工支持型；低员工支持型风险投资机构提供的员工支持 <10 小时/月。在 Fried 等（1995）的调查中，高支持群体在作为首席投资者的情况下每月平均花费 35.65 小时支持被投资企业，中等支持群体每月平均花费 12.75 小时，低支持群体平均每月花费 6.76 小时。

从风险投资家的视角观察，三种群体相应被分为被动型、积极的建议型、控制型三类。

Fried 等对三种关系群体的分析表明：控制型关系群体比被动型群体投资于更多的早期风险企业，但是由于方差较大，因此统计显著水平较低。在具体参与行为上，高支持群体的风险投资家们主观上认为下列行为具有更高的重要性：介绍潜在的客户、供应商和服务提供者，寻找额外的金融资源，雇佣管理层，帮助进行运营规划和充当企业家的知己。

（3）英国的 Sweeting 等（1997）认为，英国的风险投资家和风险企业之间有干涉型和不干涉型两种关系。

Sweeting 等（1997）通过对英国某风险投资机构五位风险投资家和七个风险企业的案例研究，对不干涉型关系的机理进行了详细说明。所谓不干涉，并非完全不参与风险企业事务，而是尽可能少地参与风险企业事务，表 4.1 列出了风险投资家在投资契约中对风险企业进行控制的部分项目及其频率。干涉型关系是相对于不干涉型关系而言的，在干涉型关系下风险投资家会更多地参与风险企业的操作性事务。由于英国风险投资业以不干涉型关系为主，下面着重对不干涉型关系进行论述。

表 4.1　　　　　　　　　风险投资机构对风险企业进行控制的项目及频率

控制项目	总是控制	经常控制	很少控制	从不控制
股利分配水平	12	0	0	0
参与兼并	12	0	0	0
出售资产	12	0	0	0
负债比率	9	2	0	1
资本扩张	7	2	2	1
管理层薪酬	5	3	3	1
维持营运资金	3	2	4	3
雇佣雇员	0	0	1	11

资料来源：R. C. Sweeting, C. F. Wong. A UK "Hands Off" Venture Capital Firm and the Handling of Post-Investment Investor-Investee Relationship. Journal of Management Studies, 1997, 34：133.

在不干涉型关系下，风险投资家利用预算和商业计划对风险企业绩效进行正式监控。多数风险投资家要求企业家提供每月的管理报告、经过审计的年度财务报告、年度预算。部分风险投资家还要求企业家每月或者以其他期限定期报告市场开发、技术研发情况，形式既可以是专门的报告，也可以是董事会报告。风险投资家查看其中的关键数据，并且将实际的绩效指标与预算比较，从中发现风险企业存在的问题。表 4.2 列出了五名风险投资家和七名风险企业 CEO 对以市场份额、投资回报率、销售量和净利润衡量的绩效的知觉，其中包括对重要性以及实际运营状况满意度的评价。

表 4.2　　　　　**英国某风险投资机构的风险投资家及其风险企业 CEO**

对绩效衡量指标相对重要性的知觉

公司绩效	风险投资家（5人）		风险企业 CEO（7人）	
	重要性		重要性	
	平均值	标准差	平均值	标准差
市场份额	3.71	0.95	2.43	1.51
投资回报率	1.57	0.53	1.71	0.49
销售量	3.14	0.90	2.86	0.70
净利润	1.29	0.49	1.00	0.00

注：1 = 非常重要，5 = 非常不重要。

资料来源：R. C. Sweeting, C. F. Wong. A UK "Hands Off" Venture Capital Firm and the Handling of Post-Investment Investor-Investee Relationship. Journal of Management Studies, 1997, 34: 137.

除了财务报表外，奉行不干涉原则的风险投资机构还通过非正式的渠道收集信息，具体方式包括通过电话谈话、访问公司以及与指派到风险企业的非执行董事接触，以达到对风险企业的非正式监控的目的。风险投资家与风险企业的非正式接触频率见表4.3。

表 4.3　　　　　　　**风险投资家与风险企业非正式接触的方式与时间**

接触的特征	平均值	方差
每年访问的次数	3.85	1.68
每次访问的长度（小时）	2.43	0.79
每年打电话的次数	9.43	3.21
每个电话的长度（分钟）	12.14	4.88

资料来源：R. C. Sweeting, C. F. Wong. A UK "Hands Off" Venture Capital Firm and the Handling of Post-Investment Investor-Investee Relationship. Journal of Management Studies, 1997, 34: 138.

非执行董事在风险投资家和企业家关系中扮演着重要角色（见表4.4）。风险投资机构在多数投资中拥有指定非执行董事的权力，但是在风险投资家和企业家不干涉型关系下，该权力的执行视具体条件而定。非执行董事的指派通常发生于风险投资公司觉察到风险企业业绩不佳、将要遭受失败，并且投资对于风险投资机构非常重要时（例如超过五百万英镑）。行业的经验证明，非执行董事的指派还通常发生于联合投资并且投资非常重要的情况。在英国，风险企业每年付给一个独立董事的费用为 8000 ~ 15000 英镑。

表 4.4　　　　　　　　　　　"精英"风险投资企业对非执行董事的观点

非执行董事的角色	有效性		重要性	
	平均值	方差	平均值	方差
为公司创造附加价值	2.75	0.5	3.75	0.5
方便风险投资家和 CEO 之间的沟通	2.00	0.82	1.50	1.00
非正式信息的来源	1.25	0.50	1.25	0.50
监控企业绩效	1.50	0.58	2.00	1.15

注：1 = 非常重要/非常满意，5 = 非常不重要/非常不满意。

资料来源：R. C. Sweeting, C. F. Wong. A UK "Hands Off" Venture Capital Firm and the Handling of Post-Investment Investor-Investee Relationship. Journal of Management Studies, 1997, 34: 140.

　　在不干涉型关系下，风险投资家通过下列信号判断风险企业出现了问题：风险企业不能及时提供每月的管理报告、突破协议中规定的贷款界限、从非正式渠道获得关于风险企业经营状况不佳的信息。如果风险投资家认为确实应当对风险企业采取某些行动以改变绩效不佳的现状，通常会按照如下顺序采取措施：第一步，利用风险投资家的个人影响力说服企业家采取措施。具体包括利用风险企业 CEO 能够认真考虑风险投资家建议的情境，针对问题给出好的、具有帮助性的建议，使 CEO 感受到强烈的伙伴关系。如果通过第一步仍然不能解决问题则进入第二步，即通过更频繁的接触（包括电话或公司访问）敦促风险企业 CEO 采取措施以改善经营绩效。通过以上两步，一般足以使 CEO 采取行动。风险投资家一般不会运用投资契约中的有关条款采取激进行为，否则双方关系会不可避免地被破坏。第三步是在前两步仍然不能解决问题时采取进一步行动，包括指定外部董事对管理绩效进行更严密的监控、拒绝进行再投资、更换部分或者全部管理层。更换管理层通常发生于风险投资家拥有多数股权的情况，在更换管理层之前一般给管理层足够的时间和理解以采取行动改善公司绩效。不适当地更换管理层不仅会损害公司成功发展，而且也会影响风险投资机构的形象。在发动公司变革的过程中，非执行董事的经验、知识（通常对风险投资家的市场、技术知识具有互补性）具有重要作用。

不干涉型关系在英国风险投资中获得了广泛的认同和成功，这种关系以风险投资家和创业者之间的信任关系为基础，风险投资家对风险企业事务只进行最低限度的参与，保证针对风险企业运营状况的信息机制的完善性，并保持最终采取激进措施的能力。此外，风险投资家与企业家之间的不干涉型关系需要事先选择管理良好的企业，管理层应当富有经验并且有成功的经营历史。考虑到更强的竞争、更低的利润率、更高的市场集中度，英国的风险投资家预期在未来可能需要更多地干涉风险企业，并向被投资人提供更多建议。在 Murray（1991）的调查中，59%的风险投资家认为干涉程度将提高，其背后所隐藏的逻辑是：通过更多地介入风险企业事务可以创造更多的附加价值，风险投资家希望借此能够获得更高的投资绩效，并赢得竞争优势[①]。

4.2.2　风险承担偏好、治理机制替代与风险投资家以人力资本为基础增进风险企业价值的治理机制

风险投资家和企业家之间不同的关系类型反映了二者人力资本的结合方式，进而影响控制权分配，形成治理模式的差别。综合上述分析，治理模式可以分为美国模式和英国模式。在美国模式下，不同风险投资机构总体上采取单一方式的治理，即单一人力资本投入风格形成的治理，而英国模式的风险投资机构则以不干涉型治理方式为主。

风险投资面临着巨大的投资风险，这些风险包括技术风险、生产风险、市场风险、人力资源风险和代理风险。这些风险的累积导致风险企业的失败。风险投资机构面临着风险与回报的两难选择：一方面根据财务理论，风险投资家追求高额投资回报则必然追求高风险项目；另一方面高额回报的取得要求风险投资家必须限制风险，从统计意义上最大化投资组合的价值。因此风险投资也可以被视为追求高风险、控制和驾驭高风险的过程。

风险投资家对风险企业人力资本的投入显然能够控制风险企业的风险水平，

---

① R. C. Sweeting, C. F. Wong. A UK "Hands Off" Venture Capital Firm and the Handling of Post-Investment Investor-Investee Relationship. Journal of Management Studies, 1997, 34: 149.

但同时也会发生不同的交易成本，风险投资家在理论上应当在成本和收益之间作出平衡。然而对 Fried 等（1995）和 MacMillan 等（1988）研究的分析表明，具体治理机制的选择主要由风险投资机构承担风险的主观偏好决定。

风险企业的不同发展阶段面临不同的风险，一般认为早期风险投资项目风险高于晚期风险投资项目，如果风险投资机构承担风险的偏好是相同的，那么可以理性地得出结论：早期项目偏好者应当投入更多的人力资本以降低风险，即表现出项目风险水平和治理机制相关的关系类型匹配的内在一致性，否则风险投资机构承担风险的偏好就不完全相同。在美国的模式下，Fried 等（1995）的研究证明控制型关系群体比被动型群体投资于更多的早期风险企业，但该结论方差较大，统计显著水平较低，这说明风险投资机构承担风险的偏好不完全相同，风险承担偏好对治理机制类型选择的影响较为显著。MacMillan 等（1988）进一步证明了这一点，具体证据是：对不同关系与风险企业的产品（或服务）特征、管理层特征、风险投资机构特征的相关分析表明，风险投资家与企业家之间的关系类型与上述因素无关。因此可以得出结论，在美国模式下，风险投资机构基于人力资本的治理机制的选择，很大程度由风险投资机构的风险承担偏好决定。该结论背后的推理过程是：如果治理机制的选择不是很大程度上由风险投资机构的风险承担偏好决定，而是由风险与治理机制的匹配决定，那么由于学习曲线以及不同产品（或服务）的风险差异，和治理机制密切相关的风险投资家与企业家关系类型，应当与风险企业的产品（或服务）特征、管理层特征、风险投资机构特征相关。否则治理机制的选取与客观风险就是低度相关或无关的，具体机制的选择由投资机构的主观风险承担偏好决定。

在英国模式下，风险投资机构总体上采取不干涉的治理方式。但是 Sweeting 等（1997）指出，风险投资家与企业家之间的不干涉型关系需要事先选择管理良好的企业，管理层应当富有经验并且有成功的经营历史。在这种情况下，风险投资项目的选择机制对积极的治理方式产生了替代作用。由于企业家人力资本完备程度较高、企业风险较小，所以降低了对风险投资家人力资本的需要。

美国模式无法实现风险和治理机制的匹配，英国模式过于苛刻的选择条件不仅会提高投资成本而且会减少投资机会，两者均不利于风险投资家效用的满足。风险投资实践需要治理模式的创新。

4.3

约束条件变动中风险企业治理模式的创新

优秀的风险投资项目具有稀缺性，过于苛刻的项目选择条件违背了风险投资挖掘技术经济价值的初衷，将最终损害风险投资机构的利益。就已发生的投资而言，风险企业治理目标要求根据企业实际的风险状况合理选择治理方式。

Gorman 和 Sahlman（1995）将风险投资机构对风险企业员工支持数量差别归因于风险投资组合中不同阶段风险企业构成的不同①，但是结果并不显著，关于风险企业发展阶段与员工支持之间关系的诸多研究似乎并没有取得一致的结论。MacMillan，Kulow 和 Khoylian（1988）认为风险投资家对风险企业参与水平的差别和风险企业的发展阶段无关，Fried 和 Hisrich 在一项探索性研究中也发现：在不同发展阶段的企业中，风险投资机构花费的时间并没有显著差异，风险投资对风险企业的参与程度属于"风格"问题。MacMillan 等（1988）认为风险投资家与企业家建立何种关系，与风险企业的产品（或服务）特征、管理层特征、风险投资机构特征无关，具体关系的确定是每个风险投资机构的主观选择。综合以上研究，风险投资家和企业家之间建立何种关系与风险企业状况没有必然关系，主要是风险投资机构的一种主观选择，实力雄厚、经验丰富的风险投资机构与企业家建立紧密关系的可能性更大。具体关系的建立还与是否是首席投资者有关，首席投资者一般倾向于更深程度地参与风险企业事务，因此倾向于建立更加紧密的关系。从风险投资家与企业家关系、风险企业绩效之间的关系看，二者总体上没有显著相关关系，这说明了风险投资家在构建双方关系上的不合理性。风险投资家这种以自身主观选择为主的单一方式治理模式效率较低，不利于节约交易成本。

上述实证研究的结论认为风险投资机构对风险企业的治理模式，与风险企业的风险状况无关，但是也有研究持不同观点。

---

① Elango B.，Fried V. H.，Hisrich R. D.，etc.. How venture capital firms differ. Journal of Business Venturing，1995，10：157.

张帏和姜彦福（2003）利用拓展的 Tirole 模型研究了企业家融资时所拥有的非人力资产数量、运营企业时的个人非货币收益大小、创业管理团队声誉好坏等重要因素对风险企业中控制权配置的影响。其主要结论为：从静态看，企业家控制权随所拥有的非人力资本的增加而递增、随运营企业的个人非货币收益增加而递减；从动态角度分析，随着创业企业家的人力资本逐步转化为企业的实际资产，其必须放弃的控制权将相应减少。值得一提的是，该书在结论部分提出风险投资中采取的治理机制应当是特殊的相机治理机制，即根据风险企业的实际发展绩效、运营状况以及企业家的能力是否适应企业的发展要求而配置控制权。但是该研究的主要对象是企业家融资时人力资本与控制权之间的替代关系，特殊相机治理机制的提出只是停留于概念层次，不仅与全书论述缺乏内在逻辑关系，而且缺乏对其深入的论述。

Sapienza 和 Gupta（1994）研究了代理风险与任务的不确定性，对风险投资家和风险企业 CEO 之间互动的影响。Sapienza 和 Gupta 假设风险投资家和风险企业 CEO 之间互动的频率将随代理风险的增加而提高；任务的不确定性使共同决策的必要性增加，这需要双方更强的信息处理能力，因此任务不确定性的提高将导致双方互动频率的提高。互动频率被视为对代理风险和任务不确定性的治理响应。研究的结论是：代理风险和任务的不确定性影响风险投资家对风险企业的治理。然而该项对 51 对风险投资家和风险企业 CEO 的实证研究并没有说明在不同的任务不确定性和代理风险下，双方应当如何互动，也没有说明同一名风险投资家和其他 CEO 互动的频率是否存在差别，即风险投资家和风险企业 CEO 互动的频率是否和风险投资家的风格有关。但是该项研究对于本书的价值在于指出了风险投资家对于风险企业的治理应当考虑风险企业的风险状况，该观点也在 Barney 等的研究中得到了体现。Barney 等（1989）发现高代理风险和高商业风险会导致风险企业治理结构的变化——如风险企业的所有权与董事会的构成，风险投资机构以及监控风险企业的经理层。但是 Barney 等的研究主要针对风险企业管理层，并且没有进一步说明在各种风险状况下具体应当采取何种机制。

假设风险投资家投入人力资本和进行监控的交易成本为零，那么最优的治理模式应当是风险投资家对投资组合中所有企业均最大限度投入人力资本并进行监控。然而，有关机制实施的交易费用并非为零，因此这种治理模式必然导致资源的浪费。最优的治理成本投入应当根据边际收益为零的原则确定，即治理成本等于治理收益。由于信息成本的存在，上述最优过程难以实现，现实中一般寻求次优方案，即风险企业的治理模式应当根据具体的商业风险和代理风险约束，权变地选取治理方式，以降低治理成本并提高治理效率，最大化投资价值。

Barney 等（1989）认为代理风险的大小取决于管理层的努力程度、风险企业CEO 的任期长短，风险企业 CEO 个人在风险企业中拥有的产权份额、风险企业雇员在风险企业中拥有的权益资本数量；而商业风险与第一轮投资前风险企业的盈利能力有关。Sapienza 和 Gupta（1994）认为代理风险决定因素包括管理层在风险企业中的所有权水平、首席风险投资家和风险企业 CEO 之间目标一致的程度、风险企业 CEO 对于创业企业的经验；而商业风险来源于风险企业所处的阶段以及风险企业所追求的技术变革程度。根据对风险企业失败原因的分析，风险企业所面临的商业风险主要包括人力资源风险、技术风险、市场风险和生产风险。

为了在控制风险和节约交易成本之间作出平衡，根据代理风险和商业风险的约束，风险投资家可以权变地选取主导型、辅助型和放权型三种治理方式（见表4.5）。代理风险源于企业家偏离风险企业价值最大化目标的自利，根据强化理论，对企业家该种行为的纵容，将导致企业家借此获取利益行为的自我强化，并持续损害风险投资家的利益。因此，在风险企业存在代理风险的情况下，风险企业应当采取主导型治理方式。主导型治理方式基于风险投资家与企业家之间的等级契约关系，风险投资家利用契约所约定的权力针对企业家的效用决定因素实施具体治理机制。根据4.1 节的研究，针对企业家寻求独立性和管理他人效用的机会主义行为，风险投资家应当利用董事会对企业家施加压力并干预风险企业管理决策，必要的情况下变更企业家职位，甚至利用雇佣条款解除企业家的职务。由于非合作博弈不可避免地对风险企业运营造成负面影响，风险投资家应当增加人力资本的投入以保证风险企业的运营效率。针对利用机会主义行为寻求额外财务收益的情况，可以利用可转换优先股治理机制、经理层薪资制度的治理机制降低企业家效用水平。在上述机制均无效的情况下，可中断对风险企业的投资，或者通过风险投资网络使企业家支付声誉成本，同时遏制企业家的管理机会主义行为以及竞争性机会主义行为。针对企业家成就感的治理机制无可避免地对风险投资家和企业家之间的关系造成不可弥补的损害，并使双方支付高昂的成本，因此根据英国风险投资界的惯例，此类机制的采用应当作为风险投资家的最终策略。

表 4.5　　　　　　　　　　　　　　　权变的治理模式

代理风险	大	大	小	小
商业风险	大	小	大	小
治理方式	主导型	主导型	辅助型	放权型

代理风险较小而商业风险较大的组合源于企业家人力资本的不完备性。双方在保持合作的前提下，风险投资家应当对风险企业适度投入人力资本，针对风险企业的职能缺陷对风险企业的控制权重新分配，以适当的交易成本控制风险企业的商业风险。MacMillan 等（1988）发现密切跟踪型群体的业绩不好于中等介入型群体。这表明过度的人力资本投入可能产生效率成本并抵消人力资本投入产生的增益，在辅助型治理机制下，人力资本的投入应当遵循互补性原则并考虑增值服务效率的影响因素，人力资本投入的数量应当遵循边际收益为零的原则。

风险企业商业风险和代理风险均较小的情况类似于英国模式下的风险企业，风险投资家应当根据节约交易成本的原则采取放权型治理方式，对风险企业的经营采取最低限度的干涉，并根据可观察变量对风险企业风险状况作出周期性评估。

权变的治理模式需要风险投资家掌握风险企业的信息，以对风险企业的风险状况进行判断。在英国模式下，风险投资机家利用预算和商业计划对风险企业绩效进行正式监控。多数风险投资家要求企业家提供每月的管理报告，经过审计的年度财务报告、年度预算。部分风险投资家还要求企业家每月或者以其他期限定期报告市场开发、技术研发情况，形式既可以是专门的报告，也可以是董事会报告。风险投资家查看其中的关键数据，并且将实际的绩效指标与预算比较，从中发现风险企业存在的问题。在美国模式下，为了解被投资企业经营状况以及企业家在实际运营中表现出的能力水平，除要求企业家提供风险企业财务报告外，风险投资家亲自出任风险企业董事会董事、要求被投资企业管理层定期进行陈述，并和其他投资人沟通信息。此外，风险投资家通过电话和实地访问等非正式渠道，了解风险企业信息。综合上述两种模式，在权变治理模式下，风险投资家应当利用预算和商业计划对风险企业绩效进行正式监控，在投资契约中明确要求风险企业承担提供财务报告和定期陈述的义务，通过参与董事会了解风险企业状况。在正式沟通渠道外，风险投资家还应当和其他投资人沟通信息，并通过电话和实地访问等非正式渠道了解企业风险状况。

风险投资家和企业家之间权变治理过程属于不完全信息动态博弈。由于风险投资家和企业家之间存在信息不对称，风险投资家必须利用贝叶斯公式对企业家的信息进行完善并据此调整治理方式。根据不完全信息动态博弈的模型，"自然"首先选择企业家的类型，企业家自己知道自己的类型，而风险投资家不知道。在"自然"选择之后，企业家首先开始行动，风险投资家能观测到先行动者的行动，但不能观测到企业家的类型。但是因为企业家的行动是类型依存的，每个参与人的行动都传递着有关自己类型的某种信息，风险投资家可以通过观察先行动者所选择的行动来推断其类型或修正对其类型的先验信念，然后选择自己的最优治理方式类型。企业家预测到自己的行动将被后行动者所利用，就会设法选择对自己有利的信息，避免传递对自己不利的信息。因此不完全信息动态博弈过程，不仅是企业家选择行动的过程，而且是风险投资家不断修正信念的过程。根据精练贝叶斯均衡的概念，给定有关企业家类型的信念，风险投资家的战略在每一个信息集开始的"后续博弈"上构成贝叶斯均衡；并且，在所有可能的情况下，参与人使用贝叶斯法则修正有关企业家的信息。

第 5 章

风险企业成长过程中的
治理机制及治理演进

高成长性是风险企业区别于一般中小企业的显著特征，成长所带来的股权、控制权问题以及与退出相关的契约治理机制，对于风险企业治理具有重要意义。风险企业的成长环境具有高风险性，相关治理机制是风险企业高速成长的保证。在高成长与风险转换约束下，风险企业内部治理呈现出演进性。

5.1
风险企业高成长过程中的治理机制

5.1.1 风险企业的高成长性

根据 David J. Storey 的调查，在小企业中，快速成长的比例只有 4% 左右[①]。2000 年 4 月，中国企业评价协会与国家经贸委中小企业司、国家统计局工业交通统计司共同设立了"中小企业发展问题研究"课题，在课题组评估的 15.42 万家中小企业中，真正具有成长能力和渐进成长能力的不足 3.32%[②]。风险企业在总体上属于中小企业，由于风险投资的介入，成功的风险企业不仅可以摆脱增长的财务限制，而且风险投资的增值服务可以使风险企业摆脱一般中小企业"危

---

① Storey, D. J.. Understanding The Small Business Sector, London: Routledge, 1994.
② 张玉利. 企业家型企业的创业与快速成长. 天津：南开大学出版社，2003.

机—成长"的增长模式，实现企业的高速成长。

康柏公司是风险企业成长的极端案例，该公司于1982年创立，1983年营业额就达到1.11亿美元，1984年3.29亿美元，1985年5.03亿美元，1987年突破10亿美元。

雇员增长是企业成长的另外一种形式。Dirk Engel（2002）对德国风险企业的研究表明：无论是否属于高科技行业，其雇员年增长率都高于非风险企业；高科技风险企业的雇员增长尤其明显，达到41.5%，非高科技风险企业平均年雇员增长率为27.7%；高科技非风险企业、非高科技非风险企业的相应增长率分别为14.2%和10.1%（见表5.1）。

表5.1　　　　　　　　　德国风险企业的雇员（年增长率）　　　　单位：%

企业类型	高科技风险企业	高科技非风险企业	非高科技风险企业	非高科技非风险企业
平均年雇员增长率	41.5	14.2	27.7	10.1

注：企业样本来自德国"Creditform"数据库，总数为632，其中高科技风险企业数量为154，非高科技风险企业数量为185。时间范围是1991～1998年。

资料来源：Dirk Engel. The Impact of Venture Capital on Firm Growth：An Empirical Investigation. ZEW Discussion Paper No. 02 – 02，2002，［ftp：//ftp. zew. de/pub/zew-docs/dp/dp0202. pdf］.

风险企业的成长一般被分为种子期、创立期、成长期和成熟期，其成长阶段的划分与 Kazanjian 于1988年所提出的科技企业创业成长模型能够比较好地吻合。从概念看，该研究提出的科技企业创业四个阶段，即产品的概念化和开发阶段、商业化阶段、成长阶段和稳定阶段，分别与风险企业的种子期、创业期、成长期和成熟期相对应。该项对105家科技企业的研究，证明了风险企业在雇员和销售方面的高成长性（见表5.2）。

企业的成长性和投资阶段的策略有关，总体上对中后期风险企业的投资实现高成长的比例大于对早期风险企业的投资（见表5.3）。在同项研究中，Ruhnka把风险企业按照成长性分成了成功企业、停滞企业（不增长或者增长速度过低）和失败企业三类，成功企业占所有被调查企业的55.2%，停滞企业占20.6%，20.6%属于失败企业。

表 5.2　　　　　　　　　　　　科技企业的不同成长阶段及其主导问题

成长阶段	第一阶段：产品的概念化和开发	第二阶段：商业化	第三阶段：成长	第四阶段：稳定
规模（人）	58.1	68.1	345.6	423.4
累计创业时间（年）	4.3	5.6	7.1	9.4
销售增长（倍）	3.7	4.2	6.4	1.8
主要问题	获取资源、技术开发	以产品为核心的创业	销售增长、市场份额的增长、组织问题	获利能力、内部控制、未来增长的基础

资料来源：Robert K. Kazanjian. Relation of Dominant Problems to Stages of Growth in Technology-Based New Ventures. Academy of Management Journal，1988，31（2）：260.

表 5.3　　　　　　　　不同投资阶段策略与企业成长之间的关系　　　　　　　单位：%

投资阶段策略	成功企业	停滞企业	失败企业
主要投资于早期企业	53.9	24.5	19.0
以早期企业为主，兼少量更大投资规模的中后期企业	47.7	18.8	28.2
主要投资于中后期企业	69.8	16.1	14.1

资料来源：John C. Ruhnka，Howard D. Feldman，Thomas J. Dean. The "Living Dead" Phenomenon In Venture Capital Investments. Journal of Business Venturing，1992，7：144.

综上所述，无论以雇员增长率还是以销售增长率衡量，风险企业总体上均具有良好的成长性，具体表现在实现高成长的比率更大，增长率更高。与早期投资相比，对中晚期风险企业的投资实现高成长的概率更大。

5.1.2　风险企业的高成长——人力资本与物质资本的整合效应

风险企业的高成长性首先得益于风险投资家和企业家之间人力资本与物质资本的整合。虽然企业家能够发现良好的商业机会并且知道如何开发该商业机会，但是由于缺乏资金而面临成长的财务极限，风险投资家的大量资金投入免除了风险企业的财务瓶颈。

风险企业所面临的环境必然具有高度的不确定性。在信息高度发达市场经济中，独占性商业机会的稀缺性日增，良好的投资机会几乎必然与竞争、不确定性，与复杂性相联系。风险投资家以增值服务为主的人力资本，与企业家识别与开发商业机会人力资本的整合，缩减了环境所带来的不确定性，促进了风险企业的成长。风险投资家人力资本的投入，特别反映在战略参与方面。

企业成长原因的理论涉及战略管理的各个主要方面①，企业的高成长性可以归于企业的竞争优势。而竞争优势的确立和三个方面密切相关：一是企业内部资源的整合与能力培养；二是企业的外部环境特征（主要是产业环境）；三是企业在特定的竞争环境下能否制定与外部环境适应的战略。企业竞争优势的确立，需要企业在特定的竞争环境中有效地整合企业资源、培养核心能力，并确立与外部环境相适应的战略。在上述三个方面中，企业内部资源的整合与能力培养居于核心地位。这不仅是因为资源与核心能力的理论使战略的研究走出了"结构—行为—绩效"的传统思维模式，而且反映了事物发展过程中内因重于外因的基本规律。

战略对企业早期生存具有影响，Elaine Romanelli（1989）这项针对美国微型计算机行业的结论，为风险企业中战略的重要性提供了实证基础之一。Rosenstein（1988）发现风险投资家将商业计划的审阅视为评估风险企业战略的过程，这种对战略的评估随着分期投资的过程而不断进行。MacMillan（1989）认为参与战略制定是风险投资家最喜欢介入的领域。1998年，Fried 等证明：与平均仅仅拥有3.6%股份的美国上市公司董事相比，拥有大量股份的风险投资家董事在战略形成与评估上有更深程度的参与。作为职业金融家，风险投资家在战略方面有着丰富的知识和经验，其相关人力资本的投入保证了风险企业战略与外部环境的适应性，从而加速了风险企业的成长。

除了战略参与外，风险投资家还充当企业家的参谋、监控财务与运营绩效、介绍行业关系等，帮助风险企业克服成长过程中内部资源的不完善性以及外部环境的不确定性。风险投资家和企业家人力资本的密切结合，共同构建企业知识体系并锻造企业的核心竞争力。

综合上述，风险企业能够获得高成长得益于风险投资家和企业家之间人力资本和物质资本的整合效应。风险投资家和企业家均拥有专用性的人力资本。风险

---

① 张玉利. 企业家型企业的创业与快速成长. 天津：南开大学出版社，2003.

投资家和企业家之间人力资本与物质资本的整合增强了企业的竞争优势，促进了优秀风险企业的快速成长。根据风险投资家和企业家人力资本状况以及物质资本状况完善风险企业的治理机制，对于风险投资机构而言具有重要意义。

5.1.3　风险企业高成长过程中的治理机制

在发挥其他治理机制的前提下，风险企业的成长性引发了特殊的治理问题。由于风险企业不断成长必然由后续融资导致股权与控制权调整，风险企业高成长的过程也是风险企业股权和控制权动态变化的过程，风险投资家主要利用契约治理机制对上述权力进行控制。此外，作为成长的终点，退出是风险投资家追求的目标，退出权力的分配也形成相应的治理机制。

5.1.3.1　风险投资家对风险企业成长过程中控制权和股权的控制机制

考虑到资金需求巨大以及个体投资者利用分散化规避投资风险的策略，风险企业的高速成长不可避免地需要新股东加入。早期投资者对股权、控制权分配具有敏感性，因此风险投资通常在投资协议中设计某些条款、约定某些权力，或者运用某些投资策略，对上述问题进行事先控制。

以美国风险投资为例，投资协议一般包括四个部分，分别是《股票购买协议》、《股东协议》、《公司承诺协议》和《附则》。早期投资者股权与控制权稀释问题主要涉及《股东协议》中的重大事项的征询同意权条款、优先购买权条款、前置拒绝权条款，以及《公司承诺协议》中的加权平均反稀释条款和棘轮反稀释条款。

公司股票发行将导致公司早期投资者所有权的稀释，所以先期投资者享有这一重大事项的征询同意权。典型的美国风险投资协议通常有明确的重大事项，如股票发行和公司章程修改，规定上述事项必须事先征得投资人的同意。虽然美国的风险投资协议仅仅对少数关键事项作出规定，在实务中更多地依赖董事会，但是股票发行征询同意权一般必不可少，它有效地避免了先期投资者的股票份额被强迫稀释。

《股东协议》一般规定在新股发行时现有投资者拥有新发行股票的优先购买

权，即新发行股票首先被提供给现有股东，在现有股东不认购的情况下，才允许非股东认购剩余的新股票，该条款为现有投资者提供了所有权、控制权配置的主动性。在英国，公司法案明确对此项权利作出了规定，而美国各州虽不会自动赋予现有股东对新发股票的优先购买权，但是美国风险投资的惯例支持这项权利。

在现有股票转让问题上，美国和英国都支持前置拒绝权。前置拒绝权要求在股票转让的过程中，公司或现有股东享有优先受让权，公司和现有股东拒绝受让是新投资者接受股票转让的前置条件。该权利保证了现有股东享有获得公司股权的优先权。

除公司股权稀释之外，新股票的发行还可能导致先期投资者投资价值的稀释。所谓投资价值稀释是指公司以低于现有投资者购买股票价格的价格发行新股，造成现有投资人投资价值的降低。反价值稀释主要涉及《公司承诺协议》中的加权平均反稀释条款和棘轮反稀释条款。加权平均反稀释条款针对风险投资家已经获得的普通股，而棘轮反稀释条款则针对风险投资家尚未实现转换的债券或者优先股。

加权平均反稀释条款规定公司在以较低的价格发行新股票时，公司将按增资后的加权平均价格给先期投资者无偿补足一定数量的股票，以减少先期投资者由于价值稀释所带来的损失。棘轮反稀释条款包括完全棘轮条款和加权平均棘轮条款。完全棘轮条款规定如果公司以低于先期股东认购价格的价格发行股票，那么先期投资者所持有的可转换优先股或者可转换债券在行使转换权时，将以投资额为基础并根据此前发行股票的最低价格实行转换；加权平均棘轮条款则在行使转换权时，按照此前发行股票的加权平均价格确定转换后的股份。

对投资工具的选择和主投资人制度是防止企业成长过程中控制权稀释的重要措施。风险投资一般采取可转换优先股进行投资，但是为了避免现有投资者的控制权被稀释，在后期融资时可以采用附有转换权的债券作为融资工具。一方面，不具有投票权的债券在防止现有投资者控制权被稀释的同时，又满足了风险企业的融资需求；另一方面，债券不仅保证了后期投资者获得稳定的债权收益，而且在风险企业 IPO 时可以将该部分债权转化为股权，保证了获取企业上市所带来的巨大受益。所以，附有转换权的债券是应对风险企业控制权稀释的有力工具。此外，美国风险投资可能会采用主投资人制度，即多家风险投资机构委托一家风险投资机构（一般是投资额最大的机构）为主要的投资人，委托其行使有关股东权利，从而在客观上防止了控制权的稀释。

5.1.3.2　涉及风险投资家广义退出的治理机制

作为一种金融资本，退出对于风险投资具有重要意义。通过对广义退出的控制，风险投资家可以实现投资收益、避免损失，并遏制企业家的"道德风险"。

风险投资家和企业家在退出问题上的冲突源于双方效用决定因素的差异。企业家可能从经营非上市企业中获得某些好处，例如经营非上市企业的自由和安全，不必受到严格的公众监督，所以企业家可能乐于保持现状。风险投资家为了获得投资收益的最大化，并且考虑到基金年限的限制，所以必须在适当的时机退出。风险投资家追求投资价值最大化和风险企业价值最大化是一般是一致的，退出对风险投资家和企业家之间的权力分配，对治理目标的实现产生影响。风险投资家对退出进行控制主要通过两条途径：控制风险企业董事会；契约中签署关于退出的特殊契约条款。

通过董事会对退出进行控制是最有效的控制方式。Kaplan 和 Strömberg（2001）发现约41%的风险投资家在首次投资时就获得了风险企业投票权的多数，而在随后的投资中，风险投资家在平均意义上拥有多数投票权。在少数服从多数的投票原则下，多数投票权意味着对董事会的控制，其中包括对退出的控制。

然而并非在所有的案例中风险投资家都可以获得董事会的控制权，在一些投资中，掌握董事会控制权的既非风险投资家，也非企业家，董事会的控制权最终取决于外部董事，然而事实上外部董事是需要得到风险投资家和企业家双方认定的个人，因此造成风险投资退出权利的不确定性。在风险投资家不能通过董事会决定退出战略的时候，契约约定的权利具有决定性的作用，其中"保护性条款"、赎回权和要求登记权，对于风险投资家涉及退出的利益保护具有重要意义。

在多数的风险投资契约中，否决权被视为"保护性条款"或者"消极条款"。就退出而言，否决权的意义在于防止风险投资家被强迫退出或损害风险投资家的利益——例如赎回普通股、为普通股支付红利、发行新的优先股等，这些行动将降低风险投资家投资的价值。表5.4列出了常用保护性条款及其应用频率。

表5.4　　　　　　　　　　有关风险投资家的部分保护性条款以及使用频率

参与公司合并	70.39% （61/86）	赎回普通股	41.86% （36/86）
赎回优先股	33.72% （29/86）	支付普通股红利	39.37% （33/86）
修改宪章	43.02% （37/86）	发行更多的优先股	76.74% （66/86）

资料来源：D. Gordon Smith. Control over Exit in Venture Relationships. European Financial Management Association's Annual Meeting, June 29, 2001.

　　风险投资交易涉及三种赎回权：强制赎回权、选择性投资者赎回权、选择性公司赎回权。强制赎回权要求公司在特定的日期赎回股票，通常风险投资家有权放弃此权利，赎回可能延迟数月或者数年以减小对公司的影响。该条款的目的有二：一是为风险投资家在风险企业成功无望的情况下提供退出途径；二是为风险投资家提供通过退出影响企业家的杠杆。相同的目的可以通过更加灵活的选择性投资者赎回权实现，而且该条款可能会使未来的投资者意识到资金将被用来赎回股票而非公司运营，从而打消背叛投资者的念头，因为无论何时风险投资家和企业家之间产生分歧，风险投资家都会威胁行使赎回权从而迫使企业家屈服。选择性公司赎回权允许公司按照自己的意愿赎回风险投资家拥有的股票，这类条款强调了公司退出的意愿。由于该条款赋予了企业家在风险企业经营非常成功的情况下赎回风险投资家股票的权利，所以风险投资家尽量避免该条款。在 Smith（2001）研究的 86 家风险企业中，仅仅有 9 家包含了该固定期限的强制赎回条款（10.47%）；有 42 家（48.84%）向风险投资家提供了选择性投资者赎回权，但是几乎所有案例中该权利都不能立即生效，从该条款的签订到该权利可以被执行平均需要约 4 年时间；仅有 12 家风险企业（13.95%）拥有选择性公司赎回权。

　　与强制赎回权和选择性投资者赎回权相伴，风险投资家可能允许风险企业分期付款，这种延迟支付的赎回权条款被认为是风险投资家的一种善意，因为它不会陷企业家于没有资金的境地，同时也反映了风险投资家对企业家的一般态度（该条款不会被轻易地使用）。Halloran（2000）认为："现金赎回并不被视为一种现实的选择，尽管如此，投资者有时会利用强制性赎回条款作为施加压力的工具。"

　　要求登记权与风险企业 IPO 密切相关，关于要求登记权的论述见 2.3 节。

　　对于退出控制的主要手段随风险企业的发展而变化，早期主要依靠契约条款以保护风险投资家的利益，并对风险企业施加影响；在风险企业后期，随着风险投资家对董事会控制程度的提高，通过董事会的控制就成为主要手段，当然契约中约定的权利依然发挥着重要作用。

5.2

风险企业高风险环境下成长的治理机制

风险投资收益主要来源于高成长风险企业 IPO 或者被并购获得的权益资本增值，而风险企业作为风险投资创造价值的载体运行于高风险、高不确定性环境，具有极高的失败率，其原因与相关治理机制的研究具有重要意义。

5.2.1　风险企业失败原因分析

风险企业失败不仅包括破产、清算，而且包括"成长停滞"，即利润率或增长率过低而使风险投资无法在合理的期限内获得满意回报。

Gorman 和 Sahlman（1989）针对风险企业失败的总体原因进行了调查，结果表明：管理问题是风险企业失败的最主要原因。"低效的高层管理"位列风险企业失败原因之首，该原因获得了 95% 的认同；"产品开发延迟或者失败"被认同的比率为 51%，重要性位居第二；"低效的职能管理"（例如市场营销、财务）位列第三[①]。"生产失败"作为导致风险企业失败的原因虽然只获得了 11% 的认同，但是重要性却达到 2.9，这意味着风险企业因生产导致失败的概率较低，但是"生产失败"一旦发生则后果严重。其他原因见图 5.1。

根据 Ruhnka 等 1992 年对美国 80 家风险投资机构的研究，风险企业按照成长性分为成功企业、"成长停滞"企业和亏损企业三类，成功企业占所有被调查企业的 55.2%，"成长停滞"企业占 20.6%，20.6% 属于亏损企业[②]。

---

① 失败原因被认同程度是指风险投资家选择该因素为导致风险企业失败因素之一的频率；失败原因相对重要性排序是指该因素被认为是导致风险企业失败因素之一时，风险投资家对其相对重要性的排序，重要性从 1~5 递减。

② 原文数字加总不等于100%，原因是部分投资刚刚发生，难以划入上述各类。

　　虽然"成长停滞"的风险企业财务上能够自我维持，但由于无法实现风险投资所要求的高额回报，所以该类型企业被风险投资家形象地称为"活死人"。Ruhnka 等（1992）发现："管理层无能"是"成长停滞"的首要原因（见表 5.5），主要表现在风险企业的管理层未能对市场竞争的挑战给予足够的注意，或者当市场竞争出现变化时错误地对产品、市场战略进行了定位。紧随其后的 4 个因素均与市场、竞争有关，这些原因说明：风险企业完全依赖一个规模过小或者增长过慢的市场、在特定的环境下缺乏竞争优势以获得快速增长与足够的盈利能力，均可导致风险企业"成长停滞"。该研究还认为技术过时、投资不足、材料成本攀升并非造成风险企业"成长停滞"的关键。"成长停滞"主要发生于产品开发完毕、已经实现了最初销售，但是需要扩大生产规模、实现销售增长并扩大市场份额的阶段，即风险企业发展的中后期。该研究还对高科技与非高科技风险企业的失败原因做了区分，二者的主要差别在于高科技风险企业对"技术过时"更敏感。

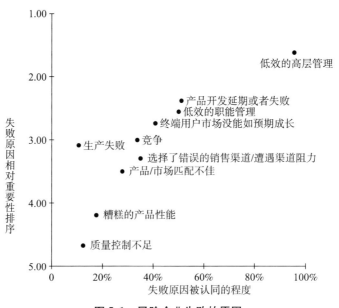

图 5.1　风险企业失败的原因

　　资料来源：Michael Gorman，William A. Sahlman. What Do Venture Capitalists Do? Journal of Business Venturing，1989，4：240.

表 5.5　　　　　　　　高科技和非高科技风险企业成长停滞原因的分析

原因	高科技公司	排序	非高科技公司	排序
管理层无能	4.2	1	4.5	1
市场的规模太小	3.8	2	3.9	2
市场增长太慢	3.8	3	3.3	3
错失市场机会	3.4	4	3.1	4
出现超出预期的竞争	3.2	5	3.1	5
技术过时	2.8	6	2.0	10
无法获得后续投资	2.8	7	2.9	6
风险投资者之间的目标分歧	2.7	8	2.7	8
投资不足	2.6	9	2.9	7
材料成本攀升	2.2	10	2.4	9

注：重要性的评价采用 5 分量表，其中：1 = 根本不重要；2 = 重要性很低；3 = 具有一定重要性；4 = 非常重要；5 = 最重要。

资料来源：John C. Ruhnka, Howard D. Feldman, Thomas J. Dean. The "Living Dead" Phenomenon in Venture Capital Investments. Journal of Business Venturing, 1992, 7: 147.

5.2.2　防止风险企业成长风险的治理机制

现有研究一致表明：管理层是风险企业失败的最主要原因。因此，更换风险企业管理层成为风险投资机构防止风险企业失败的重要对策（见表 5.6）。主要的治理机制是董事会的治理机制，风险投资家利用其在董事会中的影响或投资契约中的雇佣条款，及时更换不称职的管理人员。在业绩不良的风险企业中有74% 的 CEO 至少被更换过一次，在业绩尚可的情况下有 40% 的 CEO 至少被更换过一次。Gorman 和 Sahlman（1989）发现每位风险投资家在投资职业生涯中平均解雇过 3~4 名风险企业总经理，即平均每 2.4 年解雇一位。此外，随着风险企业的发展，占据风险企业高层管理职位的创业者可能无法满足日趋专业化的管理的要求，职业经理人也因此会逐渐取代创业者成为风险企业的高层管理者。因此，董事会的治理机制是防止风险企业失败的首要机制。

表5.6 风险投资机构应对风险企业"成长停滞"的策略及其使用频率

采取的策略	根据风险投资机构规模（百万美元）对采用策略频率的分类统计				所有公司
	0～25M	26～100M	101～300M	300M+	
谋求大公司的并购	4.6	4.5	4.8	4.6	4.6
更换管理层	3.6	3.7	3.8	3.7	3.7
参与风险企业的决策	3.6	3.6	3.6	3.2	3.5
重新进行产品定位	4.0	3.2	3.4	3.5	3.4
任其自然	2.7	2.4	2.6	2.3	2.5
为后续产品提供资金	2.9	2.3	2.4	2.0	2.3
强行兑现退出	1.5	1.8	2.1	2.2	1.9

注：1 = 在1%～5%的案例中使用；2 = 在5%～25%的案例中使用；3 = 在25%～50%的案例中使用；4 = 在50%～75%的案例中使用；5 = 在75%～100%的案例中使用。

资料来源：John C. Ruhnka, Howard D. Feldman, Thomas J. Dean. The "Living Dead" Phenomenon in Venture Capital Investments. Journal of Business Venturing, 1992, 7: 137 – 155.

更换风险企业管理层的前提是风险投资家继续投资，但是 Ruhnka 等 (1992) 发现在风险企业"成长停滞"的情况下，风险投资机构采用频率最高的策略是停止投资而"谋求大公司的并购"。

除更换管理层外，其他针对风险企业成长停滞的治理机制主要是向风险企业提供增值服务，风险投资家借此补足风险企业职能缺陷，使之摆脱增长困境，机制涉及的内容包括：风险投资家参与风险企业的决策、重新进行产品定位、任其自然、为后续产品提供资金、强行兑现退出（见表5.6），小风险投资机构在风险企业"成长停滞"时介入风险企业事务以改善经营状况的倾向更强。在运用诸策略的次序上，风险投资机构一般首先通过更换管理层谋求扭转颓势，随后是争取被大公司并购或者对产品进行重新定位。

另外需要特别注意的是，风险投资行业在某一细分市场过度投资可能成为风险企业失败的原因。美国风险投资机构历史上曾经连续六年投资于计算机数据存储行业，其间共设立了43家风险企业，然而该行业能够长期容纳的厂商大约只有4家。因此风险企业必须充分发挥风险投资家在战略制定与实施方面的优势以及风险投资网络的作用，依据行业信息及时调整战略。

风险投资是一门控制风险、驾驭风险的科学，风险投资行业应当完善相关治理机制并更好地配合行业监测。从行业与企业两方面采取措施规避风险企业成长失败风险。

5. 3

高成长、风险转换复合约束下的风险企业治理演进

风险企业的高成长意味着股东数量的变化，市场对高成长风险企业的选择意味着不同类型风险的排除，然而风险企业成长过程伴随着重要风险由商业风险向代理风险的转换，在高成长和风险转换复合约束下，风险企业内部治理呈现出演进的特性。

5.3.1　风险企业治理的演进

在发达国家，技术研发、商品化和产业化三个阶段的投资比例是 1：10：100[①]。成长的风险企业需要一个多轮次的融资过程，1987 年 Plummer 将风险投资的过程划分为 8 个阶段，每一个阶段均具有不同特征和投资目的[②]。

风险企业的权益资本增量来源有二：一个是原来投资者的追加投入；另一个则是引入新的投资者，即随着企业的成长，会不断有新的投资者加入到股东行列。以美国波特技术公司为例，1991 年成立时股东仅仅有创业者和哥伦布风险投资公司；1993 年帕特利·考夫公司对该公司投资；1994 年第一跨州证券公司、技术基金合作组织加入股东行列；1995 年约翰逊控制电池集团成为波特公司股东。

新股东的加入使得公司的董事会不断扩大。Rosenstein 等 1993 年的研究发现，随着风险投资过程的深入进行，董事会规模总体上趋于扩大（见图 5.2）。根据调查，随着股东数量的变化，除董事会规模、监事会规模不断扩大外，董事会的结构和功能也可能发生变化，其驱动因素是上市与募集资金的需要。上市是风险企业的顶点，然而要上市就必须满足证券部门对上市公司治理的要求。以纳

---

① 建立风险投资机制．科技日报．1998 年 5 月 23 日，第 5 版。

② Plummer, James L . QED report on venture capital financial analysis. CA. : QED Research, Inc. , Palo Alto, 1987, 11 - 13.

斯达克全国市场的上市条件为例，风险企业为了在纳斯达克全国市场上市，每家公司的董事会需要至少拥有两名独立董事，并且必须设立多数成员为独立董事的审计委员会。这些上市条件无疑使风险企业内部治理的功能更加完善。此外，公司治理状况是风险企业通过 IPO 筹集资金过程的一个关键因素，以往的经验表明，治理状况良好的公司往往能够以较佳的条件筹集资金，反之则在竞争中处于劣势。因此，募集资金的内在需要是风险企业内部治理逐步完善的原因之一。

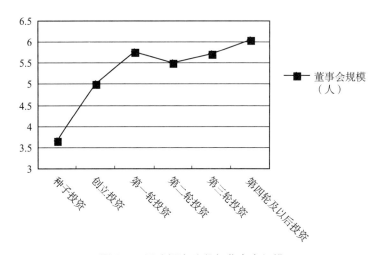

图 5.2　风险投资阶段与董事会规模

资料来源：Joseph Rosenstein, Albert V. Bruno, William D. Bygrave, etc.. The CEO, Venture Capitalists, and the Board. Journal of Business Venturing, 1993, 8：105.

在成功发展的风险企业中，存在内部治理机构规模不断扩大、结构和功能不断完善的特性，本书将这一特性称为治理演进。

5.3.2　对风险企业内部治理演进的理论解释

内部治理机构可以看做一种特殊类型的组织，属于执行特定使命的各种资源的结合体。在组织研究中，组织是具有明确边界并采取目标导向的人类活动的社会系统[1]，现代组织理论研究组织之间的关系以及组织内部的结构与协调。组织理论对

---

[1]　Howard E. Aldrich. Orgnizations Evolving. London：SAGE Publications Ltd. , 1999.

于风险企业内部治理演进的研究具有重要价值。现代组织理论主要包括"种群—生态"理论、"资源—依赖"理论、交易成本理论、理性权变理论与制度理论。

"种群—生态"理论又称"自然选择"理论，该理论是考虑组织变革和转变的主要方法之一。该理论的核心观点是：环境因素选择那些最适合环境的组织特征，或者组织类型对环境的适应性决定了组织的存亡。Aldrich（1979）认为适当的组织形式由环境因素决定的"适当位置"所确定，"适当位置"指"足以满足一种组织形式所需的资源及其他约束条件的明显结合"。关于环境选择组织的过程，Aldrich 和 Pfeffer 提出了"自然选择"三阶段模型。第一个阶段是变异，这种变异可能是计划内的，也可能是计划外的。第二个阶段是选择，选择的过程类似于器官的演化，某些变异起作用，另一些不起作用，合适的组织形式被选择，不合适的被淘汰。第三个阶段是保持，保持的形式可以是"保存、复制或者繁殖"。人们往往选择那些能很好地适应环境的组织形式，而不是不适应环境或者对环境适应差的组织形式。"种群—生态"理论的意义体现在两个方面：第一，作为检验效能的某种"最终标准"，生存是一种积极的标志，而组织的死亡则是消极的标志。所以，自然选择理论采用的这种研究角度是其他理论所没有的；第二，自然选择模型的概念使人们敏感地意识到环境因素的重要性[1]。"种群—生态"理论突破了以往以组织为中心的理论研究模式，对组织变迁的分析表明变迁是适应的产物，而非简单的组织更替现象[2]。

"资源—依赖"理论假设组织不能产生所有需要的资源，并非每个行动都能在组织内部执行以实现组织自立。这两点都意味着组织在资源上必须依赖环境。"资源—依赖"理论的核心观点是：组织依赖于外部环境中其他组织的资源，但是组织在环境中应当主动发挥积极作用，通过制定适当的决策努力控制环境以使环境有利于自己。"资源—依赖"理论的一个关键要素是战略选择，组织可采用多种战略改变自己以适应环境，其缺点在于仅从资源的单一角度分析复杂的组织行为，因此导致解释力的缺陷。

"种群—生态"理论和"资源—依赖"理论一样，二者均忽视了组织目标。

---

① ［美］理查德·H. 霍尔. 张友星，刘五一，沈勇译. 组织：结构、过程及结果. 上海：上海财经大学出版社，2003.

② 吴春. 组织理论的发展概述. 新疆大学学报（社会科学版），2002，3：36 – 41.

以目标为基本视角的理论将目标视为组织之所以采取行动的原因，"理性—权变"理论正是这样一个理论。组织有多重相互矛盾的目标的思想已得到广泛的认同。对组织而言，各个目标优先顺序的排定由组织内部占主导地位的群体确立。目标是组织决策的约束条件。环境约束对组织决策也是一种约束条件，"理性—权变"模型从多重、冲突的目标及环境约束的视角将许多重要的因素联系起来。"理性—权变"理论的思想可以总结为："什么是最好的组织方法，取决于组织所必须面对的环境具有什么样的特性"。该理论的模型把组织行为看做在一定环境背景下，组织在一系列目标之间进行选择的结果。

交易成本理论主要基于威廉姆森交易费用的研究。在新制度经济学中，交易费用是最重要的基础性概念，是分析制度起源与变迁的基本工具。交易费用的概念最早源于科斯，尽管没有明确给出交易费用的概念，科斯却通过交易费用的概念说明了"企业的显著特征是作为价格机制的替代物"，企业之所以存在是因为企业这种组织形式可以实现交易费用的节省。从经济学家对交易费用概念的实际应用看，交易费用的概念可以归纳为：在交易过程中为交易而耗费的所有资源。交易成本理论认为：一种组织形式之所以被采用，或者一种组织形式能够取代另外一种组织形式，是由于该种组织形式与其他组织形式相比能够实现交易费用的节省。交易成本理论以理性的"经济人"假设为基础，将交易费用这一元素引入组织分析，为组织的演化提供了新的研究视角。

DiMaggio 和 Powell（1983）认为"制度同构"是组织之所以采用其现有形式的主要原因。二者的分析基于这样一种假设，即组织存在于其他类似组织构成的"场"中。"组织场"的定义如下："组织场指由主要的供货商、资源与产品的消费者、规制机构以及其他生产类似产品或提供类似服务的组织集合在一起，而构成的为人们所承认的一种制度生活领域"。DiMaggio 和 Powell 认为同一个领域中组织之间同构的三个理由：一是来自环境的强制性力量，如政府的规制与文化方面的期望，这些力量能将标准化强加在组织上；二是组织间相互模仿或示范。在面临不确定的问题并为该问题寻找答案时，组织往往采取同一组织场内的其他组织在面对类似的不确定性时所采取的解决方式；三是在员工（特别是管理人员）变得更加专业化时，便出现规范性压力。专业培训、组织场内专业网络的发展和复杂化导致了特定制度的形成，在特定制度下，同一组织场内的管理人员之间几乎没有什么差别。因此，制度理论并未将组织设计看成一个基于组织目标的理性选择过程，而是将它视为导致组织场内组织随时间推移而变得越来越相似的一种压力。

随着组织研究的发展，多种理论的联合已经成为一种趋势，上述多种不同的理论应当结合起来而不应当被视为相互竞争的理论。组织形式的选择及其更替，不仅要适应环境因素及其变化，而且应当适应组织的目标、符合交易成本节约的原则，并且考虑现有制度的影响。

董事会、监事会等内部治理机构作为风险企业内部组织，受到风险企业内部以及外部环境因素的作用。伴随着风险企业成长，所有权和经营权分离的程度逐渐提高，早期以商业风险为主的环境逐渐转变为以代理风险为主（见表5.7）。

表 5.7　　　　　　　　　　　　风险投资的阶段划分与主要风险

序号	阶段名称	描述	主要风险
1	种子投资	尽管这个词经常被更加广义地使用，但是种子投资的严格含义是：提供给发明者或者创业者的少量资金，用于发明者或者创业者确认一个创意是否具有深入研究或者继续投资的价值。这个创意可能是一项技术，也可能是一种新的市场营销方式。如果创意是一项技术，该阶段需要建立产品的原型，但是并不涉及以销售为目的的生产	技术风险 生产风险 市场风险 人力资源风险 代理风险
2	启动投资	启动投资的对象是成立不满一年的公司。被投资公司将投资用于产品开发，样品测试和市场测试（用试验数量的产品投放于经过挑选的客户）。这阶段涉及对市场渗透潜力的进一步研究、组织管理团队和完善商业计划	生产风险 市场风险 人力资源风险 代理风险
3	第一阶段投资（早期发展）	该阶段投资的条件是：不仅产品原型的潜在技术风险很小，而且市场研究支持管理层开始适度规模的生产，付运具有商业意义数量的产品。第一阶段投资不可能获得利润	市场风险 人力资源风险 代理风险
4	第二阶段投资（扩张）	该阶段的公司已经付运了足够多的产品给足够多的客户，以至于能够从市场获得有意义的反馈。公司可能无法以定量的方式得到将来市场渗透的速度，或者最终能够把市场渗透到什么程度。但是公司有可能定性地知道决定市场渗透速度和极限的决定因素。公司可能仍然是不盈利或者只是获得非常有限的利润，同时需要更多的资金用于设备购买、库存和应收账款	人力资源风险 代理风险
5	第三阶段（盈利但是现金流量差）	该阶段的公司销售增长可能非常快，利润能够抵消大部分后续投资风险。但是除内生现金流之外需要更多的营运资金。新的风险资金用于扩充生产设施、开拓市场和改进产品。如果能够以固定资产或者应收账款做担保，银行可能愿意提供一些贷款	代理风险

序号	阶段名称	描述	主要风险
6	第四阶段（向投资变现方向快速增长）	该阶段的公司可能仍然需要外部资金维持增长，但是已经足够成功和稳定，以至于外部投资者的风险已经大大降低。公司倾向于使用债务资本本来限制权益的稀释。商业银行的贷款在该阶段发挥更加重要的作用。风险投资退出变现的时刻还有两三年，但是退出的具体方式（IPO、收购和LBO）和时间仍然具有不确定性	代理风险
7	桥式投资阶段（麦则恩投资）	在桥式或麦则恩投资的情况下，公司可能对可能性更大的退出方式有了认识，甚至有了大致的时间安排。但是在退出之前，仍然需要大量资金维持快速增长。因为需要考虑股市的总体行情以及相关高科技股票的行情，所谓的"IPO窗口"会以非常不可预期的方式开启或者关闭。与此类似，利率水平和商业贷款的可获得性也会影响收购、LBO的时间和可行性。桥式融资可能会涉及早期投资者或者管理层有限度的退出，或者会影响风险投资者之间地位的重构	代理风险
8	流动阶段（变现、退出）	变现的字面含义是出售所持被投资公司股票以换取现金。在实际操作中，变现意味着风险投资通过出售相当一部分所持股票获得流动性。流动性能够以IPO的方式获得。在IPO情况下，流动性的获得仍然受到禁售期和证监会114条款的限制，当然也会受到对股票承购人"stand-off"承诺的限制，在上述限制中内部人承诺在IPO后一定时间内（例如90天或180天）不抛售股票。在收购的情况下，流动性的获得可能通过现金、公开交易公司股份或者短期债券的方式获得。如果收购以非上市公司股票方式支付，那么它的流动性实际还不如原公司。与此类似，如果变现方以杠杆收购的方式收回债权，结果会导致更差的流动性，具体情况视债权特征而异	代理风险

资料来源：作者整理。

　　据统计，在风险企业成立后的前20个月中，由创业者之外的人担任公司CEO的比例为10%，到了第40个月该比例上升为40%，第80个月则有80%的CEO已经不是当初的创业者。Kazanjian（1988）也证明在风险企业成长阶段，高科技企业通常引入职业经理人。上述研究均表明两权分离程度随企业的成长而提高。典型的风险投资项目不仅面临着技术风险，而且面临着人力资源风险、生产风险、市场风险和代理风险，根据风险的成因，上述风险可以分为商业风险和代理风险两大类。新型企业面临着巨大的不确定性，以牺牲企业的长期成功为代价追求短期利益并非企业家的理性选择。市场根据优胜劣汰的规则对风险企业进行筛选，风险企业获得生存本身就是商业风险降低的信号。代理风险却因两权分离程度的提高而相对增加（见表5.7）。

根据"种群—生态"理论，风险企业能够获得生存与发展，本身就意味着对环境的适应，企业最初所面临的风险逐渐降低。企业获得成长的事实本身说明技术和生产问题已经得到解决，最初的市场不确定性也在一定程度上得到缩减。企业家以及管理层的能力在企业发展中逐渐被确认，不合格的管理人员被替换。但是代理风险自始至终存在，而且随着投资规模的扩大，代理问题的潜在成本随之增加。风险企业早期商业风险的主导地位逐渐被代理风险取代。

由于早期的股东数量较少，风险投资家对风险企业的治理一般通过非正式组织进行，例如与企业家的互动。这种非正式治理组织及其沟通方式，不仅有利于风险投资家和以企业家为核心的风险企业管理层建立良好的关系，而且在可能需要风险投资家频繁参与日常事务的风险企业早期，该类型组织具有效率与交易成本方面的优势。但是随着股东数量的增加和风险企业运营的复杂化，非正式治理组织交易成本上升，沟通成本、责任风险增加。与此同时，专用性投资的增加以及代理风险的加大，迫使风险投资家在备择的正式治理组织和非正式治理组织之间选择前者。

按照交易成本理论，正式组织相对于非正式组织的交易成本优势使得风险企业内部治理的演进成为必然。原来适用于小企业的有机治理组织变得不适合日益庞大的公司，并逐渐被正规而机械的治理组织职能所取代，董事会、监事会等治理组织的功能因此得到了强化。Fried 和 Hisrich（1998）认为根据制度理论，组织的实务在很大程度上可以通过检验行业历史得到解释。公司和行业的行为模式随着时间而演变，某种行为模式最终变为特定环境下的适当模式①。

制度同构对风险企业内部治理演进的影响不仅体现在内部治理组织的设置上，而且体现在法规对风险企业内部治理的要求上。上市是风险企业的顶点，然而如果风险企业要上市，就必须满足证券部门对上市公司治理的要求。以美国纳

---

① Vance H. Fried，Garry D. Bruton，Robert D. Hisrich. Strategy and the Board of Directors in Venture Capital-backed firms. Journal of Business Venturing，1998. 13：493 – 503.

斯达克全国市场的上市条件为例，风险企业的董事会至少要拥有两名独立董事，并且必须设立多数成员为独立董事的审计委员会。这些上市条件无疑促使风险企业内部治理的功能更加完善。

此外，以往的经验表明，治理状况良好的公司往往能够以较佳的条件筹集资金，反之则在竞争中处于劣势。因此，募集资金的内在需要是风险企业内部治理演进的重要推动力量之一。

总而言之，在制度同构的影响下，环境因素的变化以及不同组织类型间交易费用的比较，使得风险投资家理性地选择并强化风险企业以董事会为核心的内部治理组织，进而使风险企业内部治理呈现出演进性。

第 *6* 章

中国风险企业治理机制状况、
问题分析及建议

风险企业治理机制具有演进性，借鉴国外半个多世纪的风险企业治理经验，研究我国相应治理机制在发展过程中存在的问题并提出具有针对性的建议，具有重要意义。

6.1

中国风险投资治理机制的状况

回顾我国风险投资行业发展进程，风险企业治理机制被分为国际背景风险投资机构与本土风险投资机构两个层次，由于国际背景的风险投资机构与国际接轨的先天优势，相应风险企业治理状况总体上优于本土风险投资机构相应机制。近年来随着学习过程的加快、风险投资出资人的推动及有关政策法规的规范，本土风险投资机构的风险企业治理水平提高迅速，从而使我国风险企业治理机制专业水平整体上得到了较大提高。笔者曾于 2004 年 11 月至 2006 年 3 月期间对天津市、上海市 10 家主要风险投资机构进行了调研，当年的调研结果与现状的对比较好证明了有关进步，但与发达国家相比仍然存在出资人对风险投资家治理机制、风险投资机构对风险企业治理机制两方面的不足（具体关系及具体分析的机制见图 6.1）。

6.1.1 出资人对风险投资家的治理机制的状况

6.1.1.1 有限合伙制的治理机制

我国目前风险投资机构的法律形式主要为公司制，该状况与 2006 年调查结果相同,但原因却有了较大变化。

有限合伙制这种组织形式产生于 15 世纪意大利航海冒险事业,后成为风险投资等高风险高回报事业的主流组织形式。经过几百年的发展完善,有限合伙制形成了成熟的业绩激励、风险约束机制,许多约定如有限合伙人与普通合伙人利益分配等已成为行业惯例,其设立的交易成本相对较低。随着知识经济的兴起,有限合伙制因其出资者不得干预管理者日常经营管理的规定,使之成为物质资本与人力资本结合的有效法律架构。

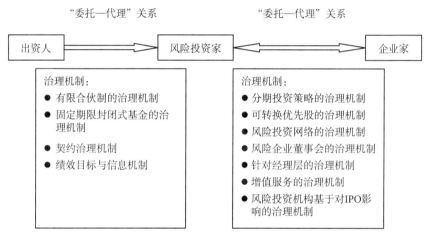

图 6.1　风险投资中的双重"委托—代理"关系以及相应治理机制

资料来源:作者整理。

我国在风险投资发展的早期,有限合伙制未能成为主要法律形式的原因在于1997 年 8 月 1 日起实施的《中华人民共和国合伙企业法》排除了有限合伙制形式,并且仅仅适合于自然人合伙企业,将企业与政府排除在外。其中第一章第二条明确规定:"本法所称合伙企业,是指依照本法在中国境内设立的由各合伙人订立合伙协议,共同出资、合伙经营、共享收益、共担风险,并对合伙企业债务承担无限连带责任的营利性组织"。第一章第五条规定"合伙企业在其名称中不得使用'有限'或者'有限责任'字样"。后为弥补我国风险投资机构的组织机制的不足,我国部分地区(如上海和北京),先后制定了地方性政策,允许在一定范围内设立合伙制风险投资企业。对外贸易经济合作部、科学技术部、国家工商行政管理总局、国家税务总局和外汇管理局于 2002 年 10 月 31 日联合颁布了《外商投资创业投资企业管理规定》，允许外资在华设立非法人制的风险投资机构，但影响范围有限，有限合伙制仍未得到较大范围推广。《中华人民共和国合伙企业法》（修订版）2007 年 6 月 1 日实施后，有限合伙制的合法性得到确认，但是证券、税收相关法律不配套成为有限合伙制实际运用的主要障碍。

我国目前风险投资机构可采取公司制、有限合伙制或信托制（原称"契约制"）三种法律形式。公司制较成熟，但可能存在出资人不当干预管理团队市场化运作的风险，且治理结构可能较复杂。此外，公司制基金需由基金公司缴纳所得税，无法满足免税投资者（如社保基金）的合理避税要求。根据《信托法》与《资金信托管理办法》，信托制基金需基金受托人（基金管理公司）持有信托牌照，该要求可能使拟设风险投资机构面临难以获得信托牌照与增加运营成本的两难选择。一方面，信托牌照审批难度极大，拟设风险投资机构独立获批信托牌照可能性极小；另一方面，通过信托公司设立风险投资机构，将由于信托成本导致风险投资机构运营成本的增加。世界范围内绝大多数风险投资机构采取有限合伙制形式。按照有限合伙规则，有限合伙人（基金出资人）不干预普通合伙人（基金管理人）的日常管理，有利于基金实行市场化运作，在激励约束机制等方面，有限合伙制基金已存在成熟行业惯例。根据我国《合伙企业法》，有限合伙制企业无须在合伙企业层面纳税，该企业形式有利于向免税投资者募集资金。

有限合伙制相关法律法规在当前阶段的不配套，限制了我国风险投资机构的选择。相应治理机制的缺失，制约了我国风险企业治理机制的总体效率的提高。

6.1.1.2　固定期限封闭式基金的治理机制

作为一种集合投资制度，风险投资基金的特性表现在固定期限性和封闭性，其中固定期限性对风险投资机构的经营者构成了治理机制。近年来我国新设立基金普遍设定了固定期限，这与 2006 年的调查结果差别较大。

2006 年调查的风险投资机构中，只有三家对其期限作出了明确约定，分别是 5 年、7 ~ 15 年和 10 年，平均约定期限为 8.7 年。对管理资金作出约定的风险投资机构仅占被调查机构的 30%，涉及的管理资金比例为 28.32%。该调查结果反映了我国风险投资早期发展的状况，由于对风险投资发展规律认识不足，大多数由国有背景企事业单位设立、拆分而形成的风险投资机构并未采取固定期限。随着我国风险投资行业的发展完善，近年来新设风险投资基金均设定了存续期限。典型的设定是"10＋2"模式，即基金存续期设定为 10 年，存续期满经投资人同意后可最多分 2 次逐次延长 1 年。在 10 年存续期又通常分为投资期和回收期，一般投资期和回收期各占一半，具体根据风险投资机构项目储备情况、项目退出所依赖的资本市场情况而约定。

我国风险投资行业当前已经处于业绩分化期，固定期限封闭式基金治理机制的建立，有利于出资人根据风险投资机构的历史业绩优化资源配置，从而利用"优胜劣汰"市场机制，促进风险投资行业健康发展。

6.1.1.3 契约治理机制

与国外合伙协议对风险投资机构的诸多限制相比，国内风险投资机构出资人提出的限制相对较少，但近年来与国际接轨趋势明显，即契约的完备性日渐提高。

在 2006 年调查的 10 家风险投资机构中，1 家没有明确限制，9 家有明确的限制。7 家机构出资人对"举债"（包括为风险企业的债务提供担保）进行了限制，6 家机构的出资人明确限制了"投资行业"，6 家机构出资人对"投资于股票、债券"进行了限制，4 家限制"对同一个风险企业投资规模"，3 家机构限制"LBO"，对"风险投资机构收益再投资"进行限制的机构有 1 家。所调查风险投资机构均未限制"同一风险投资机构不同基金之间共同投资"、"对本机构工作人员与风险投资机构共同进行投资"、"对贵机构发起新的基金或所管理的资金规模"、"对贵机构从事投资业务人员数量"。

考虑到调查时我国风险投资行业尚处于资金较少的阶段，一家风险投资机构管理多只基金的情况较少，由同一投资机构多只基金之间联合投资导致的"代理风险"尚未引起普遍关注，调查对象未对"同一风险投资机构不同基金之间共同投资"的限制比较客观地反映了我国风险投资行业发展的阶段性。"对本机构工作人员与风险投资机构共同进行投资"的限制主要保证风险投资机构工作人员不会以牺牲机构利益谋取个人利益，而"发起新的基金或所管理的资金规模"的限制和"从事投资业务人员数量"的限制则保证风险投资机构对风险企业进行治理时在时间资源方面的可行性。缺乏上述限制条款不利于保证防范相关道德风险以及投资人利益最大化的取得。

近年来，随着国内同一风险投资机构管理多只基金情况的出现，"同一风险投资机构不同基金之间共同投资"的限制已经成为相应情况下的标准条款。风险投资行业"对本机构工作人员与风险投资机构共同进行投资"的限制也得到广泛运用，比较规范的做法是或者禁止共同投资，或者对所有投资项目均进行投资。我国风险投资行业的资金规模自 2007 年以来快速增加，行业从业人员不足与行业资金规模急剧增加的矛盾日益突出，对"发起新的基金或所管理的资金规模"的限制和"从事投资业务人员数量"的限制日益受到风险投资机构出资人的关注。

契约治理机制在我国得到了较好的运用，但相对于风险投资行业快速发展的形势仍有进一步完善的空间。当前需密切关注风险投资行业发展过程中由于资金向历史业绩优良风险投资机构集中，而导致风险投资机构人力资本对于其管理资金规模的约束，适时合理对发起新的基金或所管理的资金规模进行限制，以及对从事投资业务人员数量进行限制。

6.1.1.4　绩效目标与信息机制

绩效目标是出资人对风险投资机构进行治理的客观依据，根据 Robbie，Wright 和 Chiplin（1997）对美国风险投资机构的研究，单一的目标最普遍（62% 的被调查风险投资机构设置该目标），少于 12% 的被调查风险投资机构设置了 2 个目标，仅有 14.5% 的被调查风险投资机构没有设置明确的目标。最被经常设置的目标是"投资收益率大于在其他类资产上投资收益率的一定百分比"，紧随其后的是特定的投资收益率。

2006 年调查的 10 家风险投资机构中，6 家没有被出资人设立明确的绩效目标；设立了一个目标的机构有 2 家，目标均为年度资本回报率；设立 2 个目标的机构有 2 家，目标组合分别是"具体的投资收益率 + 年度资本回报率"与"在给定时间内累计一定数量的现金 + 年度资本回报率"。

当前我国风险投资机构最被常设置的绩效目标是"年度投资回报率"，通常表示为 25% 的投资者投资内部收益率。与美国最经常被设置的目标"投资收益率大于在其他类资产上投资收益率的一定百分比"相比,"年度资本回报率"灵活性较小,难以反映宏观经济环境变化对行业收益率的影响。该指标的设定在一定程度与我国资本市场信息不透明、不同行业或资产投资收益率难以成为资本市场的一般信息有关。

健全的治理以完善的信息机制为前提,2006 年相关调研结果对今天仍有较强适用性。在 2006 年关于出资人了解风险投资机构的信息源调查中,每家机构平均有 3.9 个信息源。使用频率最高的信息来源是"年度财务报告",100% 投资机构选择年度财务报告作为信息来源;"亲自出任贵机构董事会的董事"是第二大信息来源,有 80% 的风险投资机构选择了该来源;70% 的风险投资机构选择了"半年财务报告";其余信息来源被选择的频率如下:"季度财务报告"50%、"要求机构管理层进行年度陈述或出资人直接访问风险投资机构"40%、"更加频繁地陈述或访问"10%、"向风险投资机构派驻工作人员"10%、"接触其他出资人以了解有关情况"10%;没有投资机构使用下列信息来源:"年度投资组合价值评估报告"、"半年投资组合价值评估报告"、"要求风险投资机构提供每笔交易的详细信息"、"经常性地接触被投资公司(即风险企业)以了解实际运营状况"。

与美国相比,我国风险投资机构出资人需要的信息源数量与美国多数风险投资机构相近,并且同样倚重年度财务报告、半年财务报告和季度财务报告,但是我国风险投资机构出资人更加重视通过参与董事会(或合伙人大会、咨询委员会、决策委员会)了解风险投资机构的运营。在主要信息来源中,被调查的风险投资机构出资人没有利用投资组合价值评估报告,这主要是因为我国缺乏权威的投资组合价值评估方法指引有关。

6.1.2 风险企业的治理机制状况

随着制度的完善与学习过程的深化,我国风险企业治理机制日渐成熟,与发达国家相应治理机制趋同,但网络治理机制需进一步增强,增值服务的重要性逐步凸显,风险投资家运用董事会的治理机制引致"治理过度"问题成为业内争议热点之一。

6.1.2.1　分期投资策略的治理机制

分期投资已成为我国风险投资行业标准策略。分期投资治理机制得以"自我实施"关键是满足了"参与约束"，即在风险投资家更好控制了风险的同时，企业家可因企业成长带来的估值增加而获得更低成本的私募股权融资。

国内风险投资机构在进行分期投资治理机制的进步还体现在风险投资机构对分期投资伴生风险的掌控上。针对无法介入后续融资轮次的风险，风险投资机构通常在投资协议中约定风险企业在后续融资轮次的投资优先权，这种权利通常通过增资权条款以及新股优先购买权条款体现。增资权条款主要赋予了风险投资机构在未来规定的时间内向风险企业以一个约定的价格再购买一定数量的股份的权利，该权利风险投资机构有权执行也有权不执行。新股优先购买权条款通常约定风险投资机构有权在新股发行时，有权以与其他投资者相同的价格与条件优先认购。针对不同投资轮次期间风险投资机构投资被稀释的风险，风险投资机构通常会在投资协议中约定反稀释的条款，该条款主要约定风险企业进行任何增资或新股发行，风险投资机构有权按股权比例参与增资或新股发行，以防风险投资机构现有股权份额被稀释。同时针对风险投资机构现有投资价值被稀释的风险，投资协议通常会约定除非风险投资机构书面同意，原则上风险企业未来融资的价格不得低于本轮融资的价格，即下轮融资前风险企业估值不得低于本轮融资后风险企业估值。

近年来我国风险投资额增长较快，2007 年更是出现了资金总量翻番的"井喷"状况，根据国外经验，预期我国分期投资的单轮投资额增加且轮次间时间间距缩短。

6.1.2.2　可转换优先股的治理机制

可转换优先股在我国风险投资中运用具备了法规依据，赎回条款的运用使得可转换优先股的治理机制呈现加强的趋势。

尽管可转换优先股在我国并无实质上的法律障碍，但因我国公司法未对优先股作出明确规定，且"同股同权"的观念根深蒂固，因此可转换优先股直到《创业投资企业管理暂行办法》发布后合法性才得到较大程度的确认。2006 年 3

月 1 日发改委、科技部、财政部、商务部、人民银行、税务总局、工商行政管理总局、银监会、证监会、外管局联合发布的《创业投资企业管理暂行办法》第十五条规定:"经与被投资企业签订投资协议,创业投资企业可以以股权和优先股、可转换优先股等准股权方式对未上市企业进行投资。"上述规定为可转换优先股的广泛使用提供了法规依据。

我国风险投资机构在进行投资时,通常在投资协议中约定赎回条款,该条款的约定能够增强可转换优先股的治理机制。

赎回条款约定风险投资机构对风险企业的投资交割一定年限后,风险投资机构有权要求风险企业赎回风险投资机构持有的股份,价格为风险投资机构持有的风险企业净资产、风险投资机构投资总额与投资期间按照一定年利率(通常为15%~20%)计算利息总额的和之间的高者。风险企业有义务在风险投资机构提出赎回要求时尽快支付赎回金额,如果风险企业在赎回时点的现金不足以支付,风险投资机构持有的股权将自动转化为一年到期的商业票据(利率可以约定),且在风险企业完成赎回前,风险投资机构有权利保持其在风险企业董事会等权力机构中的席位与权利。赎回条款旨在防止风险企业因业绩不佳而导致风险投资机构无法退出的风险,由于赎回成本较高,赎回行为会为风险企业经营带来较大风险,因此能够在保护风险投资机构利益的同时,激励风险企业提高经营业绩并防范经营风险。

6.1.2.3 风险投资网络的治理机制

随着从业人员的流动、行业组织的日益健全,以及联合投资的开展,我国风险投资的网络化程度有所增强,风险投资网络的治理机制初步建立。

根据国家发改委财政金融司的统计,截至 2010 年 9 月底,风险投资机构从业人员总数达 8605 人,较上年增加 1693 人,增长 24.49%。随着我国风险投资行业的快速增长,从业人员相应迅速增加,随着这些从业人员的流动,风险投资行业内部形成了以私人人脉关系为联结的信息网络,该网络在交换项目风险等方面发挥了较大作用。清科、投资中国等市场中介机构,以及各地风险投资行业协会、公会、促进会等半官方组织,为风险投资机构搭建了较好的沟通平台,已经成为我国风险投资行业重要的信息网络结点。

根据《中国创业风险投资发展报告（2010）》的统计，我国创业投资机构进行的联合投资主要集中于种子期项目，具体表现在 500 万元以下的投资区域集中了 41% 的投资项目。然而随着我国风险投资行业对投资项目竞争的加剧，联合投资对网络化的促进作用有所减弱。

6.1.2.4　风险企业董事会的治理机制

要求董事会席位一直是我国风险投资机构参与风险企业治理的重要途径，风险投资机构通常在投资协议中要求拥有一定数量的董事会席位，部分风险投资机构还约定了在"一人一票"投票规则下根据风险企业业绩调整董事会席位或者在董事会席位分配不变根据企业业绩改变董事会投票规则等条款，以提高风险投资机构参与风险企业治理的能力。

2006 年的调查显示，风险企业董事会的平均规模为 7.57 人，董事长一般由风险投资家之外的其他股东担任。调查对 10 家风险投资机构董事会对风险企业战略参与程度进行了定量研究，内容包括董事会对新战略制定的参与，以及董事会对既存战略决策执行状况评估的参与。量表采用 Fried 等（1998）对风险企业董事会进行研究的标准量表，包括"董事会对新战略制定的参与"与"董事会对既存战略决策执行状况评估的参与"两个子量表，每个子量表中各包括 7 个选项（见表 6.1）。表中选项 1～7 所代表的战略参与程度递增，对选项前数字的统计反映了风险投资机构董事会对风险企业战略参与的程度。

表 6.1　　　　　　　　　　　　风险企业董事会战略参与程度量表

请选择董事会对新战略制定的参与程度	请选择董事会对既存战略决策执行状况评估的参与程度
1. 董事会通常不参与制定战略	1. 董事会通常不对战略决策的执行过程进行监控
2. 战略建议由高层管理者提出，董事会只是批准该建议	2. 董事会通常在不提出任何问题的情况下接受高层管理者对既存战略的评估
3. 战略建议由高层管理者提出，但董事会对该战略建议提出探询性的问题，然后才批准战略建议	3. 董事会通常在提出探询性的问题后接受高层管理者对既存战略的评估
4. 战略建议由高层管理者提出，董事会通常对该战略建议提出探询性的问题，这些探询性的问题通常导致战略建议的修改	4. 董事会通常决定战略评估的时间和标准，但是有关评估的信息都是由高层管理者提供的，而且这些信息通常不会受到任何质疑

请选择董事会对新战略制定的参与程度	请选择董事会对既存战略决策执行状况评估的参与程度
5. 董事会通常在董事会会议上和高层管理者一起制定战略	5. 董事会通常决定战略评估的时间和标准，虽然有关评估的信息都是由高层管理者提供的，但是这些信息通常会受到董事会的质疑
6. 董事会不仅在董事会会议上和高层管理者一起制定战略决策，而且在两次会议之间也和高层管理者一起制定战略决策	6. 董事会通常决定战略评估的时间和标准，但是在收到高层管理者的战略决策执行报告后，董事会经常需要额外的补充信息
7. 董事会通常在没有高层管理者参与的情况下单独制定战略	7. 除了高层管理者的战略执行报告外，董事会通常独立地收集战略执行状况的信息

资料来源：Vance H. Fried, Garry D. Bruton, Robert D. Histrich. Strategy and the Board of Directors in Venture Capital-Backed Firms. Journal of Business Venturing, 1998, 13: 503.

10 家接受调查的风险投资机构的风险企业董事会对新战略制定的参与程度为中性，平均参与水平为 3.5，标准差为 1.62；对既存战略决策执行状况评估的参与水平为 4.1，标准差为 1.45。在 Fried 等（1998）的研究中，对新战略制定参与的水平为 5.32，标准差为 0.98，对既存战略决策执行状况评估的参与水平为 5.07，标准差为 1.18。对比表明，中国风险企业董事会战略参与水平总体上低于美国。

为了解被投资企业经营状况以及企业家在实际运营中表现出的能力水平，100% 的被调查风险投资机构选择"亲自出任风险企业董事会董事"作为信息途径；80% 选择了"年度财务报告"；选择"月度或者更频繁的财务报告"、"和其他投资人沟通信息"、"通过向被投资公司派驻工作人员直接了解有关信息"的风险投资机构均有 70%；60% 选择了"半年财务报告"；50% 选择了"要求被投资公司管理层每年进行一次陈述，或每年直接访问被投资公司一次"；40% 选择了"季度财务报告"；选择"要求被投资公司管理层每半年进行一次陈述，或每半年直接访问被投资公司一次"、"要求被投资公司管理层进行更加频繁的陈述或访问"的比率均为 30%。与国外风险投资机构相比，我国风险投资机构的一个独特而重要的信息源是"通过向被投资公司派驻工作人员直接了解有关信息"。此外，被调查的风险投资机构平均每年给投资组合中每家企业打 13.8 次电话，每次平均 13.3 分钟；平均访问风险企业 8.1 次，每次平均 70 分钟。据此测算，每家投资机构以上述方式沟通花费的总时间约为 750 分钟。与国外每年 724 分钟的总沟通时间相比，我国风险投资机构在沟通上花费的总时间略多。从沟通频率看，我国风险投资机构更加频繁，但是每次沟通时间更短。

6.1.2.5　针对经理层的治理机制

针对经理层的契约治理机制主要体现在投资协议或者劳动雇佣合同中的限制竞争条款上。除一般期权外，"对赌协议"作为一种特殊的期权在我国风险投资实务中产生了较大影响。

限制竞争条款旨在避免风险企业关键管理人员在离开风险企业后从事与本风险企业相竞争的业务。限制竞争条款一方面通过限制关键管理人员人力资本运用、加大其职业风险，避免了关键管理人员机会主义行为；另一方面限制了关键管理人员建立新的风险企业而加剧原风险企业竞争，保护了原风险企业的利益。

"对赌协议"在我国因永乐、蒙牛等投资案例而闻名。尽管具体约定有所不同，但"对赌协议"总体上指风险投资机构与风险企业股东、经理层约定，如果风险企业业绩高于某一标准，则风险投资机构向风险企业股东、经理层转让一定数量股份，若风险企业业绩低于某一标准，则由风险企业股东、经理层向风险投资机构转让一定数量股份。"对赌协议"作为一种价值调整机制，是风险投资机构认同企业发展战略情况下对企业经理层执行力的不确定性要求的风险补偿，本质上是根据企业未来实际经营业绩对企业估值作出的调整及利润边界的重新划分。"对赌协议"作为一种以企业经营业绩为行权条件的期权，在风险企业股东、经理层与风险投资机构之间建立了高度利益关联，有力地激励了蒙牛等优秀企业的经理层为企业快速成长而努力。然而同时也应当看到，"对赌协议"的设定应当符合企业实际情况，否则易造成企业盲目追求增长而陷于困境。

6.1.2.6　增值服务的治理机制

根据 2006 年调查结果，我国风险投资机构最经常提供的增值服务是：监控财务绩效、获得权益资本融资、监控运营绩效和同投资者集团进行沟通和协调，风险投资家平均参与上述四项内容的频率介于"和被投资企业管理团队参与程度相同"和"比被投资企业团队参与程度高"之间；参与频率介于"比被投资企业管理团队参与程度低"和"和被投资企业管理团队参与程度相同"之间的增值服务内容包括：充当企业家团队的参谋、获取债务融资的资源。风险投资家较少提供的增值服务包括：挑选供应商以及设备、联系顾客和分销商、开发产品或者服务的技术、开发实际的产品或者服务。其余内容见表 6.2。与 MacMillan 等（1988）采用相同量表的研究结果比较，我国提供增值服务的频率总体上较低。在风险投资家最经常提供的增值服务内容上，被调查的风险投资机构与美国的风险投资机构基本相同。由于风险投资家可以通过与企业家互动降低信息不对称的程度，通过影响企业家的决策对控制权进行动态分配，并且可以利用风险投资家特有的人力资本获得治理的权利，所以增值服务水平偏低不利于增值服务治理机制的实现。

近年来随着风险投资行业竞争加剧以及投资阶段前移，风险投资机构提供的增值服务有所增加。在风险企业选择风险投资机构时，风险投资机构提供增值服务的能力越来越被风险企业看重。但总体上看，由于风险投资行业从业人员数量伴随着行业资金规模的高增长而高增长，而从业人员素质难以在短期内整体迅速提高，因此增值服务水平尚存大幅提高的潜力。

表 6.2　　　　　　　　　　对我国风险投资机构增值服务调查的结果

增值服务内容	均值	标准差	增值服务内容	均值	标准差
1. 物色风险企业管理团队的候选人	1.60	0.80	11. 挑选供应商以及设备	0.20	0.4
2. 面试和挑选风险企业管理人员	0.70	1.00	12. 制订市场营销计划	0.50	0.67
3. 同管理团队候选人就雇佣条款进行谈判	0.80	1.08	13. 测试和评价市场营销计划	0.60	0.66
4. 同投资者集团进行沟通和协调	3.09	1.76	14. 联系顾客和分销商	0.30	0.46
5. 为风险企业建立专业的支持群体（如财务、营销）	1.40	1.06	15. 监控财务绩效	3.20	1.08
6. 获取债务融资的资源	2.10	0.94	16. 监控运营绩效	3.10	1.22
7. 获得权益融资的资源	3.20	1.32	17. 充当企业家团队的参谋	2.60	1.62
8. 制定商业战略	1.60	1.02	18. 激励风险企业人员	1.30	1.35
9. 开发实际的产品或者服务	0.40	0.49	19. 更换、解雇管理团队成员	1.20	1.08
10. 开发产品或者服务的技术	0.30	0.46	20. 处理风险企业的危机和麻烦	1.70	1.35

资料来源：作者整理。

6.1.2.7　风险投资机构基于对 IPO 影响的治理机制

尽管国外有大量关于风险投资机构对风险企业上实现上市所需时间、上市时间窗口选择、上市费用影响的研究，但国内由于创业板开办时间尚短、本土风险投资机构尚处分化期，还没有研究明确证明声誉卓著的风险投资机构能够缩短风险企业上市时间、选择更优的上市时间窗口并降低风险企业上市费用。然而，随着我国风险投资行业的发展以及创业板市场成熟，风险投资机构基于对 IPO 影响的治理机制必然会建立并完善，进一步促进我国风险企业的治理机制。

6.2

我国风险投资治理机制存在的问题

我国风险投资经过十余年的快速发展，风险企业的治理机制不断完善，微观层面治理机制的制度框架已基本构建完成，具体治理机制的可操作性不断增强，当前存在的主要问题主要在于制度系统性的缺乏、高度竞争的风险投资产业环境、风险企业治理文化的不成熟对风险企业治理机制的效果与效率产生了一定程度的制约。

6.2.1　制度系统性的欠缺对有关治理机制的建设形成了制约

自 1999 年以来，我国关于风险投资制度环境的改善持续而有序地进行，并取得了巨大进展（见表 6.3）。在法律层面，我国颁布了信托法，修订了证券法，公司法，合伙企业法，企业所得税法。为风险投资基金的法律形式、风险企业上市以及风险投资机构享受税收优惠奠定了基础。在行业法规层面，我国制定了创业投资企业管理暂行办法，科技型中小企业创业投资引导基金管理暂行办法，关于创业投资引导基金规范设立与运作的指导意见，关于加强创业投资企业备案管理严格规范企业投资企业私募行为的通知，关于实施新兴产业创投计划、开展产业技术研究与开发资金参股设立创业投资基金试点工作的通知以及国家发展改革委办公厅关于进一步规范试点地区股权投资企业发展和备案管理工作的通知等，规范了风险投资行业运作及管理。在税收优惠政策方面，关于外商投资创业投资公司缴纳企业所得税有关税收问题的通知、关于促进创业投资企业发展有关税收政策的通知、关于执行企业所得税优惠政策若干问题的通知、关于实施创业投资企业所得税优惠问题的通知、关于实施创业投资企业所得税优惠问题的通知以及高新技术企业认定管理办法的发布，使风险投资机构享受到了切实的税收优惠。中小企业板、中关村代办股份转让试点以及创业板的启动，使风险投资所赖以生存的多层次资本市场得以完善。外商投资创业投资企业管理规定，国家外汇管理局关于境内居民通过境外特殊目的公司融资及返程投资外汇管理有关问题的通知，关于外商投资创业投资企业、创业投资管理企业审批事项的通知，外国企业或者个人在中国境内设立合伙企业管理办法的实施，则使我国涉外风险投资制度总体上得以建立。

表 6.3 我国风险投资相关制度及其主要内容

序号	制度名称	通过、审批、发文时间	实施时间	主要相关内容
1	《关于建立风险投资机制的若干意见》	—	1999 年 11 月 16 日	明确发展风险投资重要意义，提出指导、规范我国风险投资发展的基本原则
2	《中华人民共和国信托法》	2001 年 4 月 28 日	2001 年 10 月 1 日	明确了委托人和受托人之间的法律关系，为风险投资发展提供依据
3	《中华人民共和国中小企业促进法》	2002 年 6 月 29 日	2003 年 3 月 1 日	提出通过税收政策鼓励各类依法设立的风险投资机构增加对中小企业的投资
4	《外商投资创业投资企业管理规定》	2002 年 10 月 31 日	2003 年 3 月 1 日	为鼓励、规范外国公司、企业和其他经济组织和个人从事创业投资提供管理依据
5	《关于外商投资创业投资公司缴纳企业所得税有关税收问题的通知》	2003 年 6 月 4 日	2003 年 3 月 1 日	为外商投资创业投资企业组建为法人及非法人的创投企业明确了有关税收问题
6	《深圳证券交易所设立中小企业板块实施方案》	2004 年 5 月 17 日	2004 年 5 月 17 日	国务院、证监会批准中小企业设立
7	《中小企业板块交易特别规定》	2004 年 5 月 19 日	2004 年 5 月 19 日	规范中小板上市公司信息披露，强化对中小板上市公司信息披露监管
8	《中小企业板块证券上市协议》	2004 年 5 月 19 日	2004 年 5 月 19 日	制定了深交所与中小板上市公司之间的标准协议

续表

序号	制度名称	通过、审批、发文时间	实施时间	主要相关内容
9	深圳中小企业板启动	—	2004 年 5 月 27 日	为中小企业上市提供了新通道
10	《国家外汇管理局关于境内居民通过境外特殊目的公司融资及返程投资外汇管理有关问题的通知》	2005 年 10 月 21 日	2005 年 11 月 1 日	明确境内创投项目通过设立海外特殊目的公司上市时跨境资本交易采取登记制及具体办法，方便境内创投项目海外上市
11	《关于促进创业投资企业发展有关税收政策的通知》	—	2006 年 2 月 7 日	对投资支持中小高新技术企业的创业投资企业给予税收优惠
12	《创业投资企业管理暂行办法》	2005 年 9 月 7 日	2006 年 3 月 1 日	规范创业投资企业经营范围、投资行为，明确备案管理有关事宜
13	《中华人民共和国公司法》（修订版）	2005 年 10 月 27 日	2006 年 1 月 1 日	大幅降低公司设立标准，允许设立一人有限责任公司，大幅降低工业产权、非专利技术出资比例要求，允许注册资本分期到位，取消公司对外投资一般限制，促进了公司制创投机构设立
14	《中华人民共和国证券法》（修订版）	2005 年 10 月 27 日	2006 年 1 月 1 日	降低了上市公司资本规模要求，对营利性不再做硬性要求，有力支持了创投项目上市
15	《代办股份转让系统中关村非上市公司转让办法》	—	2006 年 1 月 17 日	规定了代办股份转让职责分工、业务流程、信息披露、终止挂牌、违规处理等
16	中关村代办股份转让试点启动	—	2006 年 1 月 16 日	开创性地进行了我国三板市场局部试点
17	《中华人民共和国合伙企业法》（修订版）	2006 年 8 月 27 日	2007 年 6 月 1 日	增加了"有限合伙"制度，扩大了合伙人范围，明确了合伙企业不缴纳所得税，奠定了我国有限合伙制创投机构的法律基础
18	《中华人民共和国企业所得税法》（修订版）	2007 年 3 月 16 日	2008 年 1 月 1 日	明确从事国家需要重点扶持和鼓励的创业投资可按一定比例抵扣应纳税所得额
19	《科技型中小企业创业投资引导基金管理暂行办法》	—	2007 年 7 月 6 日	开展设立科技型中小企业创业投资引导基金，支持引导创业投资机构向初创期科技型中小企业投资
20	《关于创业投资引导基金规范设立与运作的指导意见》	—	2008 年 8 月 18 日	对创业投资引导基金的资金来源、运作方式、管理监管等方面提出指导意见

序号	制度名称	通过、审批、发文时间	实施时间	主要相关内容
21	《高新技术企业认定管理办法》		2008 年4 月 14 日	进一步严格明确了高新技术企业认定，为创投企业选择高新技术中小企业投资进而享受税收优惠提供了依据
22	《关于执行企业所得税优惠政策若干问题的通知》	2009 年4 月 24 日	2008 年1 月 1 日	对《所得税法实施条例》第九十七条相关对未上市中小高新技术企业投资的发生时间、中小高新技术企业概念及认定时间进行了明确
23	《关于实施创业投资企业所得税优惠问题的通知》	2009 年4 月 30 日	2008 年1 月 1 日	对合伙企业、外商投资创业投资企业等有关问题明确了税收优惠政策
24	《关于外商投资创业投资企业、创业投资管理企业审批事项的通知》	—	2009 年3 月 5 日	对总投资 1 亿美元以下的外商投资创业投资企业、创业投资管理企业的审批权限下放
25	《关于加强创业投资企业备案管理严格规范企业投资企业私募行为的通知》	—	2009 年7 月 10 日	进一步明确创投备案条件，禁止以"募集有限合伙基金"和"从事代理业务"等名义进行非法集资
26	《关于实施新兴产业创投计划、开展产业技术研究与开发资金参股设立创业投资基金试点工作的通知》	—	2009 年10 月 29 日	扩大产业技术研发资金创业投资试点，推动利用国家产业技术研发资金，参股设立创业投资基金试点工作
27	《外国企业或者个人在中国境内设立合伙企业管理办法》	2009 年12 月 2 日	2010 年3 月 1 日	规范外国企业或个人在中国设立合伙企业基本条件、登记机关、出资货币、变更、注销等
28	《首次公开发行股票并在创业板上市管理办法》		2009 年5 月 1 日	明确了创业板 IPO 发行条件、发行程序、信息披露、监督管理和法律责任等
29	《深圳证券交易所创业板股票上市规则》	—	2009 年7 月 1 日	制定了深交所创业板上市有关问题细则
30	创业板启动	—	2009 年10 月 23 日	为创业投资建立了最主要的推出渠道，极大促进我国风险投资事业的发展
31	《关于修改〈证券登记结算管理办法〉的决定》	2009 年11 月 20 日	2009 年12 月 21 日	扩大可登记结算的投资者范围，将合伙企业纳入投资者

序号	制度名称	通过、审批、发文时间	实施时间	主要相关内容
32	《关于豁免国有创业投资机构和国有创业投资引导基金国有股转持义务有关问题的通知》	—	2010年10月13日	明确豁免国有创业投资机构和国有创业投资引导基金国有股转持义务，并规定了有关资质、申报材料和申报程序
33	《关于进一步规范试点地区股权投资企业发展和备案管理工作的通知》	—	2011年1月31日	规范股权投资企业备案试点地区股权投资企业的设立、资本募集、投资、风控、股权投资机构管理职责、信息披露、备案及监管原则

资料来源：参照《中国创业风险投资发展报告（2010）》有关内容由作者搜集整理。

在我国风险投资制度体系不断完善的同时，制度体系系统性的缺乏，阶段性地制约了风险企业治理机制，对风险企业治理机制产生了不利影响。风险投资制度体系系统性缺乏导致的问题，阶段性地反映在证券制度、税收优惠制度对有限合伙制度的制约，创业板推出的滞后、"国有股转持"对国有风险投资事业的总体制约。

2007年修订版合伙企业法的实施为我国有限合伙制企业设立奠定了法律基础，近年来我国有限合伙制风险投资机构的数量有所增加，但仍未成为我国风险投资机构的主要法律形式，其主要原因之一是2007～2009年间证券制度、税收优惠制度与有限合伙制度不配套。《证券法》第一百六十六条规定："投资者申请开立账户，必须持有证明中国公民身份或者中国法人资格的合法证件。国家另有规定的除外"，原《证券登记结算管理办法》第十九条则规定："投资者开立证券账户应当向证券登记结算机构提出申请"，在国家当时尚无其他规定的情况下，根据《证券法》第一百六十六条能够开立账户的只能是我国的自然人和法人，这就造成既非自然人又非法人的有限合伙制风险投资机构难以开立证券账户进而实现投资的退出，进而反过来降低了风险投资企业设立为有限合伙制的意愿、消极地影响了有限合伙制治理机制的实现。2009年11月20日，关于修改《证券登记结算管理办法》的决定正式发布并于当年12月21日施行，有限合伙制风险投资机构因无法开立证券账户而导致无法变现投资的问题才得以解决，其间天津同创在蓝色光标上市前；达晨财富、创东方安盈在网宿科技上市前，不得不因其合伙企业性质而将投资分别转让给相关自然人和法人，较大程度地增加了有限合伙制风险投资机构的交易成本。有限合伙制在税收方面的劣势也是制约其发展的重要因素之一，我国《合伙企业法》第六条规定："合伙企业的生产经营所得和其他所得，按照国家有关税收规定，由合伙人分别缴纳所得税"，按照上述规定合伙企业不是纳税主体，这样有限合伙制风险投资机构就无法享受我国针对风险投资行业的税收优惠政策。

创业板不仅是实现风险投资退出的重要基础制度，而且是风险投资机构实现基于IPO的治理机制的必要条件。如果从2000年4月底中国证监会向国务院报送《关于支持高新技术企业发展设立二板市场有关问题的请示》，建议由深交所尝试建设我国的二板市场开始计算，由2000年开始的"出台在即"、"延后推出"、"遥遥无期"、再次"出台在即"，创业板在风险权衡、制度选择的争论中直至2009年10月23日才正式启动，我国创业板的推出比风险投资大发展的开端整整滞后了九年半。尽管我国多层次资本市场建设卓有成效，有关部门及社会各界也付出了巨大努力，但应当看到我国风险投资行业在近10年的时间中因没有创业板，所付出的机会成本也是高昂的。因没有创业板，仅2005~2008年就有121家VC/PE支持的国内企业赴海外上市，造成了大量风险企业上市资源的流失，同时考虑到本土风险投资机构相对于国际背景风险投资机构在运作海外上市方面的先天劣势，我国本土创业投资机构的发展在该期间受到一定程度的压抑，这都对风险企业治理机制的完善产生了一定的不利影响。

2009年6月19日，国家有关部门联合发布《境内证券市场转持部分国有股充实全国社会保障基金实施办法》，给中国国有风险投资机构发展带来了巨大影响。按照股票首日上市开盘价计算，截至2010年5月31日国有风险投资机构累计划转16笔，市场价值达7.54亿元；中小板市场已划转或暂未划转的国有风险投资35笔，市场价值达15.96亿元，特瑞德股东青岛市崂山区科技风险投资有限公司、威创股份股东广州市科技创业投资有限公司等国有风险投资机构股本被全部划转。国有股转持政策"误伤"国有风险投资机构，严重影响了我国国有风险投资业发展，阻碍了我国风险投资机构基于IPO影响的治理机制完善。以2010年3月为界，之前创业板58家上市公司股东中国有风险投资机构投资上市15

笔，之后至 6 月底上市的 32 家公司股东中国有风险投资机构投资上市仅 2 笔，国有风险投资参与风险企业创业板 IPO 程度大幅降低。2010 年 10 月 13 日《关于豁免国有创业投资机构和国有创业投资引导基金国有股转持义务有关问题的通知》发布实施，国有风险投资机构国有股转持问题才得以解决。

对我国风险投资制度建设的历史回顾可以看出，我国风险投资制度建设是积极而富有成效的，对待发展进程中出现的问题，有关部门的态度是积极而富有建设性的，但在某些细节上制度建设系统性的欠缺也使我国风险投资事业及风险企业治理的建设付出了较高的机会成本。

6.2.2　风险投资行业对投资项目竞争加剧导致治理弱化

尽管我国多数针对风险企业的治理机制具备了制度基础，但在具体投资案例中具体治理机制的设置却是风险投资家与企业家谈判的结果。近年来我国风险投资行业高速增长，而可上市资源却日渐稀少，风险投资行业对投资项目竞争加剧导致了风险投资家在与企业家谈判过程中逐渐处于弱势地位，客观上形成了治理弱化的趋势。

1999～2009 年，中国风险投资资金总额由 306.2 亿元增长到 1605.1 亿元，风险投资机构总数由 118 家增加到 576 家，十年间年均环比增长率分别为 13.28% 和 17.18%。而根据证监会的统计，相应时期我国企业境内外上市家数由 995 家增加到 1877 家，截至 2011 年 4 月底更是达到 2340 家。一方面是我国风险投资供给的增加；另一方面是我国优质后备上市企业资源的减少，两个方面的结合必然导致风险投资行业对投资项目竞争的加剧。根据《中国创业风险投资发展报告（2010）》的统计，2003～2009 年我国风险企业实收资本规模总体比较稳定的情况下，风险投资的单项强度不断走高，所占的股权比例却在下降，这说明我国风险投资的价格在总体上有所提高，风险投资供需状况很可能正在由早期的"供不应求"向"供大于求"的方向转变。

除投资价格外，风险投资机构在投资过程中对风险企业设置治理机制的难度逐渐提高，诸如"在董事会中对重大事项拥有一票否决权"、"向风险企业派驻财务总监"等早期比较强势的条款，近年来已难觅踪影，增值服务由原来的"激励因素"向"保健因素"方向转变，可转换证券投资工具可能被企业家一口回绝，因多家风险投资机构追逐同一风险企业而导致风险企业漫天要价几乎成为普遍现象。根据《中国创业投资发展报告（2002）》与《中国创业风险投资发展报告（2010）》对风险投资机构项目监管方式的统计，2002 年 80.5% 在风险投资机构选择"参加董事会"、64.2% 选择"提供管理咨询"、38.2% 选择"派驻管理人员"、32.8% 选择"派驻财务人员"、2.0% 选择"基本不提供服务"、13.8% 选择"其他服务"，2010 年 33.3% 的风险投资机构选择"提供管理咨询"、31.2% 选择"董事会席位"、约 25% 选择"财务咨询"、约 10.0% 选择"只限监管"、约 2% 选择"其他"。对比 2002 年与 2009 年的统计结果，2009 年风险投资机构对风险企业治理的治理强度明显低于 2002 年，具体变现在参与董事会比例的降低及该种监管方式相对重要性的下降、派驻管理人员与派驻财务人员作为主要监管方式的消失。

风险投资行业对投资项目竞争的加剧需要风险投资机构实施差别化竞争策略，需要行业中介组织与行业自律组织进行风险投资行业结构整合，否则风险投资行业的无序竞争导致的治理机制弱化最终将增加整个行业的风险，并最终危及整个行业的持续快速发展。

6.2.3　国内风险投资业建立"适度治理"的治理文化已成为当前紧迫任务

风险投资行业是人力资本与物质资本结合的典型，出资人与风险投资家、风险投资家与企业家之间人力资本与物质资本最佳结合是实现风险投资机构、风险企业实现自身长期利益最大化的必要条件，在该条件下的治理状态称为"适度治理"。"适度治理"的核心是在当事人利益相容的前提下，权力的分配与各利益相关方的人力资本与物质资本状况相匹配。

回顾我国风险投资行业大发展的 10 余年时间，"适度治理"始终是一个重要课题，其间不乏因治理不足、治理过度导致失败的案例，业内有限合伙人与普通合伙人之间权限纷争、董事会与管理层之间的内耗情况并不鲜见，归根结底还是我国风险投资行业对于什么事情应该由谁管、管到什么程度缺乏统一的思想认识，关于治理的成熟价值观体系即治理文化还滞后于行业资金与业务规模的扩大。

长期以来我国物质资本至上的观念根深蒂固，企业出资人理所当然地认为应当享有企业控制权，上述观念已经成为制约我国有限合伙制风险投资机构推广的重要原因之一。我国《合伙企业法》第六十七条规定："有限合伙企业由普通合伙人执行合伙事务。执行事务合伙人可以要求在合伙协议中确定执行事务的报酬及报酬提取方式"，第六十八条规定："有限合伙人不执行合伙事务，不得对外代表有限合伙企业。有限合伙人的下列行为，不视为执行合伙事务：（一）参与决定普通合伙人入伙、退伙；（二）对企业的经营管理提出建议；（三）参与选择承办有限合伙企业审计业务的会计师事务所；（四）获取经审计的有限合伙企业财务会计报告；（五）对涉及自身利益的情况，查阅有限合伙企业财务会计账簿等财务资料；（六）在有限合伙企业中的利益受到侵害时，向有责任的合伙人主张权力或者提起诉讼；（七）执行事务合伙人怠于行使权力时，督促其行使权力或者为了本企业的利益以自己的名义提起诉讼；（八）依法为本企业提供担保。"按照我国合伙企业法的上述规定，作为出资人的有限合伙人不得执行除法律规定外的合伙事务，即有限合伙人不得干预普通合伙人对合伙企业的日常经营管理，但是由于物质资本至上的观念，我国有限合伙企业有限合伙人却存在不当干预合伙事务的情形，在已设立的有限合伙企业中甚至出现了有限合伙人与普通合伙人的权限纷争，甚至导致有限合伙制风险投资基金提前解散。

我国风险投资机构对风险企业治理不当主要原因有二：一是风险投资机构以投资退出为核心的短期利益最大化与企业长期利益最大化之间目标的冲突；二是风险投资机构在自身并不具备必要人力资本的条件下对风险企业治理权力的不当使用。

在永乐电器、港湾网络等投资案例中，风险投资机构为了尽快上市获取资本增值收益，不当激励企业高速成长从而尽快上市变现投资，这种短期利益导向式的"拔苗助长"最终导致企业失败，损害了企业的长期利益。2005年1月，风险投资机构与永乐电器签订的"对赌协议"，核心内容是永乐电器在2007年（如遇不可抗力，可延至2008年或2009年）扣除非核心业务（如房地产）利润后盈利如果高于7.5亿元（人民币，下同），投资人向管理层割让4697万股；利润介于 6.75 亿元和 7.5 亿元之间无需进行估值调整；利润介于 6 亿元和 6.75 亿元之间，管理层向投资人割让 4697 万股；利润低于 6 亿元，则管理层割让的股份达到 9395 万股，占到永乐上市后总股本（不计行使超额配股权）的约 4.1%。上述"对赌协议"无疑是对永乐电器的构成加速成长的强激励，但是从整个家电连锁行业的发展阶段以及永乐自身的扩张速度判断，仅靠内生资源进行扩张，永乐电器的净利润水平几乎不可能达到"对赌协议"的要求。为了不向风险投资机构转让股份而失去绝对控股权，永乐管理层一改"重利润轻扩张"的稳健策略，试图通过并购实现快速成长，但最终却因急于求成而导致整合与管理等成本上升，降低了自身的盈利能力并最终输掉了"对赌协议"，损害了企业长期利益的最大化。在港湾网络的案例中，急于上市的港湾网络进入了非理性扩张，在不能保证质量的情况下盲目扩大产品线，并与在市场、人才方面对华为展开了挑战并招致华为激烈的反击，最终被华为收购。

除风险投资机构与风险企业利益导向分歧造成的治理问题外，风险投资机构在自身人力资本不足情况下对风险企业经营管理的强势干预是另外一个主要治理问题。亚信这个将互联网引入中国的信使，凭借其在互联网基础设施建设开拓者的地位而赢得无数赞誉，更是成为国内第一家在纳斯达克上市的信息技术企业。然而在早期形成的辉煌的光环笼罩下，上市后却在包括风险投资家在内的强势董事会的干预下，在信息服务、多元化发展等战略之间摇摆不定，先后错失搜索引擎、门户网站、短信业务、与外国厂商合作等发展机遇，最终未能充分利用先发优势获得更大的发展，并在风险投资业内引发风险投资家"参政议政"的争论。

综上所述，我国风险企业微观治理机制日趋完善，影响微观治理机制效率与效果的主要是宏观制度层面法律法规非系统性，以及中观风险投资行业对投资项目竞争加剧导致的治理弱化、风险投资行业治理文化的不成熟。

6.3

针对我国风险企业治理机制的有关建议

根据我国风险企业治理机制状况及存在问题的分析，本书提出针对我国风险企业治理机制的三点建议，具体包括进一步增强制度系统性以完善风险企业治理有关机制、继续完善专业服务功能提高行业信息透明度、大力培育 "适度治理" 的风险企业治理文化。

6.3.1　进－步增强制度系统性继续完善风险企业治理有关机制

增强风险企业治理机制相关制度系统性，具体内容包括当前争取努力解决有限合伙制风险投资机构因不是纳税主体而无法享受税收优惠政策的问题、信托制风险投资机构的信托牌照问题以及风险投资无法利用可转换债券投资工具的问题，未来积极推出三板市场，并在制定有关法律、法规、政策的过程中全面考虑到风险投资相关问题，争取有关制度一次性全面推出，消除或尽量降低因制度推出不系统而导致的制度成本。

为促进风险投资事业发展，2006 年 2 月财政部、国家税务总局先后发布了《关于促进创业投资企业发展有关税收政策的通知》、《关于执行企业所得税优惠政策若干问题的通知》、《关于实施创业投资企业所得税优惠问题的通知》，明确凡符合特定条件的风险投资企业采取股权投资方式投资于未上市中小高新技术企业 2 年（24 个月）以上，可以按照其对中小高新技术企业投资额的 70%，在股权持有满 2 年的当年抵扣该风险投资企业的应纳税所得额，当年不足抵扣的，可以在以后纳税年度结转抵扣。上述规定对我国风险投资业产生了极大的促进作用，然而我国《合伙企业法》第六条规定："合伙企业的生产经营所得和其他所得，按照国家有关税收规定，由合伙人分别缴纳所得税"，按照上述规定，合伙企业不是纳税主体，有限合伙制风险投资机构就无法享受我国针对风险投资行业的税收优惠政策。因此，建议我国税务主管部门出台补充通知，使有限合伙制风险投资机构能够享受到有关税收优惠政策，促进有限合伙制风险投资机构的发展，拓展有限合伙制治理机制在我国风险投资业的应用范围。

公司制、有限合伙制与信托制是我国风险投资机构三种可利用的主要法律形式，相比于公司制、有限合伙制的发展，信托制却因信托牌照难以获得而在实务中可行性较小。根据《信托法》与《资金信托管理办法》，信托制基金需基金受托人持有信托牌照，而信托牌照审批难度较大，这限制了信托制风险投资基金的发展，迄今为止国内较有影响的信托制私募股权投资基金仅有渤海产业投资基金。建议有关部门在必要时出台有关管理办法，向信托制私募股权投资基金的受托人颁发特殊信托牌照，促进信托制风险投资基金的发展。

除可转换优先股外，可转换债是风险投资机构经常利用的一种投资工具，多见于杠杆收购等项目。与股权相比，债权具有优先破产清偿次序且更容易被企业所接受，在风险投资行业竞争日趋激烈的环境下，可转换债券是风险投资机构争取投资项目并更好控制投资风险的有力金融工具。然而根据我国商业银行法、贷款通则以及债券管理规定，风险投资机构并无向企业提供贷款的权力，且不具备通过债券向企业提供债权融资的条件，这在一定程度上限制了可转换债在我国的运用，减少了风险企业治理工具的选择范围。

2009 年 10 月创业板的启动，对于完善我国风险投资商业模式、推动基于IPO 的风险企业治理机制具有里程碑式的重大意义。对比我国建设多层次无缝对接资本市场的蓝图，在现有代办股份转让试点的基础上适时推出三板市场已成必然，建议有关方面在扩大代办股权转让试点、推出三板市场并出台相关政策的过程中，充分吸取创业板市场推出滞后时间较长、证券登记制度不配套、股权转持政策未考虑国有风险投资机构等教训，增强制度建设的系统性，对于该过程中确实难以预见的问题，建立有关部门更快作出反应，以免对行业总体发展以及风险企业的治理造成不利影响。

6.3.2 加强对风险投资行业专业化发展的引导以降低行业总体竞争强度

伴随着我国风险投资资金总量的增长、风险投资机构的增加，行业的总体回报率呈现逐年下降的趋势，根据清科集团的统计，2009 年创业板风险投资的平均账面回报率为 17.22 倍，2010 年为 12.13 倍，2011 年为 8.02 倍，与此同时，各风险投资机构的产品高度同质化。上述特征表明，我国风险投资行业已经进入成熟期，针对行业周期所造成的竞争强度增加，我国应引导风险投资机构进行差别化竞争，避免因策略趋同、竞争加剧导致的治理弱化。

从欧美风险投资发展的历史经验看，我国风险投资行业实现竞争差别化的选择包括投资阶段差别化、投资模式差别化、投资行业、交易类型或技术领域集中化。投资阶段差别化主要指投资阶段前移；投资模式差别化主要指开展技术转移投资，由注重技术创新到技术与商业模式创新并重；投资行业、交易类型或技术领域集中化指风险投资机构将主要投资对象集中于特定行业、特定技术领域，或者集中于 REITs、PIPE、不良资产收购等特殊交易类型，从而成为特殊类型的创业投资基金。

私募股权基金的本质之一就是在不断变化的市场环境中创造性地发掘盈利机会。中国经济发展路径的独特性为私募股权投资基金不断创新提供了基本的条件。国际化、工业化、城镇化、市场化等过程蕴藏着私募股权投资基金的广阔发展空间。若政府能够给予必要的政策支持及引导，风险投资基金的资源配置必然能够在新的领域实现新的优化。

6.3.3　大力培育"适度治理"的风险企业治理文化

回顾我国风险投资行业大发展的 10 余年时间，"适度治理"始终是一个重要课题，其间不乏因治理不足、治理过度导致失败的案例，业内有限合伙人与普通合伙人之间权限纷争、董事会与管理层之间的内耗情况并不鲜见，归根结底，还是我国风险投资行业对于什么事情应该由谁管、管到什么程度缺乏统一的思想认识，关于治理的成熟价值观体系即治理文化还滞后于行业资金与业务规模的扩大。

风险投资机构以获取股权投资的资本增值为目标，投资期限与收益率直接相关，尽快实现投资的获利退出是风险投资机构的根本诉求。然而企业发展有自身规律，企业实现增长必须同产品质量控制、营销体系的健身、财务运营的能力等相适应，也必须与外部市场环境相契合，如果企业在增长的过程中忽略了内外部的平衡，增长必然不会持续，而风险投资机构一味追求增长的做法则无异于拔苗助长。因此风险投资机构必须注重企业增长的可持续性，坚持协助企业练好内功，在实现企业长期利益最大化的前提下实现自身利益的最大化。从风险企业的角度看，避免该问题的主要途径之一是要在引入风险投资时要同风险投资机构充分沟通，就风险企业的成长路径形成一致意见。

长期以来我国物质资本至上的观念根深蒂固，企业出资人理所当然地认为应当享有企业控制权。风险投资机构在不具备适当知识、经验的条件下，干预本不该由风险投资机构干预的企业运营问题，往往会导致"好心办坏事"，最终影响了企业正常的发展与运作，也会导致自身经济利益的损失。风险企业作为物质资本和人力资本结合的典型，应当充分利用人力资本在控制权分配中的作用，即谁在具体问题上拥有更多的人力资本，谁就应当拥有决策权，谁了解情况就听谁的。一味强调物质资本的强势地位，必然会扰乱企业家的风险企业战略决策及执行，使企业运营脱离市场、错失战略机遇或者造成战略执行层面的混乱，严重的情况下会导致风险企业的失败。

因此，加强适度治理的风险企业治理文化已成为加强我国风险企业治理的迫切需求。适度治理要求风险投资家、企业家充分尊重彼此的人力资本，根据双方的人力资本状况动态地分配企业控制权，充分发挥人力资本在治理中的作用。在制度层面，行业协会可组织制定《风险企业公司治理指引》，引导风险企业当事人树立正确的治理价值观念；在构建风险企业董事会时，应当在席位安排上充分考虑引入在不同领域具有专长的人，并适当引入独立董事以便在风险投资家、企业家有关决策出现分歧时能够得到独立第三方判断的支持；在风险投资机构内部，应当对参与风险企业决策的情况进行后续评价，并根据结果对参与治理的方式作出奖惩及修正。

风险投资在我国已经快速发展的 10 年，在风险企业治理上也积累了一定经验，但在风险企业治理上总体上还处于学习曲线的早期。及时总结相关经验、教训，促使整个行业对于如何适当参与风险企业治理形成明确及一致的认识，具有重要意义。随着我国风险企业治理文化的建设，"适度治理"必将能够提高我国风险投资的成功率，进一步促进整个行业的健康、快速发展。

附录1

国务院办公厅转发科技部等部门
关于建立风险投资机制若干
意见的通知

国办发〔1999〕105号

各省、自治区、直辖市人民政府，国务院各部委、各直属机构：

科技部、国家计委、国家经贸委、财政部、人民银行、税务总局、证监会《关于建立风险投资机制的若干意见》已经国务院同意，现转发给你们，请参照试行。

国务院办公厅
一九九九年十二月三十日

关于建立风险投资机制的若干意见

科技部　国家计委　国家经贸委　财政部

人民银行　税务总局　证监会

（一九九九年十一月十六日）

为贯彻《中共中央、国务院关于加强技术创新，发展高科技，实现产业化的决定》（中发〔1999〕14号）中"要培育有利于高新技术产业发展的资本市场，逐步建立风险投资机制"的精神，指导、规范风险投资活动，推动风险投资事业的健康发展，现就建立风险投资机制提出以下意见：

一、建立风险投资机制的意义

（一）创新是一个民族进步的灵魂，是国家兴旺发达的不竭动力。技术创新，既是经济可持续发展的根本推动力量，也是提高国际竞争力和实现经济安全的根本保障。要使知识有效地转化为高新技术，高新技术有效地实现产业化，需要建立一个能有效地动员和集中资本、促进知识向高新技术转化、加速高新技术成果商品化和产业化进程的风险投资机制。建立规范的风险投资机制，对于推进国家技术创新体系建设，提高国民经济整体素质和综合国力，实现跨越式发展具有重要意义。建立有效的风险投资机制，对于高新技术的开发及其成果的产业化，具有重要作用。

（二）近几年，我国科学技术的发展支持了国民经济的建设，技术进步对经济增长的贡献率有所提高。但是，科技向现实生产力转化能力薄弱，高新技术产业化程度低，具有自主知识产权的高新技术企业少的状况还未根本改变。在国际市场竞争日趋激烈的条件下，缺乏自主的技术创新能力，难以保证国民经济的可持续发展和国家经济安全。建立风险投资机制，促进高新技术产业的发展，是实施科教兴国战略的要求。

（三）风险投资（又称创业投资）是指向主要属于科技型的高成长性创业企业提供股权资本，并为其提供经营管理和咨询服务，以期在被投资企业发展成熟后，通过股权转让获取中长期资本增值收益的投资行为。建立风险投资机制要创造良好的外部环境和改革制度，培育适应社会主义市场经济规律的，有利于加速技术创新和成果转化的，能将经济部门推进技术进步与金融部门保障支持有机结合的经济运行体系。其主要内容包括：投资主体、投资对象、撤出渠道、中介服务机构、监管系统等。

（四）建立风险投资机制的目的，是促进高新技术成果走向市场、实现产业化，提高警惕科技进步对经济增长的贡献率，通过创造良好的外部环境，促使企业积极参与技术创新和科技创业活动，推动产业、产品结构的调和升级形成良性循环。

二、建立风险投资机制的基本原则

（五）按照社会主义市场经济规律建立风险投资机制。要面向市场，拓展创业资本来源；运用市场机制，强化风险投资主体内部的责任约束和利益激励；按照规范、有序的原则培育服务于风险投资市场的中介服务机构；根据我国的实际情况，有步骤地培育有利于风险投资撤出和高新技术产业发展的资本市场体系；建立风险投资的风险防范、信息披露和监管系统；制定相应法规为国际创业资本的进入和撤出提供便利条件，逐步与国际风险投资市场接轨。

（六）充分发挥各级人民政府和社会力量的积极性，加快风险投资体系的建设。国家按照"制定政策、创造环境、加强监管、控制风险"的原则，推进风险投资体系的建设；鼓励地方、企业、金融机构、个人、外商等各类投资者积极推动和参与风险投资事业的发展；拓宽市场准入渠道，对风险投资活动以及各类机构和个人对风险投资机构的投资，给予必要的扶持政策；制定与风险投资有关的一系列法规和制度，建立相关的监管标准和监管系统；在推进风险投资机制建设中，要重视发挥科技创业服务中心、高新技术开发区、高等学校科技园区及其他机构的作用。

三、培育风险投资主体

（七）风险投资公司和风险投资基金，是风险投资主体中的主导性机构。其主要服务对象是高新技术企业及科技型中小企业；主要功能是吸收各类投资者的创业资本，为高新技术产业化，提供资本金、经营管理及其他方面的支持；主要成员是专门从事风险投资的专家型人才；资本运作的主要方式"quot；战略投资"方式，还可以采用股权投资、可转换证券等多种方式进行投资。

（八）风险投资公司是以风险投资为主要经营活动的非金融性企业，其主营业务是向高新技术企业及科技型中小企业进行投资，转让由投资所形成的股权。为高新技术企业提供融资咨询，参与被投资企业的经营管理等。风险投资公司设立时要注意政企分开、鼓励非国有企业、个人、外商及其他机构投资入股。风险投资公司采取有限责任公司、股份有限公司等形式并积极探索新的运作模式。允许风险投资公司运用全额资本金进行投资。

（九）风险投资基金是专门从事风险投资以促进科技型中小企业发展的一种投资基金。为适应风险投资的特点，风险投资基金应采取私募方式，向确定的投资者发行基金份额。其募集对象可以是个人、企业、机构投资者、境外投资者，应拓宽民营资本来源；同时，对投资者的风险承受能力应有一定要求。投资者所承诺的资金可以分期到位。风险投资基金应按封闭式设立，即事先确定发行总额和存续期限，在存续期限内基金份额不得赎回。

（十）风险投资公司和风险投资基金的实收货币资本必须充足。风险投资公司和风险投资基金对高新技术企业的投资额应占其实收资本的较大比重。为规避风险，对特定企业或单一项目投资比例不宜过高。

（十一）风险投资机构的主要管理人员应具备懂技术、会管理、无不良记录、诚实申报个人财产并愿意为业务损失承担相关责任等条件。

（十二）风险投资机构要建立完善的内部激励机制和约束机制。按照允许和鼓励资本、技术等生产要素参与收益分配的原则，可以采取经营管理人员持有股份等形式调动其积极性；通过出资人与经营管理人员间的契约，根据经营绩效约定股份期权的类型、数量、赠与条件、约束条件、执行办法等，同时明确高层管理人员对渎职、重大失误等行为承担的责任。风险投资公司和风险投资基金的成立和审批，必须按照国务院有关部门制定的办法和程序进行。

四、建立风险投资撤出机制

（十三）建立和拓宽撤出渠道，推动风险投资的发展。"撤出"是指风险投资通过转让股权获取回报的经营行为。要遵循资本运作的客观规律，创造顺畅的撤出渠道，以便有效吸引社会资金进入风险投资领域，保障风险投资的良性循环，解决创业资本的股权流动、风险分散、价值评价等问题。风险投资的主要撤出方式：企业购并、股权回购、股票市场上市等。

（十四）企业购并是指高新技术企业在未上市前，将部分股权或全部股权向其他企业或个人转让的行为。允许和鼓励非银行金融机构、上市公司、产业投资基金和其他公司及个人参与对高新技术企业的购并活动。

（十五）股权回购是指企业购回风险投资机构在本企业所持股权的行为。金融机构、中小企业信贷担保基金及其他各类担保机构，要积极支持高新技术企业的股权回购活动。

（十六）条件成熟，在现有的上海、深圳证券交易所专门设立高新技术企业板块，为高新技术企业特别是科技型中小企业上市和交易服务，这既能充分利用现有设施和监管资源，有利于证券市场的集中统一监管，又能更快地拓宽和完善风险投资撤出渠道。其发行上市、交易的具体办法，由证监会制定。

（十七）境外创业板块股票市场也是可利用的风险投资撤出渠道之一。如美国的纳斯达克（NASDAQ）市场和香港联合证券交易所设立的创业板块等。在政策上向高新技术企业境外上市倾斜，有利于利用国际资本发展我国高新技术产业，有利于吸引境外创业资本进入我国风险投资市场，有利于高新技术企业走向国际市场。上市、交易的具体办法，由证监会制定。

五、完善中介服务机构体系

（十八）充分发挥中介服务机构在咨询、监督、评估等方面的重要作用。风险投资要求目前已有的中介服务机构为其提供服务，还要求针对其特殊性和专门需要，设立包括行业协会、科技项目评估机构、技术经纪机构、风险投资咨询顾问机构等专门的中介服务机构。

（十九）中介服务机构的设立要严格执行政企分开的原则，使之成为自创信誉、自负盈亏、自担经济法律责任的法人实体。按诚信、公正、科学的原则，依法开展经营活动。

（二十）经审批成立的风险投资行业协会，作为风险投资主体、高新技术企业、有关中介服务机构等的行业自律组织，开展行业规范和服务标准的制定工作，对其成员的执业情况进行评定，形成自律机制；开展风险投资人才培训和民间国际交流活动等。

六、建立健全鼓励和引导风险投资的政策和法规体系

（二十一）为推进规范的风险投资机制的建立，根据本意见，国务院有关部门将制定建立风险投资公司和风险投资基金的申请、审批、管理等具体实施办法；研究制定有利的风险投资发展的财税、金融扶持政策和鼓励境外创业资本进入风险投资市场的政策；研究制定在上海、深圳证券交易所设立"高新技术企业板块"的实施方案，研究制定科技型中小企业到境外创业板市场发行证券和上市的有关政策；研究制定建立风险投资行业协会的审批、管理办法。

（二十二）国务院有关部门将根据国家产业政策、技术政策和产业、产品结构调整战略目标、定期制定颁布风险投资项目（领域）指南，引导创业资本投向。

风险投资是一项投资周期长、风险程度高、竞争性强的特殊资本运作方式。各地在推动建立风险投资机制时应注意防范风险，依法有序发展，避免一哄而起，避免出现单纯依靠或主要依靠政府出资建立风险投资机构的现象。应当鼓励

以民间资本为主，政府以引导、扶持和有限参与为基本原则。各省、自治区、直辖市人民政府应根据本地区科技、经济和市场发展水平，坚持近期目标和长远目标相结合，采取切实可行的措施，着重在创造环境、完善市场机制、吸引国内外创业资本方面发挥作用，积极稳妥地推进风险投资事业的发展。

附录2

对外贸易经济合作部、科学技术部、国家工商行政管理总局、国家税务总局、国家外汇管理局关于发布《外商投资创业投资企业管理规定》的命令

外经贸部　科技部　国家工商总局　国家税务总局、国家外汇管理局令 2003 第 2 号

《外商投资创业投资企业管理规定》已经 2002 年 10 月 31 日对外贸易经济合作部第 11 次部务会议审议通过，现予以公布，自 2003 年 3 月 1 日起施行。

外商投资创业投资企业管理规定

第一章　总　　则

第一条　为鼓励外国公司、企业和其他经济组织或个人（以下简称外国投资者）来华从事创业投资，建立和完善中国的创业投资机制，根据《中华人民共和国中外合作经营企业法》、《中华人民共和国中外合资经营企业法》、《中华人民共和国外资企业法》、《中华人民共和国公司法》及其他相关的法律法规，制定本规定。

第二条　本规定所称外商投资创业投资企业（以下简称创投企业）是指外国投资者或外国投资者与根据中国法律注册成立的公司、企业或其他经济组织（以

下简称中国投资者），根据本规定在中国境内设立的以创业投资为经营活动的外商投资企业。

第三条 本规定所称创业投资是指主要向未上市高新技术企业（以下简称所投资企业）进行股权投资，并为之提供创业管理服务，以期获取资本增值收益的投资方式。

第四条 创投企业可以采取非法人制组织形式，也可以采取公司制组织形式。

采取非法人制组织形式的创投企业（以下简称非法人制创投企业）的投资者对创投企业的债务承担连带责任。非法人制创投企业的投资者也可以在创投企业合同中约定在非法人制创投企业资产不足以清偿该债务时由第七条所述的必备投资者承担连带责任，其他投资者以其认缴的出资额为限承担责任。

采用公司制组织形式的创投企业（以下简称公司制创投企业）的投资者以其各自认缴的出资额为限对创投企业承担责任。

第五条 创投企业应遵守中国有关法律法规，符合外商投资产业政策，不得损害中国的社会公共利益。创投企业在中国境内的正当经营活动及合法权益受中国法律的保护。

第二章　设立与登记

第六条 设立创投企业应具备下列条件：

（一）投资者人数在 2 人以上 50 人以下；且应至少拥有一个第七条所述的必备投资者。

（二）非法人制创投企业投资者认缴出资总额的最低限额为 1000 万美元；公司制创投企业投资者认缴资本总额的最低限额为 500 万美元。除第七条所述必备投资者外，其他每个投资者的最低认缴出资额不得低于 100 万美元。外国投资者以可自由兑换的货币出资，中国投资者以人民币出资。

（三）有明确的组织形式。

（四）有明确合法的投资方向。

（五）除了将本企业经营活动授予一家创业投资管理公司进行管理的情形外，创投企业应有三名以上具备创业投资从业经验的专业人员。

（六）法律、行政法规规定的其他条件。

第七条　必备投资者应当具备下列条件：

（一）以创业投资为主营业务。

（二）在申请前三年其管理的资本累计不低于 1 亿美元，且其中至少 5000 万美元已经用于进行创业投资。在必备投资者为中国投资者的情形下，本款业绩要求为：在申请前三年其管理的资本累计不低于 1 亿元人民币，且其中至少 5000 万元人民币已经用于进行创业投资。

（三）拥有 3 名以上具有 3 年以上创业投资从业经验的专业管理人员。

（四）如果某一投资者的关联实体满足上述条件，则该投资者可以申请成为必备投资者。本款所称关联实体是指该投资者控制的某一实体、或控制该投资者的某一实体、或与该投资者共同受控于某一实体的另一实体。本款所称控制是指控制方拥有被控制方超过 50% 的表决权。

（五）必备投资者及其上述关联实体均应未被所在国司法机关和其他相关监管机构禁止从事创业投资或投资咨询业务或以欺诈等原因进行处罚。

（六）非法人制创投企业的必备投资者，对创投企业的认缴出资及实际出资分别不低于投资者认缴出资总额及实际出资总额的 1%，且应对创投企业的债务承担连带责任；公司制创投企业的必备投资者，对创投企业的认缴出资及实际出资分别不低于投资者认缴出资总额及实际出资总额的 30%。

第八条　设立创投企业按以下程序办理：

（一）投资者须向拟设立创投企业所在地省级外经贸主管部门报送设立申请书及有关文件。

（二）省级外经贸主管部门应在收到全部上报材料后 15 天内完成初审并上报对外贸易经济合作部（以下简称审批机构）。

（三）审批机构在收到全部上报材料之日起 45 天内，经商科学技术部同意后，作出批准或不批准的书面决定。予以批准的，发给《外商投资企业批准证书》。

（四）获得批准设立的创投企业应自收到审批机构颁发的《外商投资企业批准证书》之日起一个月内，持此证书向国家工商行政管理部门或所在地具有外商投资企业登记管理权的省级工商行政管理部门（以下简称登记机关）申请办理注册登记手续。

第九条 申请设立创投企业应当向审批机构报送以下文件：

（一）必备投资者签署的设立申请书；

（二）投资各方签署的创投企业合同及章程；

（三）必备投资者书面声明（声明内容包括：投资者符合第七条规定的资格条件；所有提供的材料真实性；投资者将严格遵循本规定及中国其他有关法律法规的要求）；

（四）律师事务所出具的对必备投资者合法存在及其上述声明已获得有效授权和签署的法律意见书；

（五）必备投资者的创业投资业务说明、申请前三年其管理资本的说明、其已投资本的说明，及其拥有的创业投资专业管理人员简历；

（六）投资者的注册登记证明（复印件）、法定代表人证明（复印件）；

（七）名称登记机关出具的创投企业名称预先核准通知书；

（八）如果必备投资者的资格条件是依据第七条第四款的规定，则还应报送其符合条件的关联实体的相关材料；

（九）审批机构要求的其他与申请设立有关的文件。

第十条 创投企业应当在名称中加注创业投资字样。除创投企业外，其他外商投资企业不得在名称中使用创业投资字样。

第十一条 申请设立创投企业应当向登记机关报送下列文件，并对其真实性、有效性负责：

（一）创投企业董事长或联合管理委员会负责人签署的设立登记申请书；

（二）合同、章程以及审批机构的批准文件和批准证书；

（三）投资者的合法开业证明或身份证明；

（四）投资者的资信证明；

（五）法定代表人的任职文件、身份证明和企业董事、经理等人员的备案文件；

（六）企业名称预先核准通知书；

（七）企业住所或营业场所证明。

申请设立非法人制创投企业，还应当提交境外必备投资者的章程或合伙协议。企业投资者中含本规定第七条第四款规定的投资者的，还应当提交关联实体为其出具的承担出资连带责任的担保函。

以上文件应使用中文。使用外文的，应提供规范的中文译本。

创投企业登记事项变更应依法向原登记机关申请办理变更登记。

第十二条　经登记机关核准的公司制创投企业，领取《企业法人营业执照》；经登记机关核准的非法人制创投企业，领取《营业执照》。

《营业执照》应载明非法人制创投企业投资者认缴的出资总额和必备投资者名称。

第三章　出资及相关变更

第十三条　非法人制创投企业的投资者的出资及相关变更应符合如下规定：

（一）投资者可以根据创业投资进度分期向创投企业注入认缴出资，最长不得超过 5 年。各期投入资本额由创投企业根据创投企业合同及其与所投资企业签订的协议自主制定。投资者应在创投企业合同中约定投资者不如期出资的责任和相关措施。

（二）投资者在创投企业存续期内一般不得减少其认缴出资额。如果占出资额超过 50% 的投资者和必备投资者同意且创投企业不违反最低 1000 万美元认缴出资额的要求，经审批机构批准，投资者可以减少其认缴资本额（但投资者根据本条第五款规定减少其已投资的资本额或在创投企业投资期限届满后减少未使用的认缴出资额不在此限）。在此情况下，投资者应当在创投企业合同中规定减少认缴出资额的条件、程序和办法。

（三）必备投资者在创投企业存续期内不得从创投企业撤出。特殊情况下确需撤出的，应获得占总出资额超过 50% 的其他投资者同意，并应将其权益转让给符合第七条要求的新投资者，且应当相应修改创投企业的合同和章程，并报审批机构批准。

其他投资者如转让其认缴资本额或已投入资本额，须按创投企业合同的约定进行，且受让人应符合本规定第六条的有关要求。投资各方应相应修改创投企业合同和章程，并报审批机构备案。

（四）创投企业设立后，如果有新的投资者申请加入，须符合本规定和创投企业合同的约定，经必备投资者同意，相应修改创投企业合同和章程，并报审批机构备案。

（五）创投企业出售或以其他方式处置其在所投资企业的利益而获得的收入中相当于其原出资额的部分，可以直接分配给投资各方。此类分配构成投资者减少其已投资的资本额。创投企业应当在创投企业合同中约定此类分配的具体办法，并在向其投资者作出该等分配之前至少 30 天内向审批机构和所在地外汇局提交一份要求相应减少投资者已投入资本额的备案说明，同时证明创投企业投资者未到位的认缴出资额及创投企业当时拥有的其他资金至少相当于创投企业当时承担的投资义务的要求。但该分配不应成为创投企业对因其违反任何投资义务所产生的诉讼请求的抗辩理由。

第十四条 非法人制创投企业向登记机关申请变更登记时，上述规定中审批机关出具的相关备案证明可替代相应的审批文件。

第十五条 非法人制创投企业投资者根据创业投资进度缴付出资后，应持相关验资报告向原登记机关申请办理出资备案手续。登记机关根据其实际出资状况在其《营业执照》出资额栏目后加注实缴出资额数目。

非法人制创投企业超过最长投资期限仍未缴付或缴清出资的，登记机关根据现行规定予以处罚。

第十六条 公司制创投企业投资者的出资及相关变更按现行规定办理。

第四章 组织机构

第十七条 非法人制创投企业设联合管理委员会。公司制创投企业设董事会。联合管理委员会或董事会的组成由投资者在创投企业合同及章程中予以约定。联合管理委员会或董事会代表投资者管理创投企业。

第十八条 联合管理委员会或董事会下设经营管理机构，根据创投企业的合同及章程中规定的权限，负责日常经营管理工作，执行联合管理委员会或董事会的投资决策。

第十九条 经营管理机构的负责人应当符合下列条件：

（一）具有完全的民事行为能力；

（二）无犯罪记录；

（三）无不良经营记录；

（四）应具有创业投资业的从业经验，且无违规操作记录；

（五）审批机构要求的与经营管理资格有关的其他条件。

第二十条　经营管理机构应定期向联合管理委员会或董事会报告以下事项：

（一）经授权的重大投资活动；

（二）中期、年度业绩报告和财务报告；

（三）法律、法规规定的其他事项；

（四）创投企业合同及章程中规定的有关事项。

第二十一条　联合管理委员会或董事会可以不设立经营管理机构，而将该创投企业的日常经营权授予一家创业投资管理企业或另一家创投企业进行管理。该创业投资管理企业可以是内资创业投资管理企业，也可以是外商投资创业投资管理企业，或境外创业投资管理企业。在此情形下，该创投企业与该创业投资管理企业应签订管理合同，约定创投企业和创业投资管理企业的权利义务。该管理合同应经全体投资者同意并报审批机构批准后方可生效。

第二十二条　创投企业的投资者可以在创业投资合同中依据国际惯例约定内部收益分配机制和奖励机制。

第五章　创业投资管理企业

第二十三条　受托管理创投企业的创业投资管理企业应具备下列条件：

（一）以受托管理创投企业的投资业务为主营业务；

（二）拥有三名以上具有三年以上创业投资从业经验的专业管理人员；

（三）注册资本或出资总额不低于100万元人民币或等值外汇；

（四）有完善的内部控制制度。

第二十四条　创业投资管理企业可以采取公司制组织形式，也可以采取合伙制组织形式。

第二十五条　同一创业投资管理企业可以受托管理不同的创投企业。

第二十六条　创业投资管理企业应定期向委托方的联合管理委员会或董事会报告第二十条所列事项。

第二十七条　设立外商投资创业投资管理企业应符合本规定第二十三条的条件，经拟设立外商投资创业投资管理公司所在地省级外经贸主管部门报审批机构批准。审批机构在收到全部上报材料之日起 45 天内，作出批准或不批准的书面决定。予以批准的，发给《外商投资企业批准证书》。获得批准设立的外商投资创业投资管理企业应自收到审批机构颁发的《外商投资企业批准证书》之日起一个月内，持此证书向登记机关申请办理注册登记手续。

第二十八条　申请设立外商投资创业投资管理公司应当向审批机构报送以下文件：

（一）设立申请书；

（二）外商投资创业投资管理公司合同及章程；

（三）投资者的注册登记证明（复印件）、法定代表人证明（复印件）；

（四）审批机构要求的其他与申请设立有关的文件。

第二十九条　外商投资创业投资管理企业名称应当加注创业投资管理字样。除外商投资创业投资管理企业外，其他外商投资企业不得在名称中使用创业投资管理字样。

第三十条　获得批准接受创投企业委托在华从事创业投资管理业务的境外创业投资管理企业，应当自管理合同获得批准之日起 30 日内，向登记机关申请办理营业登记手续。

申请营业登记应报送下列文件，并对其真实性、有效性负责：

（一）境外创业投资管理企业董事长或有权签字人签署的登记申请书；

（二）经营管理合同及审批机构的批准文件；

（三）境外创业投资管理企业的章程或合伙协议；

（四）境外创业投资管理企业的合法开业证明；

（五）境外创业投资管理企业的资信证明；

（六）境外创业投资管理企业委派的中国项目负责人的授权书、简历及身份证明；

（七）境外创业投资管理企业在华营业场所证明。

以上文件应使用中文。使用外文的，应提供规范的中文译本。

第六章　经营管理

第三十一条　创投企业可以经营以下业务：

（一）以全部自有资金进行股权投资，具体投资方式包括新设企业、向已设立企业投资、接受已设立企业投资者股权转让以及国家法律法规允许的其他方式；

（二）提供创业投资咨询；

（三）为所投资企业提供管理咨询；

（四）审批机构批准的其他业务。

创投企业资金应主要用于向所投资企业进行股权投资。

第三十二条 创投企业不得从事下列活动：

（一）在国家禁止外商投资的领域投资；

（二）直接或间接投资于上市交易的股票和企业债券，但所投资企业上市后，创投企业所持股份不在此列；

（三）直接或间接投资于非自用不动产；

（四）贷款进行投资；

（五）挪用非自有资金进行投资；

（六）向他人提供贷款或担保，但创投企业对所投资企业 1 年以上的企业债券和可以转换为所投资企业股权的债券性质的投资不在此列（本款规定并不涉及所投资企业能否发行该等债券）；

（七）法律、法规以及创投企业合同禁止从事的其他事项。

第三十三条 投资者应在创投企业合同中约定对外投资期限。

第三十四条 创投企业主要从出售或以其他方式处置其在所投资企业的股权获得收益。创投企业出售或以其他方式处置其在所投资企业的股权时，可以依法选择适用的退出机制，包括：

（一）将其持有的所投资企业的部分股权或全部股权转让给其他投资者；

（二）与所投资企业签订股权回购协议，由所投资企业在一定条件下依法回购其所持有的股权；

（三）所投资企业在符合法律、行政法规规定的上市条件时可以申请到境内外证券市场上市。创投企业可以依法通过证券市场转让其拥有的所投资企业的股份；

（四）中国法律、行政法规允许的其他方式。

所投资企业向创投企业回购该创投企业所持股权的具体办法由审批机构会同登记机关另行制定。

第三十五条　创投企业应当依照国家税法的规定依法申报纳税。对非法人制创投企业，可以由投资各方依照国家税法的有关规定，分别申报缴纳企业所得税；也可以由非法人制创投企业提出申请，经批准后，依照税法规定统一计算缴纳企业所得税。

非法人制创投企业企业所得税的具体征收管理办法由国家税务总局另行颁布。

第三十六条　创投企业中属于外国投资者的利润等收益汇出境外的，应当凭管理委员会或董事会的分配决议，由会计师事务所出具的审计报告、外方投资者投资资金流入证明和验资报告、完税证明和税务申报单（享受减免税优惠的，应提供税务部门出具的减免税证明文件），从其外汇账户中支付或者到外汇指定银行购汇汇出。

外国投资者回收的对创投企业的出资可依法申购外汇汇出。公司制创投企业开立和使用外汇账户、资本变动及其他外汇收支事项，按照现行外汇管理规定办理。非法人制创投企业外汇管理规定由国家外汇管理局另行制定。

第三十七条　投资者应在合同、章程中约定创投企业的经营期限，一般不得超过12年。经营期满，经审批机构批准，可以延期。

经审批机构批准，创投企业可以提前解散，终止合同和章程。但是，如果非法人制创投企业的所有投资均已被出售或通过其他方式变卖，其债务亦已全部清偿，且其剩余财产均已被分配给投资者，则无须上述批准即可进入解散和终止程序，但该非法人制创业投资企业应在解散生效前至少30天内向审批机构提交一份书面备案说明。

创投企业解散，应按有关规定进行清算。

第三十八条　创投企业应当自清算结束之日起30日内向原登记机关申请注销登记。

申请注销登记，应当提交下列文件，并对其真实性、有效性负责：

（一）董事长或联合管理委员会负责人或清算组织负责人签署的注销登记申请书；

（二）董事会或联合管理委员会的决议；

（三）清算报告；

（四）税务机关、海关出具的注销登记证明；

（五）审批机构的批准文件或备案文件；

（六）法律、行政法规规定应当提交的其他文件。

经登记机关核准注销登记，创投企业终止。

非法人制创投企业必备投资者承担的连带责任不因非法人制创投企业的终止而豁免。

第七章　审核与监管

第三十九条　创投企业境内投资比照执行《指导外商投资方向规定》和《外商投资产业指导目录》的规定。

第四十条　创投企业投资于任何鼓励类和允许类的所投资企业，应向所投资企业当地授权的外经贸部门备案。当地授权的外经贸部门应在收到备案材料后15天内完成备案审核手续并向所投资企业颁发外商投资企业批准证书。所投资企业持外商投资企业批准证书向登记机关申请办理注册登记手续。登记机关依照有关法律和行政法规规定决定准予登记或不予登记。准予登记的，颁发外商投资企业法人营业执照。

第四十一条　创投企业投资于限制类的所投资企业，应向所投资企业所在地省级外经贸主管部门提出申请，并提供下列材料：

（一）创投企业关于投资资金充足的声明；

（二）创投企业的批准证书和营业执照（复印件）；

（三）创投企业（与所投资企业其他投资者）签订的所投资企业合同与章程。

省级外经贸主管部门接到上述申请之日起45日内作出同意或不同意的书面批复。作出同意批复的，颁发外商投资企业批准证书。所投资企业持该批复文件和外商投资企业批准证书向登记机关申请登记。登记机关依照有关法律和行政法规规定决定准予登记或不予登记。准予登记的，颁发外商投资企业法人营业执照。

第四十二条　创投企业投资属于服务贸易领域逐步开放的外商投资项目，按国家有关规定审批。

第四十三条 创投企业增加或转让其在所投资企业投资等行为，按照第四十条、第四十一条和第四十二条规定的程序办理。

第四十四条 创投企业应在履行完第四十条、第四十一条、第四十二条和第四十三条规定的程序之日起一个月内向审批机构备案。

第四十五条 创投企业还应在每年3月份将上一年度的资金筹集和使用情况报审批机构备案。

审批机构在接到该备案材料起5个工作日内应出具备案登记证明。该备案登记证明将作为创投企业参加联合年检的必备材料之一。凡未按上述规定备案的，审批机构将上报国务院有关部门后予以相应处罚。

第四十六条 创投企业的所投资企业注册资本中，如果创投企业投资的比例中外国投资者的实际出资比例或与其他外国投资者联合投资的比例总和不低于25%，则该所投资企业将享受外商投资企业有关优惠待遇；如果创投企业投资的比例中外国投资者的实际出资比例或与其他外国投资者联合投资的比例总和低于该所投资企业注册资本的25%，则该所投资企业将不享受外商投资企业有关优惠待遇。

第四十七条 已成立的含有境内自然人投资者的内资企业在接受创业投资企业投资变更为外商投资企业后，可以继续保留其原有境内自然人投资者的股东地位。

第四十八条 创投企业经营管理机构的负责人和创业投资管理企业的负责人如有违法操作行为，除依法追究责任外，情节严重的，不得继续从事创业投资及相关的投资管理活动。

第八章 附 则

第四十九条 香港特别行政区、澳门特别行政区、台湾地区的投资者在大陆投资设立创投企业，参照本规定执行。

第五十条 本规定由对外贸易经济合作部、科学技术部、国家工商行政管理总局、国家税务总局和国家外汇管理局负责解释。

第五十一条 本规定自二〇〇三年三月一日起施行。对外贸易经济合作部、科学技术部和国家工商行政管理总局于二〇〇一年八月二十八日发布的《关于设立外商投资创业投资企业的暂行规定》同日废止。

附录 3

创业投资企业管理暂行办法

（2005 年 9 月 7 日国务院批准，2005 年 11 月 15 日国家
发展改革委、科技部、财政部、商务部、中国人民银行、
国家税务总局、国家工商行政管理总局、中国银监会、
中国证监会、国家外汇管理局联合发布，自 2006 年
3 月 1 日起施行）

第一章　总　　则

第一条　为促进创业投资企业发展，规范其投资运作，鼓励其投资中小企业特别是中小高新技术企业，依据《中华人民共和国公司法》、《中华人民共和国中小企业促进法》等法律法规，制定本办法。

第二条　本办法所称创业投资企业，系指在中华人民共和国境内注册设立的主要从事创业投资的企业组织。

前款所称创业投资，系指向创业企业进行股权投资，以期所投资创业企业发育成熟或相对成熟后主要通过股权转让获得资本增值收益的投资方式。

前款所称创业企业，系指在中华人民共和国境内注册设立的处于创建或重建过程中的成长性企业，但不含已经在公开市场上市的企业。

第三条　国家对创业投资企业实行备案管理。凡遵照本办法规定完成备案程序的创业投资企业，应当接受创业投资企业管理部门的监管，投资运作符合有关规定的可享受政策扶持。未遵照本办法规定完成备案程序的创业投资企业，不受创业投资企业管理部门的监管，不享受政策扶持。

第四条　创业投资企业的备案管理部门分国务院管理部门和省级（含副省级

城市）管理部门两级。国务院管理部门为国家发展和改革委员会；省级（含副省级城市）管理部门由同级人民政府确定，报国务院管理部门备案后履行相应的备案管理职责，并在创业投资企业备案管理业务上接受国务院管理部门的指导。

第五条　外商投资创业投资企业适用《外商投资创业投资企业管理规定》。依法设立的外商投资创业投资企业，投资运作符合相关条件，可以享受本办法给予创业投资企业的相关政策扶持。

第二章　创业投资企业的设立与备案

第六条　创业投资企业可以以有限责任公司、股份有限公司或法律规定的其他企业组织形式设立。

以公司形式设立的创业投资企业，可以委托其他创业投资企业、创业投资管理顾问企业作为管理顾问机构，负责其投资管理业务。委托人和代理人的法律关系适用《中华人民共和国民法通则》、《中华人民共和国合同法》等有关法律法规。

第七条　申请设立创业投资企业和创业投资管理顾问企业，依法直接到工商行政管理部门注册登记。

第八条　在国家工商行政管理部门注册登记的创业投资企业，向国务院管理部门申请备案。

在省级及省级以下工商行政管理部门注册登记的创业投资企业，向所在地省级（含副省级城市）管理部门申请备案。

第九条　创业投资企业向管理部门备案应当具备下列条件：

（一）已在工商行政管理部门办理注册登记。

（二）经营范围符合本办法第十二条规定。

（三）实收资本不低于3000万元人民币，或者首期实收资本不低于1000万元人民币且全体投资者承诺在注册后的5年内补足不低于3000万元人民币实收资本。

（四）投资者不得超过200人。其中，以有限责任公司形式设立创业投资企业的，投资者人数不得超过50人。单个投资者对创业投资企业的投资不得低于100万元人民币。所有投资者应当以货币形式出资。

（五）有至少 3 名具备 2 年以上创业投资或相关业务经验的高级管理人员承担投资管理责任。委托其他创业投资企业、创业投资管理顾问企业作为管理顾问机构负责其投资管理业务的，管理顾问机构必须有至少 3 名具备 2 年以上创业投资或相关业务经验的高级管理人员对其承担投资管理责任。

前款所称"高级管理人员"，系指担任副经理及以上职务或相当职务的管理人员。

第十条　创业投资企业向管理部门备案时，应当提交下列文件：

（一）公司章程等规范创业投资企业组织程序和行为的法律文件。

（二）工商登记文件与营业执照的复印件。

（三）投资者名单、承诺出资额和已缴出资额的证明。

（四）高级管理人员名单、简历。

由管理顾问机构受托其投资管理业务的，还应提交下列文件：

（一）管理顾问机构的公司章程等规范其组织程序和行为的法律文件。

（二）管理顾问机构的工商登记文件与营业执照的复印件。

（三）管理顾问机构的高级管理人员名单、简历。

（四）委托管理协议。

第十一条　管理部门在收到创业投资企业的备案申请后，应当在 5 个工作日内，审查备案申请文件是否齐全，并决定是否受理其备案申请。在受理创业投资企业的备案申请后，应当在 20 个工作日内，审查申请人是否符合备案条件，并向其发出"已予备案"或"不予备案"的书面通知。对"不予备案"的，应当在书面通知中说明理由。

第三章　创业投资企业的投资运作

第十二条　创业投资企业的经营范围限于：

（一）创业投资业务。

（二）代理其他创业投资企业等机构或个人的创业投资业务。

（三）创业投资咨询业务。

（四）为创业企业提供创业管理服务业务。

（五）参与设立创业投资企业与创业投资管理顾问机构。

第十三条　创业投资企业不得从事担保业务和房地产业务，但是购买自用房地产除外。

第十四条　创业投资企业可以以全额资产对外投资。其中，对企业的投资，仅限于未上市企业。但是所投资的未上市企业上市后，创业投资企业所持股份的未转让部分及其配售部分不在此限。其他资金只能存放银行、购买国债或其他固定收益类的证券。

第十五条　经与被投资企业签订投资协议，创业投资企业可以以股权和优先股、可转换优先股等准股权方式对未上市企业进行投资。

第十六条　创业投资企业对单个企业的投资不得超过创业投资企业总资产的20%。

第十七条　创业投资企业应当在章程、委托管理协议等法律文件中，明确管理运营费用或管理顾问机构的管理顾问费用的计提方式，建立管理成本约束机制。

第十八条　创业投资企业可以从已实现投资收益中提取一定比例作为对管理人员或管理顾问机构的业绩报酬，建立业绩激励机制。

第十九条　创业投资企业可以事先确定有限的存续期限，但是最短不得短于7年。

第二十条　创业投资企业可以在法律规定的范围内通过债权融资方式增强投资能力。

第二十一条　创业投资企业应当按照国家有关企业财务会计制度的规定，建立健全内部财务管理制度和会计核算办法。

第四章　对创业投资企业的政策扶持

第二十二条　国家与地方政府可以设立创业投资引导基金，通过参股和提供融资担保等方式扶持创业投资企业的设立与发展。具体管理办法另行制定。

第二十三条　国家运用税收优惠政策扶持创业投资企业发展并引导其增加对中小企业特别是中小高新技术企业的投资。具体办法由国务院财税部门会同有关部门另行制定。

第二十四条　创业投资企业可以通过股权上市转让、股权协议转让、被投资企业回购等途径，实现投资退出。国家有关部门应当积极推进多层次资本市场体系建设，完善创业投资企业的投资退出机制。

第五章　对创业投资企业的监管

第二十五条　管理部门已予备案的创业投资企业及其管理顾问机构，应当遵循本办法第二、第三章各条款的规定进行投资运作，并接受管理部门的监管。

第二十六条　管理部门已予备案的创业投资企业及其管理顾问机构，应当在每个会计年度结束后的 4 个月内向管理部门提交经注册会计师审计的年度财务报告与业务报告，并及时报告投资运作过程中的重大事件。

前款所称重大事件，系指：

（一）修改公司章程等重要法律文件。

（二）增减资本。

（三）分立与合并。

（四）高级管理人员或管理顾问机构变更。

（五）清算与结业。

第二十七条　管理部门应当在每个会计年度结束后的 5 个月内，对创业投资企业及其管理顾问机构是否遵守第二、第三章各条款规定，进行年度检查。在必要时，可在第二、第三章相关条款规定的范围内，对其投资运作进行不定期检查。

对未遵守第二、第三章各条款规定进行投资运作的，管理部门应当责令其在 30 个工作日内改正；未改正的，应当取消备案，并在自取消备案之日起的 3 年内不予受理其重新备案申请。

第二十八条　省级（含副省级城市）管理部门应当及时向国务院管理部门报告所辖地区创业投资企业的备案情况，并于每个会计年度结束后的 6 个月内报告已纳入备案管理范围的创业投资企业的投资运作情况。

第二十九条　国务院管理部门应当加强对省级（含副省级城市）管理部门的指导。对未履行管理职责或管理不善的，应当建议其改正；造成不良后果的，应当建议其追究相关管理人员的失职责任。

第三十条　创业投资行业协会依据本办法和相关法律、法规及规章，对创业投资企业进行自律管理，并维护本行业的自身权益。

第六章　附　则

第三十一条　本办法由国家发展和改革委员会会同有关部门解释。

第三十二条　本办法自 2006 年 3 月 1 日起施行。

附录4

财政部 科技部关于印发
《科技型中小企业创业投资引导
基金管理暂行办法》的通知

财企〔2007〕128号

各省、自治区、直辖市、计划单列市财政厅（局）、科技厅（委、局）：

为贯彻《国务院关于实施〈国家中长期科学和技术发展规划纲要（2006～2020年）〉若干配套政策的通知》（国发〔2006〕6号），支持科技型中小企业自主创新，我们制定了《科技型中小企业创业投资引导基金管理暂行办法》，现印发给你们，请遵照执行。执行中有何问题，请及时向我们反映。

附件：科技型中小企业创业投资引导基金管理暂行办法

财政部 科技部
二〇〇七年七月六日

科技型中小企业创业投资引导基金管理暂行办法

第一章 总 则

第一条 为贯彻《国务院关于实施〈国家中长期科学和技术发展规划纲要（2006～2020年）〉若干配套政策的通知》（国发〔2006〕6号），支持科技型中小企业自主创新，根据《国务院办公厅转发科学技术部、财政部关于科技型中小企业技术创新基金的暂行规定的通知》（国办发〔1999〕47号），制定本办法。

第二条 科技型中小企业创业投资引导基金（以下简称引导基金）专项用于

引导创业投资机构向初创期科技型中小企业投资。

第三条 引导基金的资金来源为，中央财政科技型中小企业技术创新基金；从所支持的创业投资机构回收的资金和社会捐赠的资金。

第四条 引导基金按照项目选择市场化、资金使用公共化、提供服务专业化的原则运作。

第五条 引导基金的引导方式为阶段参股、跟进投资、风险补助和投资保障。

第六条 财政部、科技部聘请专家组成引导基金评审委员会，对引导基金支持的项目进行评审；委托科技部科技型中小企业技术创新基金管理中心（以下简称创新基金管理中心）负责引导基金的日常管理。

第二章 支持对象

第七条 引导基金的支持对象为：在中华人民共和国境内从事创业投资的创业投资企业、创业投资管理企业、具有投资功能的中小企业服务机构（以下统称创业投资机构）及初创期科技型中小企业。

第八条 本办法所称的创业投资企业，是指具有融资和投资功能，主要从事创业投资活动的公司制企业或有限合伙制企业。申请引导基金支持的创业投资企业应当具备下列条件：

（一）经工商行政管理部门登记；

（二）实收资本（或出资额）在10000万元人民币以上，或者出资人首期出资在3000万元人民币以上，且承诺在注册后5年内总出资额达到10000万元人民币以上，所有投资者以货币形式出资；

（三）有明确的投资领域，并对科技型中小企业投资累计5000万元以上；

（四）有至少3名具备5年以上创业投资或相关业务经验的专职高级管理人员；

（五）有至少3个对科技型中小企业投资的成功案例，即投资所形成的股权年平均收益率不低于20%，或股权转让收入高于原始投资20%以上；

（六）管理和运作规范，具有严格合理的投资决策程序和风险控制机制；

（七）按照国家企业财务、会计制度规定，有健全的内部财务管理制度和会计核算办法；

（八）不投资于流动性证券、期货、房地产以及国家政策限制类行业。

第九条　本办法所称的创业投资管理企业，是指由职业投资管理人组建的为投资者提供投资管理服务的公司制企业或有限合伙制企业。申请引导基金支持的创业投资管理企业应具备下列条件：

（一）符合本办法第八条第（一）、第（四）、第（五）、第（六）、第（七）项条件；

（二）实收资本（或出资额）在 100 万元人民币以上；

（三）管理的创业资本在 5000 万元人民币以上。

第十条　本办法所称的具有投资功能的中小企业服务机构，是指主要从事为初创期科技型中小企业提供创业辅导、技术服务和融资服务，且具有投资能力的科技企业孵化器、创业服务中心等中小企业服务机构。申请引导基金支持的中小企业服务机构需具备以下条件：

（一）符合本办法第八条第（五）、第（六）、第（七）项条件；

（二）具有企业或事业法人资格。

（三）有至少 2 名具备 3 年以上创业投资或相关业务经验的专职管理人员；

（四）正在辅导的初创期科技型中小企业不低于 50 家（以签订《服务协议》为准）；

（五）能够向初创期科技型中小企业提供固定的经营场地；

（六）对初创期科技型中小企业的投资或委托管理的投资累计在 500 万元人民币以上。

第十一条　本办法所称的初创期科技型中小企业，是指主要从事高新技术产品研究、开发、生产和服务，成立期限在 5 年以内的非上市公司。享受引导基金支持的初创期科技型中小企业，应当具备下列条件：

（一）具有企业法人资格；

（二）职工人数在 300 人以下，具有大专以上学历的科技人员占职工总数的比例在 30% 以上，直接从事研究开发的科技人员占职工总数比例在 10% 以上；

（三）年销售额在 3000 万元人民币以下，净资产在 2000 万元人民币以下，每年用于高新技术研究开发的经费占销售额的 5% 以上。

第三章　阶　段　参　股

第十二条　阶段参股是指引导基金向创业投资企业进行股权投资，并在约定的期限内退出。主要支持发起设立新的创业投资企业。

第十三条　符合本办法规定条件的创业投资机构作为发起人发起设立新的创业投资企业时，可以申请阶段参股。

第十四条　引导基金的参股比例最高不超过创业投资企业实收资本（或出资额）的25%，且不能成为第一大股东。

第十五条　引导基金投资形成的股权，其他股东或投资者可以随时购买。自引导基金投入后3年内购买的，转让价格为引导基金原始投资额；超过3年的，转让价格为引导基金原始投资额与按照转让时中国人民银行公布的1年期贷款基准利率计算的收益之和。

第十六条　申请引导基金参股的创业投资企业应当在《投资人协议》和《企业章程》中明确下列事项：

（一）在有受让方的情况下，引导基金可以随时退出；

（二）引导基金参股期限一般不超过5年；

（三）在引导基金参股期内，对初创期科技型中小企业的投资总额不低于引导基金出资额的2倍；

（四）引导基金不参与日常经营和管理，但对初创期科技型中小企业的投资情况拥有监督权。创新基金管理中心可以组织社会中介机构对创业投资企业进行年度专项审计。创业投资机构未按《投资人协议》和《企业章程》约定向初创期科技型中小企业投资的，引导基金有权退出；

（五）参股创业投资企业发生清算时，按照法律程序清偿债权人的债权后，剩余财产首先清偿引导基金。

第四章　跟　进　投　资

第十七条　跟进投资是指对创业投资机构选定投资的初创期科技型中小企业，引导基金与创业投资机构共同投资。

第十八条　创业投资机构在选定投资项目后或实际完成投资1年内，可以申请跟进投资。

第十九条　引导基金按创业投资机构实际投资额 50% 以下的比例跟进投资，每个项目不超过 300 万元人民币。

第二十条　引导基金跟进投资形成的股权委托共同投资的创业投资机构管理。

创新基金管理中心应当与共同投资的创业投资机构签订《股权托管协议》，明确双方的权利、责任、义务、股权退出的条件或时间等。

第二十一条　引导基金按照投资收益的 50% 向共同投资的创业投资机构支付管理费和效益奖励，剩余的投资收益由引导基金收回。

第二十二条　引导基金投资形成的股权一般在 5 年内退出。股权退出由共同投资的创业投资机构负责实施。

第二十三条　共同投资的创业投资机构不得先于引导基金退出其在被投资企业的股权。

第五章　风　险　补　助

第二十四条　风险补助是指引导基金对已投资于初创期科技型中小企业的创业投资机构予以一定的补助。

第二十五条　创业投资机构在完成投资后，可以申请风险补助。

第二十六条　引导基金按照最高不超过创业投资机构实际投资额的 5% 给予风险补助，补助金额最高不超过 500 万元人民币。

第二十七条　风险补助资金用于弥补创业投资损失。

第六章　投　资　保　障

第二十八条　投资保障是指创业投资机构将正在进行高新技术研发、有投资潜力的初创期科技型中小企业确定为"辅导企业"后，引导基金对"辅导企业"给予资助。

投资保障分两个阶段进行。在创业投资机构与"辅导企业"签订《投资意向书》后，引导基金对"辅导企业"给予投资前资助；在创业投资机构完成投资后，引导基金对"辅导企业"给予投资后资助。

第二十九条　创业投资机构可以与"辅导企业"共同提出投资前资助申请。

第三十条　申请投资前资助的，创业投资机构应当与"辅导企业"签订《投资意向书》，并出具《辅导承诺书》，明确以下事项：

（一）获得引导基金资助后，由创业投资机构向"辅导企业"提供无偿创业辅导的主要内容。辅导期一般为1年，最长不超过2年；

（二）辅导期内"辅导企业"应达到的符合创业投资机构投资的条件；

（三）创业投资机构与"辅导企业"双方违约责任的追究。

第三十一条　符合本办法第三十条规定的，引导基金可以给予"辅导企业"投资前资助，资助金额最高不超过100万元人民币。资助资金主要用于补助"辅导企业"高新技术研发的费用支出。

第三十二条　经过创业辅导，创业投资机构实施投资后，创业投资机构与"辅导企业"可以共同申请投资后资助。引导基金可以根据情况，给予"辅导企业"最高不超过200万元人民币的投资后资助。资助资金主要用于补助"辅导企业"高新技术产品产业化的费用支出。

第三十三条　对辅导期结束未实施投资的，创业投资机构和"辅导企业"应分别提交专项报告，说明原因。对不属于不可抗力而未按《投资意向书》和《辅导承诺书》履约的，由创新基金管理中心依法收回投资前资助资金，并在有关媒体上公布违约的创业投资机构和"辅导企业"名单。

第七章　管理与监督

第三十四条　财政部、科技部履行下列职责：

（一）制定引导基金项目评审规程；

（二）聘请有关专家组成引导基金评审委员会；

（三）根据引导基金评审委员会评审结果，审定所要支持的项目；

（四）指导、监督创新基金管理中心对引导基金的日常管理工作；

（五）委托第三方机构，对引导基金的运作情况进行评估，对获得引导基金支持的创业投资机构的经营业绩进行评价。

第三十五条　引导基金评审委员会履行下列职责：

依据评审标准和评审规程公开、公平、公正地对引导基金项目进行评审。

第三十六条　创新基金管理中心履行下列职责：

（一）对申请引导基金的项目进行受理和初审，向引导基金评审委员会提出初审意见；

（二）受财政部、科技部委托，作为引导基金出资人代表，管理引导基金投资形成的股权，负责实施引导基金投资形成的股权退出工作；

（三）监督检查引导基金所支持项目的实施情况，定期向财政部、科技部报告监督检查情况，并对监督检查结果提出处理建议。

第三十七条　经引导基金评审委员会评审的支持项目，在有关媒体上公示，公示期为 2 周。对公示中发现问题的项目，引导基金不予支持。

第八章　附　　则

第三十八条　引导基金项目管理办法由科技部会同财政部另行制定。

第三十九条　本办法由财政部会同科技部负责解释。

附录5

国务院办公厅转发发展改革委等部门关于创业投资引导基金规范设立与运作指导意见的通知

国办发〔2008〕116号

各省、自治区、直辖市人民政府，国务院各部委、各直属机构：

发展改革委、财政部、商务部《关于创业投资引导基金规范设立与运作的指导意见》已经国务院同意，现转发给你们，请认真贯彻执行。

国务院办公厅
二○○八年十月十八日

关于创业投资引导基金规范设立与运作的指导意见

发展改革委　财政部　商务部

为贯彻《国务院关于实施〈国家中长期科学和技术发展规划纲要（2006～2020年）〉若干配套政策的通知》（国发〔2006〕6号）精神，配合《创业投资企业管理暂行办法》（发展改革委等十部委令2005年第39号）实施，促进创业投资引导基金（以下简称引导基金）的规范设立与运作，扶持创业投资企业发展，现提出如下意见：

一、引导基金的性质与宗旨

引导基金是由政府设立并按市场化方式运作的政策性基金，主要通过扶持创业投资企业发展，引导社会资金进入创业投资领域。引导基金本身不直接从事创业投资业务。

引导基金的宗旨是发挥财政资金的杠杆放大效应，增加创业投资资本的供给，克服单纯通过市场配置创业投资资本的市场失灵问题。特别是通过鼓励创业投资企业投资处于种子期、起步期等创业早期的企业，弥补一般创业投资企业主要投资于成长期、成熟期和重建企业的不足。

二、引导基金的设立与资金来源

地市级以上人民政府有关部门可以根据创业投资发展的需要和财力状况设立引导基金。其设立程序为：由负责推进创业投资发展的有关部门和财政部门共同提出设立引导基金的可行性方案，报同级人民政府批准后设立。各地应结合本地实际情况制定和不断完善引导基金管理办法，管理办法由财政部门和负责推进创业投资发展的有关部门共同研究提出。

引导基金应以独立事业法人的形式设立，由有关部门任命或派出人员组成的理事会行使决策管理职责，并对外行使引导基金的权益和承担相应义务与责任。

引导基金的资金来源：支持创业投资企业发展的财政性专项资金；引导基金的投资收益与担保收益；闲置资金存放银行或购买国债所得的利息收益；个人、企业或社会机构无偿捐赠的资金等。

三、引导基金的运作原则与方式

引导基金应按照"政府引导、市场运作，科学决策、防范风险"的原则进行投资运作，扶持对象主要是按照《创业投资企业管理暂行办法》规定程序备案的在中国境内设立的各类创业投资企业。在扶持创业投资企业设立与发展的过程中，要创新管理模式，实现政府政策意图和所扶持创业投资企业按市场原则运作的有效结合；要探索建立科学合理的决策、考核机制，有效防范风险，实现引导基金自身的可持续发展；引导基金不用于市场已经充分竞争的领域，不与市场争利。

引导基金的运作方式：（一）参股。引导基金主要通过参股方式，吸引社会资本共同发起设立创业投资企业。（二）融资担保。根据信贷征信机构提供的信用报告，对历史信用记录良好的创业投资企业，可采取提供融资担保方式，支持其通过债权融资增强投资能力。（三）跟进投资或其他方式。产业导向或区域导向较强的引导基金，可探索通过跟进投资或其他方式，支持创业投资企业发展并引导其投资方向。其中，跟进投资仅限于当创业投资企业投资创业早期企业或需要政府重点扶持和鼓励的高新技术等产业领域的创业企业时，引导基金可以按适当股权比例向该创业企业投资，但不得以"跟进投资"之名，直接从事创业投资运作业务，而应发挥商业性创业投资企业发现投资项目、评估投资项目和实施投资管理的作用。

引导基金所扶持的创业投资企业，应当在其公司章程或有限合伙协议等法律文件中，规定以一定比例资金投资于创业早期企业或需要政府重点扶持和鼓励的高新技术等产业领域的创业企业。引导基金应当监督所扶持创业投资企业按照规定的投资方向进行投资运作，但不干预所扶持创业投资企业的日常管理。引导基金不担任所扶持公司型创业投资企业的受托管理机构或有限合伙型创业投资企业的普通合伙人，不参与投资设立创业投资管理企业。

四、引导基金的管理

引导基金应当遵照国家有关预算和财务管理制度的规定，建立完善的内部管理制度和外部监管与监督制度。引导基金可以专设管理机构负责引导基金的日常管理与运作事务，也可委托符合资质条件的管理机构负责引导基金的日常管理与运作事务。

引导基金受托管理机构应当符合下列资质条件：（1）具有独立法人资格；（2）其管理团队具有一定的从业经验，具有较高的政策水平和管理水平；（3）最近3年以上持续保持良好的财务状况；（4）没有受过行政主管机关或者司法机关重大处罚的不良记录；（5）严格按委托协议管理引导基金资产。

引导基金应当设立独立的评审委员会，对引导基金支持方案进行独立评审，以确保引导基金决策的民主性和科学性。评审委员会成员由政府有关部门、创业投资行业自律组织的代表以及社会专家组成，成员人数应当为单数。其中，创业投资行业自律组织的代表和社会专家不得少于半数。引导基金拟扶持项目单位的人员不得作为评审委员会成员参与对拟扶持项目的评审。引导基金理事会根据评审委员会的评审结果，对拟扶持项目进行决策。

引导基金应当建立项目公示制度，接受社会对引导基金的监督，确保引导基金运作的公开性。

五、对引导基金的监管与指导

引导基金纳入公共财政考核评价体系。财政部门和负责推进创业投资发展的有关部门对所设立引导基金实施监管与指导，按照公共性原则，对引导基金建立有效的绩效考核制度，定期对引导基金政策目标、政策效果及其资产情况进行评估。

引导基金理事会应当定期向财政部门和负责推进创业投资发展的有关部门报告运作情况。运作过程中的重大事件及时报告。

六、引导基金的风险控制

应通过制定引导基金章程，明确引导基金运作、决策及管理的具体程序和规定，以及申请引导基金扶持的相关条件。申请引导基金扶持的创业投资企业，应当建立健全业绩激励机制和风险约束机制，其高级管理人员或其管理顾问机构的高级管理人员应当已经取得良好管理业绩。

引导基金章程应当具体规定引导基金对单个创业投资企业的支持额度以及风险控制制度。以参股方式发起设立创业投资企业的，可在符合相关法律法规规定的前提下，事先通过公司章程或有限合伙协议约定引导基金的优先分配权和优先清偿权，以最大限度控制引导基金的资产风险。以提供融资担保方式和跟进投资方式支持创业投资企业的，引导基金应加强对所支持创业投资企业的资金使用监管，防范财务风险。

引导基金不得用于从事贷款或股票、期货、房地产、基金、企业债券、金融衍生品等投资以及用于赞助、捐赠等支出。闲置资金只能存放银行或购买国债。

引导基金的闲置资金以及投资形成的各种资产及权益，应当按照国家有关财务规章制度进行管理。引导基金投资形成股权的退出，应按照公共财政的原则和引导基金的运作要求，确定退出方式及退出价格。

七、指导意见的组织实施

本指导意见发布后，新设立的引导基金应遵循本指导意见进行设立和运作，已设立的引导基金应按照本指导意见逐步规范运作。

附录6

关于实施创业投资企业所得税
优惠问题的通知

国税发〔2009〕87号

各省、自治区、直辖市和计划单列市国家税务局、地方税务局：

为落实创业投资企业所得税优惠政策，促进创业投资企业的发展，根据《中华人民共和国企业所得税法》及其实施条例等有关规定，现就创业投资企业所得税优惠的有关问题通知如下：

一、创业投资企业是指依照《创业投资企业管理暂行办法》（国家发展和改革委员会等10部委令2005年第39号，以下简称《暂行办法》）和《外商投资创业投资企业管理规定》（商务部等5部委令2003年第2号）在中华人民共和国境内设立的专门从事创业投资活动的企业或其他经济组织。

二、创业投资企业采取股权投资方式投资于未上市的中小高新技术企业2年（24个月）以上，凡符合以下条件的，可以按照其对中小高新技术企业投资额的70%，在股权持有满2年的当年抵扣该创业投资企业的应纳税所得额；当年不足抵扣的，可以在以后纳税年度结转抵扣。

（一）经营范围符合《暂行办法》规定，且工商登记为"创业投资有限责任公司"、"创业投资股份有限公司"等专业性法人创业投资企业。

（二）按照《暂行办法》规定的条件和程序完成备案，经备案管理部门年度检查核实，投资运作符合《暂行办法》的有关规定。

（三）创业投资企业投资的中小高新技术企业，除应按照科技部、财政部、国家税务总局《关于印发〈高新技术企业认定管理办法〉的通知》（国科发火〔2008〕172号）和《关于印发〈高新技术企业认定管理工作指引〉的通知》

（国科发火〔2008〕362 号）的规定，通过高新技术企业认定以外，还应符合职工人数不超过 500 人，年销售（营业）额不超过 2 亿元，资产总额不超过 2 亿元的条件。

2007 年底前按原有规定取得高新技术企业资格的中小高新技术企业，且在 2008 年继续符合新的高新技术企业标准的，向其投资满 24 个月的计算，可自创业投资企业实际向其投资的时间起计算。

（四）财政部、国家税务总局规定的其他条件。

三、中小企业接受创业投资之后，经认定符合高新技术企业标准的，应自其被认定为高新技术企业的年度起，计算创业投资企业的投资期限。该期限内中小企业接受创业投资后，企业规模超过中小企业标准，但仍符合高新技术企业标准的，不影响创业投资企业享受有关税收优惠。

四、创业投资企业申请享受投资抵扣应纳税所得额，应在其报送申请投资抵扣应纳税所得额年度纳税申报表以前，向主管税务机关报送以下资料备案：

（一）经备案管理部门核实后出具的年检合格通知书（副本）；

（二）关于创业投资企业投资运作情况的说明；

（三）中小高新技术企业投资合同或章程的复印件、实际所投资金验资报告等相关材料；

（四）中小高新技术企业基本情况（包括企业职工人数、年销售（营业）额、资产总额等）说明；

（五）由省、自治区、直辖市和计划单列市高新技术企业认定管理机构出具的中小高新技术企业有效的高新技术企业证书（复印件）。

五、本通知自 2008 年 1 月 1 日起执行。

国家税务总局
二〇〇九年四月三十日

附录7

商务部关于外商投资创业投资
企业、创业投资管理企业
审批事项的通知

商资函〔2009〕9号

各省、自治区、直辖市、计划单列市、哈尔滨、长春、沈阳、济南、南京、杭州、广州、武汉、成都、西安、新疆生产建设兵团商务主管部门，国家级经济技术开发区：

为进一步转变政府职能，规范外商投资审批工作，提高工作效率，现就外商投资创业投资领域审核管理事项通知如下：

一、资本总额1亿美元以下的（含1亿美元）外商投资创业投资企业、外商投资创业投资管理企业的设立及变更由省、自治区、直辖市、计划单列市、哈尔滨、长春、沈阳、济南、南京、杭州、广州、武汉、成都、西安、新疆生产建设兵团商务主管部门（以下简称省级商务主管部门）和国家级经济技术开发区依法负责审核、管理。

二、省级商务主管部门和国家级经济技术开发区应严格按照《外商投资创业投资企业管理规定》及国家有关法律法规和相关政策要求审核，在收到全部上报材料之日起30天内作出批准或不批准的书面决定。对于设立外商投资创业投资企业的申请，应书面征求同级科学技术管理部门意见。予以批准的，省级商务主管部门和国家级经济技术开发区颁发外商投资企业批准证书，填写《外商投资创业投资企业情况备案表》（见附件），并通过外商投资企业审批管理系统一并即时向商务部备案。

三、商务部批准设立的外商投资创业投资企业、外商投资创业投资管理企业后续变更事项（外商投资创业投资企业单次增资超过 1 亿美元和必备投资者变更的除外），由省级商务主管部门和国家级经济技术开发区审批。

四、省级商务主管部门和国家级经济技术开发区不得再行下放其他地方部门审批，且应及时将审核管理过程中出现的问题上报商务部，如有违规审批行为，商务部将视情况给予通报批评甚至收回审核、管理权限。

五、创投企业应于每年 3 月份填写《外商投资创业投资企业情况备案表》，将上一年度的资金筹集和使用等情况报省级商务主管部门和国家级经济技术开发区。省级商务主管部门和国家级经济技术开发区应出具备案证明，作为创投企业参加联合年检的审核材料之一。省级商务主管部门和国家级经济技术开发区应于 5 月份将情况汇总报商务部。

六、本通知自发布之日起执行。

特此通知。

附件：外商投资创业投资企业情况备案表

中华人民共和国商务部
二○○九年三月五日

（附录七之附件略）

参 考 文 献

英文文献

［1］ Alon Brav, Paul A. Gompers. Myth or Reality? The Long-Run Underperformance of Initial Public Offerings: Evidence From Venture and Nonventure Capital-Backed Companies. Journal of Finance, 1997, LⅡ（5）: 1791 – 1821.

［2］ Amboise Gerald, Muldownery Marie. Management Theory for Small Business: Attempts and Requirement. Academy of Management Review, 1998, 13（2）: 226 – 240.

［3］ Anthony Aylward. Trends in Capital Finance in Developing Countries. World Bank and International Finance Corporation, Discussion Paper, 36. 1998.

［4］ Barry, C., C. Muscarella, J. Peavy etc.. The Role of Venture Capital in the Creation of Public Companies: Evidence from the Going Public Process. Journal of Financial Economics, 1990, 27: 447 – 471.

［5］ Bruton, Garry D., Fried, Vance H., Hisrich, Robert D. CEO Dismissal in Venture Capital-Backed Firms: Further Evidence From an Agency Perspective. Entrepreneurship Theory and Practice, 2000, 4: 69 – 78.

［6］ Carland, J. W.. Differentiating Entrepreneurs from Small Business Owners: A Conceptualization. Academy of Management Review, 1984, Vol. 9（2）: 354 – 359.

［7］ D. Gordon Smith. Control Over Exit in Venture Relationships. European Financial Management Association's Annual Meeting, June 29, 2001.

［8］ David Gent, Thomas Tarala. Venture Capital Term Sheet Description: Part 1. 2002. 10. 21. ［http: //www. windhaus. com/Term% 20Sheet% 20Part% 201%

20Brobeck%20Hall%20Dorr. pdf].

［9］ David Gent, Thomas Tarala. "Venture Capital Term Sheet Description：PART 1", 2002. 10. 2. [http：//www. windhaus. com/Term%20Sheet%20Part%202%20Brobeck%20Hall%20Dorr. pdf].

［10］ Douglas J. Cumming. The Convertible Preferred Equity Puzzle in Canadian Venture Capital Finance. Working Paper, 2002. [http：//papers. ssrn. com/sol3/papers. cfm？ cfid＝534688&cftoken＝61702573&abstract_id＝218352].

［11］ Elaine Romanelli. Environment and Strategies of Organization Start-up：Effects on Early Survival. Administrative Science Quarterly, 1989, 34：369 – 387.

［12］ Elango B. , Fried V. H. , Hisrich R. D. , etc. . How venture capital firms differ. Journal of Business Venturing, 1995, 10：157 – 179.

［13］ Gompers, P. . Optimal investment, monitoring and the staging of venture capital. Journal of Finance, 1995, 5（5）：1461 – 1488.

［14］ Harry J. Sapienza. When Do Venture Capitalists Add Value？ . Journal of Business Venturing, 1992, 7：9 – 27.

［15］ Harry J. Sapienza, Sophie Manigart, Wim Vermeir. Venture Capitalist Governance and Value Added in Four Countries. Journal of Business Venturing, 1996, 11：439 – 469.

［16］ Ian C. MacMillan, David M. Kulow, Roubina Khoylian. Venure Capitalists' Involvement in Their Investments：Extent and Performance. Journal of Business Venturing, 1988, 4：27 – 47.

［17］ Jonathan D. Arthurs, Lowell W. Busenitz. The Boundaries and Limitations of Agency Theory and Stewardship Theory in the Venture Capitalist/Entrepreneur Relationship. Entrepreneurship Theory and Practice, 2003, Winter：145 – 162.

［18］ Joseph Rosenstein. The Board and Strategy：Venture Capital and High Technology. Journal of Business Venturing, 1988, 3：159 – 170.

［19］ Joseph Rosenstein, Albert V. Bruno, William D. Bygrave, etc. . The CEO, Venture Capitalists, and the Board. Journal of Business Venturing, 1992, 8：99 – 113.

［20］ Josh Lerner. Venture Capitalists and the oversight of private firms. Journal of Finance, 1995, L (1): 301 – 317.

［21］ Kaplan, S., Strömberg, P.. How do Venture Capitalists Choose Investments? . Working Paper, 2000. [http://www. ulb. ac. be/cours/solvay/vanpottelsberghe/resources/rsaem_6. pdf].

［22］ Ken Robbie, Mike Wright, Brian Chiplin. The Monitoring of Venture Capital Firms. Entrepreneurship Theory and Practice, 1997, Summer: 9 – 28.

［23］ Macmillan, I. C., Siegel, R., Subba Narasimha, P. N.. Criteria used by venture capitalist to evaluate new venture proposals. Journal of Business Venturing, 1985, 1: 119 – 128.

［24］ Michael Gorman, William A. Sahlman. What Do Venture Capitalists Do? . Journal of Business Venturing, 1989, 4: 231 – 248.

［25］ Paul A. Gompers. Optimal Investment, Monitoring, and the Staging of Venturing Capital. Journal of Finance, 1995, L (5): 1461 – 1489.

［26］ Paul Gompers, Josh Lerner. The Use of Covenants: An Empirical Analysis of Venture Partnership Agreements. Journal of Law and Economics, 1996, Vol. XXXIX (October): 463 – 498.

［27］ R. C. Sweeting, C. F. Wong. A UK "Hands Off" Venture Capital Firm and the Handling of Post-Investment Investor-Investee Relationship. Journal of Management Studies, 1997, 34: 125 – 151.

［28］ Rajan, R. G., Zingales, L.. The Governance of the New Enterprise. Working Paper, 2000. [http://www. nber. org/papers/w7958. pdf].

［29］ Ronald J. Gilson, David M. Schizer. Understanding Venture Capital Structure: A Tax Explanation for Convertible Prefered Stock. Working Paper, 2002. [http://papers. ssrn. com/abstract = 301225].

［30］ Rosenberg, Sharon Harvey. Spreading the risk. 2001. [http://www. crossbow ventures. com/newsite/news_articles/news_article_06. shtml].

［31］ Santlago, William. On the Inside Track in Venture Capital. New York Times, 2003, January 12.

［32］ Sophie Manigart, Vlerick Leuven, Andy Lockett, etc.. The syndication of venture capital investment. 2002. ［http：//www. cicf. de/documents/erimrs20021104111253. pdf］.

［33］ Steven N. Kaplan, Per Strömberg. Financial Contracting Theory Meets the Real World：An Empirical Analysis of Venture Capital Contracts. Working Paper, 2002. ［http：//gsbwww. uchicago. edu/fac/per. Strömberg/research/contract. pdf］.

［34］ Steven N. Kaplan, Per Strömberg. Venture Capitalists As Principals：Contracting, Screening, and Monitoring. Working Paper, 2001. ［http：//www. nber. org/papers/w8202］.

［35］ Vance H. Fried, Garry D. Bruton, Robert D. Histrich. Strategy and the Board of Directors in Venture Capital-Backed Firms. Journal of Business Venturing, 1998, 13：493 – 503.

［36］ Warner, Melanie. The new way to start up in silicon Valley. Fortune, 1998, 137 (4)：Mar 2.

［37］ William A. Sahlman. The Structure and Governance of Venture-Capital Organization. Journal of Financial Economics, 1990, 27：473 – 521.

［38］ William D. Bygrave. The Structure of The Investment Networks of venture capital firms：A networking perspective. Journal of Business Venturing, 1988, 2：137 – 157.

［39］ Robert K. Kazanjian. Relation of Dominant Problems to Stages of Growth in Technology-Based New Ventures. Academy of Management Journal, 1988, 31 (2)：257 – 279.

［40］ Hoffman, H. , J. Blakely. You Can Negotiate with Venture Capitalists. Harvard Business Review, 1987, March-April：6 – 24.

［41］ Gideon D. Markman, Robert A. Baron. Person-Entrepreneurship Fit：Why Some People Are More Successful as Entrepreneur Than Others. Human Resources Management Review, 2003, 13：281 – 301.

［42］ John Freear, Jeffrey E. Sohl, JR. William E. Wetzel. Angels and None-angels：Are There Differences? . Journal of Business Venturing, 1994, 9：109 – 123.

［43］ Paul A. Gompers, Josh Lerner. Venture Capital Distributions: Short-Run and Long-Run Reactions. Journal of Finance, 1998, 53 (6): 2161 – 2183.

［44］ Admati, A. , P. Pileiderer. Robust Financial Contracting and the Role of Venture Capitalists. Journal of Finance, 1994, 49 (2): 371 – 402.

［45］ Sapienza, H. J. , Gupta, A. K. . Impact of agency risks and task uncertainty on venture capitalist entrepreneur relations. Academy of Management Journal, 1994, 37: 1618 – 1632.

［46］ Jonathan D. Arthur, Lowell W. Busenitz. Theoretical Foundations of the Venture Capitalist/Entrepreneur Relationship: Current Issues and Future Directions. Darden-Lally Retreat on Entrepreneurship Theory, 2002, March 1. [http: //scte. mgmt. rpi. edu/phanresearch/tiie/Arthurs%20Busenitz. PDF].

［47］ Tyebjee, T. T. , Bruno, A. V. . A model of venture capitalist investment activity. Management Science, 1984, 30 (9): 1051 – 1056.

［48］ Steier, L. , Greenwood, R. . Venture capitalist relationships in the deal structuring and post-investment stages of new firm creation. Journal of Management Studies, 1995, 32 (3): 337 – 357.

［49］ Ruhnka, J. C. , Feldman, H. D. , Dean, T. J. . The "living dead" phenomena in venture capital investments. Journal of Business Venturing, 1992, 7 (2): 137 – 155.

［50］ MacMillan, I. C. , Zemann, L. , Subba Narasimha, P. N. . Criteria Distinguishing Unsuccessful Ventures in the Venture Screening Process. Journal of Business Venturing, 1987, 2: 123 – 137.

［51］ Amit, R. , Glosten, L. , Muller, E. . Entrepreneurial ability, venture investments and risk sharing. Management Science, 1990, 36 (10): 1232 – 1245.

［52］ Romanelli, E. . Environments and strategies of organization start-ups: effect on early survival. Administrative Science Quarterly, 1989, 34: 369 – 387.

［53］ Thomas Hellmann. The allocation of control rights in venture capital contracts. The Rand Journal of Economics, 1998, 29 (Spring): 57 – 76.

［54］ Bourgeois, L. J. , K. Eisenhardt. Strategic decision processes in Silicon valley：the anatomy of a "living dead". California Management Review, 1987, Fall：143 – 159.

[55] Sahlman, William A. Sahlman. The Structure and Governance of Venture-capital Organizations. Journal of Financial Economics, 1990, 27 (2)：473 – 521.

[56] David Gladstone. Venture Capital Investing：The Complete Handbook For Investing In Small Private Business For Outstanding Profits. N. J. ：Prentice-Hall, 1988.

[57] Kenneth Charles Robinson. An Examination of the Influence of Industry Structure on Eight Alternative Measures of New Venture Performance for High Potential Independent New Ventures. Journal of Business Venturing, 1998, 14：165 – 187.

[58] Tsvi Ving, Maarten De Haan. How Do Venture Capitalists Screen Business Plans. Working Paper, 2002. [http：//papers. ssrn. com/sol3/papers. cfm? abstract_id = 321860].

[59] Richard B. Robinson, J. R. . Emerging Strategy in the Venture Capital Industry. Journal of Business Venturing, 1987, 2：33 – 77.

[60] Plummer, James L. . QED report on venture capital financial analysis. CA：QED Research, Inc. , Palo Alto, 1987.

[61] Howard E. Aldrich. Orgnizations Evolving. London：SAGE Publications Ltd. , 1999.

[62] Charles R. Feller. Inside Intel Capital. Venture Capital Journal, 2002, April 1.

[63] William Megginson, Kathleen A. Weiss. Venture Capitalist Certification in Initial Public Offerings. Journal of Finance, July, 1991, Vol. XLVI (3)：879 – 903.

[64] Sand Kortum, Josh Lerner. Assessing the Contribution of Venture Capital to Innovation. Journal of Economics, 2000, 31 (4)：674 – 692.

[65] Andreas Bascha, Uwe Walz. Convertible securities and optimal exit decisions in venture capital finance. Journal of Corporate Finance, 2001, 7：285 – 306.

[66] Amit, R. , J. Brander, C. Zott. Why Do Venture Capital Firm Exit? Theory and Canadian Evidence. Journal of Business Venturing, 1998, 13：441 – 466.

[67] Walsh J. P. and Seward J. K.. On the Efficiency of Internal and External Corporate Control Mechanisms. Academy of Management Review, 1990, 15 (3): 421 – 458.

[68] Barney, J., Busenitz, L., Fiet, J., Moesel, D.. The Structure of Venture Capital Governance: An Organizational Economic Analysis of Relations Between Venture Capital Firms and New Ventures. Academy of Management Procedings, 1989, 64 – 68.

[69] Stevenson, H., J. Jarillo. A perspective of entrepreneurship: entrepreneurial management. Strategic Management Journal, 1990, 11: 17 – 27.

[70] Baumol, W. J.. Entrepreneurship: productive, unproductive, and destructive. Journal of Political Economy, 1990, 5 (1): 893 – 921.

[71] Joshua Lerner. Venture Capitalists and the Decision to Go Public. Journal of Financial Economics, 1994, 35: 293 – 316.

[72] Alchian, A. and Demsetz, H.. Production, Information Costs, and Economic Organization. American Economic Review, 1972, 67: 777 – 785.

[73] Barney, J. B., Lowell Busenitz, Jim Fiet, etc.. The Relationship Between Venture Capitalists and Managers in New Firms: Determinants of Contractual Covenants. Managerial Finance, 1994, 20 (1): 19 – 30.

[74] Gupta, Anil K., Harry J. Sapienza. Determinants of Venture Capital Firms' Preferences Regarding the Industry Diversity and Geographic Scope of Their Investements. Journal of Business Venturing, 1992, 7: 347 – 362.

[75] Edward B. Roberts. High Stakes for High-Tech Entrepreneurs: Understanding Venture Capital Decision Making. Sloan Management Review, 1991, Winter: 9 – 20.

[76] Ian Macmillan, P. N. Subba Narasimha. Reaearch Notes and Communications: Characteristics Distinguishing Funded From Unfounded Business Plans Evaluated By Venture Capitalists. Strategic Management Journal, 1987, 8: 579 – 585.

[77] Robert H. Rea. Factors Affecting Success and Failure of Seed Capital/Startup Negotiations. Journal of Business Venturing, 1989, 4: 149 – 158.

［78］ Tyzoon Tyebjee, Lister Vickery. Venture Capital in the Western Europe. Journal of Business Venturing, 1988, 3：123 – 136.

［79］ Hubert Ooghe, Sophie Manigart, Yves Fassin. Growth Patterns of the European Venture Capital Industry. Journal of Business Venturing, 1991, 6：381 – 404.

［80］ White, H. C., Boorman, S. A., Brieger, R. L. . Social structure from multiple networks. American Journal of Sociology, 1988, 3：137.

［81］ Tichy, N. M. . Networks in orgnizations. In：P. C. Nystrom, W. H. Starbuck, eds. . Handbook of Orgnizational Design. New York：Oxford University Press, 1981. 225 – 247.

［82］ Pfeffer, J. , Salancik, G. R. . The External Control of Orgnizations. New York：Harper and Row, 1978.

［83］ Jo-Ann Suchard. The impact of venture capital backing on the corporate governance of Australian initial public offerings. Journal of Banking & Finance, 2009, 33：765 – 774.

［84］ Henry Chen, Paul Gompers, Anna Kovner, Josh Lerner. Buy local? The geography of venture capital. Journal of Urban Economics, 2010, 67：90 – 102.

［85］ Holger Patzelt. CEO human capital, top management teams, and the acquisition of venture capital in new technology ventures：An empirical analysis. Journal of Engineering and Technology Management, J. Eng. Technol. Manage, 2010, xxx：xxx – xxx.

中文文献

［1］［美］阿瑟·罗克. 风险投资者的战略与策略.//［美］阿玛尔·毕海德等著, 北京新华信商业风险管理有限责任公司校译. 创业精神. 北京：中国人民大学出版社, 2000. 130 – 143.

［2］敖天平. 企业治理问题演进与公司治理理论发展. 中国流通经济, 2003, 11：54 – 57.

［3］蔡海月, 吴凤羽. 中国风险创业投资的误区. 财经理论与实践, 2000, 14：86 – 88.

［4］曹红辉, 彭作刚. 创业投资：知识经济时代的创业新概念. 北京：中国

城市出版社，1999.

　　[5] 段钢. 人力资本理论研究综述. 中国人才，2002，5：26 - 29.

　　[6] 范金定，张栋. "金手铐"＝激励机制. 中国中小企业，2001，1：18 - 19.

　　[7] 方竹兰. 人力资本所有者拥有企业所有权是一个趋势——兼与张维迎博士商榷. 经济研究，1997，6：36 - 40.

　　[8] 郭金林. 论从一元激励到多元激励. 经济问题. 2000，1：24 - 27.

　　[9] 黄涛. 风险投资. 北京：中国财经出版社，1999.

　　[10] ［英］科林·巴罗. 高峻山译. 小型企业. 北京：中信出版社，1999.

　　[11] 兰玉杰，陈晓剑. 人力资本的概念界定及其性质研究. 科学学与科学技术管理. 2003，4：80 - 81，94.

　　[12] 李伯亭. 风险投资：帮你创新、创业、创奇迹. 北京：企业管理出版社，1999.

　　[13] 李昌奕. 风险投资中的公司治理创新. 天津：公司治理改革与管理创新国际研讨会，2003 年 11 月.

　　[14] 李昌奕. 天津市风险投资行业调查结果的分析. 南开学报（哲学社会科学版），2003，4：29 - 33.

　　[15] 李昌奕. 组织成就动机管理. 天津师范大学学报（社会科学版），2004，增 2：69 - 72.

　　[16] 李昌奕，袁庆宏. 人力资本与治理概念的拓展——从公司治理到企业治理. 天津师范大学学报（社会科学版），2005，2：72 - 75.

　　[17] 李维安. 公司治理. 天津：南开大学出版社，2001.

　　[18] ［美］理查德·K. 洛赫里奇. 80 年代的公司战略. // ［美］卡尔·W. 斯特恩，小乔治·斯托克编. 波士顿顾问公司译. 公司战略透视. 上海：上海远东出版社，2000：80 - 84.

　　[19] 刘曼红. 风险投资：金融与创新. 北京：中国人民大学出版社，1998.

　　[20] ［美］麦克尔·波特. 陈小悦译. 竞争战略. 北京：华夏出版社，1997.

　　[21] ［美］青木昌彦. 硅谷模式的信息与治理结构. 经济社会体制比较.

2000，1：18－27，35．

［22］盛立军．风险投资：操作、机制与策略．上海：上海远东出版社，1999．

［23］孙永祥，章融．董事会规模、公司治理与绩效．企业经济．2000，10：13－15．

［24］王松奇，王国刚．中国创业投资发展报告（2002）．北京：中国财经出版社，2002．

［25］王松奇．中国创业投资发展报告（2003）．北京：中信出版社，2003．

［26］王松奇．中国创业投资发展报告（2004）．北京：经济管理出版社，2003．

［27］钱水土，侯波．风险投资家与风险企业家合作机制的博弈分析．数量经济技术经济研究．2001，9：60－63．

［28］王志平．美国经理人队伍的构成和开发．青海社会科学，2001，3：113～117．

［29］［美］威廉·艾·沙尔曼．怎样撰写出色的商业计划．//［美］阿玛尔·毕海德等著．北京新华信商业风险管理有限责任公司校译．创业精神．北京：中国人民大学出版社，2000：29－56．

［30］吴春．组织理论的发展概述．新疆大学学报（社会科学版）．2002，1：36－41．

［31］吴丽民，袁山林，张襄英．组织理论演进评述．西北农林科技大学学报（社会科学版）．2001，5：26－29．

［32］谢世存．全球风险投资指南．北京：中信出版社，2001．

［33］杨杜．MBA学出来的企业家、MBA报考指南．北京：人民大学出版社，1997．

［34］杨瑞龙，杨其静．专用性、专有性与企业制度．经济研究．2001，3：3－12．

［35］张景安．风险投资与操作实务．北京：中国金融出版社，2000．

［36］张维迎．博弈论与信息经济学．上海：上海人民出版社，1996．

［37］张玉利．企业家型企业的创业与快速成长．天津：南开大学出版社，

2003.

[38] 张元萍. 风险投资运作机制与模式. 北京：中国金融出版社，2003.

[39] 周其仁. 市场里的企业：一个人力资本与非人力资本的特别合约. 经济研究，1996，6：71 – 80.

[40] [美] 理查德·H. 霍尔. 张友星，刘五一，沈勇译. 组织：结构、过程及结果. 上海：上海财经大学出版社，2003.

[41] 黄涛. 风险投资. 北京：中国财经出版社，1999.

[42] 风险投资的兴起. 2001.［http：//www. vc-link. com/asp/content_show. asp？t = 4&id = 409］.

[43] 揭秘中国创投业. 中国证券报. 2001.11.19，第11版.

[44] 中国风险投资发展现状. 人民日报. 2000.7.31，第9版.

[45] 建立风险投资机制. 科技日报. 1998.5.23，第5版.

[46] 魏杰. 人力资本：企业法人治理结构的革命. 中国电力企业管理. 2003，2：16 – 18.

[47] [美] 保罗·A. 冈珀斯，乔希·勒纳. 宋晓东，刘晔，张剑译. 风险投资周期. 北京：经济科学出版社，2002.

[48] [美] 乔希·勒纳，费尔达. 胡波，朱琳，王芬译. 风险投资和私人权益资本案例. 北京：经济科学出版社，2002.

[49] 唐翰岫. 风险投资决策. 济南：山东人民出版社，2002.

[50] 成思危. 风险投资论丛. 北京：民主与建设出版社，2003.

[51] 贺卫，伍山林. 制度经济学. 北京：机械工业出版社，2003.

[52] 刘必金. 风险投资与管理. 武汉：武汉大学出版社，1999.

[53] 李健良. 风险投资操作指南. 北京：中华工商联合出版社，1999.

[54] 王俊峰. 风险投资实务与案例. 北京：清华大学出版社，2000.

[55] 武士国，宋立. 创业投资：国际经验与中国抉择. 北京：中国计划出版社，2001.

[56] 柯迪. 风险投资与中国实践研究. 北京：中国财政经济出版社，2002.

[57] 张帏，姜彦福. 风险企业中的所有权和控制权配置研究. Tsinghua Working Paper，2003 年 3 月.［http：//www. ncer. tsinghua. edu. cn/lunwen/paper2/

wp200303. doc].

[58] 毛为. 经理革命——中国经理职业化趋势. 北京：中国城市出版社，1998.

[59] 张玉利，任学锋. 中小企业成长的管理障碍. 天津：天津大学出版社，2001.

[60] ［美］斯蒂格利茨. 姚开建译. 经济学：上册. 北京：中国人民大学出版社，1997.

[61] 张维迎. 企业理论与中国企业改革. 北京：北京大学出版社，1999.

[62] 张树中著. 美国创业资本市场的制度分析. 北京：中国社会科学出版社，2001.

[63] 王大州. 风险投资与高技术新创企业的治理. 科学学与科学技术管理，2001，5：28－31.

[64] ［英］亚当·斯密. 郭大力，王亚南译. 国富论. 北京：商务印书馆，1964.

[65] 张勤生，汪应洛，席酉民. 管理机制设计理论研究. 西安交通大学学报，1997，6月增刊：45－50.

[66] 向秋华. 论现代企业中激励机制的设计. 经济师，2001，1：78－79.

[67] 肖虹. 论激励相容约束下的转移定价机制设计. 财经论丛，2003，5：78－85.

[68] 郑志刚. 公司治理机制理论研究文献综述. 南开经济研究，2004，5：26－33.

[69] ［美］科斯，哈特，斯蒂格利茨等著，［瑞典］拉斯·沃因，汉斯·韦坎德编. 李风圣主译. 契约经济学. 北京：经济科学出版社，1999.

[70] 朱心来. 我国科技风险企业的治理机制问题研究. 杭州：浙江大学博士学位论文，2004.

[71] 陈静. 风险企业治理机制及其对企业绩效影响的分析. 成都：四川大学工商管理硕士学位论文，2003.

[72] 李昌奕. 国外风险投资增值服务研究评述. 经济学动态. 2005，6：98－101.

[73] ［美］威廉森．王健等译．治理机制．北京：中国社会科学出版社，2001.

[74] 黄少安．产权经济学导论．北京：经济科学出版社，2004.

[75] 朱启才．权利、制度与经济增长．北京：经济科学出版社，2004.

[76] 王元，张晓原，梁桂．中国创业风险投资发展报告（2010）．北京：经济管理出版社，2010.

[77] ［美］戴维·L. 韦默．费方域，朱宝钦译．制度设计．上海：上海财经大学出版社，2004.

[78] ［美］唐·埃思里奇．朱钢等译．应用经济学研究方法论．北京：经济科学出版社，1998.

[79] 张俊山．经济学方法论．天津：南开大学出版社，2003.

[80] ［爱尔兰］博伊兰，奥戈尔曼．夏业良译．经济学方法论新论．北京：经济科学出版社，2002.

[81] 陈向明．质的研究方法与社会科学研究．北京：教育科学出版社，2004.

[82] 李存行．现代创业投资理论的发展趋势．经济论坛．2005，20：67 - 70.

[83] 李新春，苏琦，董文卓．公司治理与企业家精神．经济研究．2006，2：57 - 68.

[84] 朱韵洁．"六五"至"十五"规划期间我国经济增长中技术进步的贡献率测度．河北科技大学学报（社会科学版）.2009，3：9 - 12，49.

英文人名翻译表

A

Alchian	阿尔钦
Aldrich	阿尔德里奇
Alfred Marshall	阿尔弗雷德·马绍尔
Amit	阿米特
Andreas Bascha	安德雷斯·巴斯察
Anna Kovner	安娜·卡夫娜
Anthony	安东尼
Arthur Rock	阿瑟·罗克

B

Barney	巴尼
Barry	巴瑞
Baumol	鲍莫尔
Baysinger	贝辛格
Bhide	毕海德
Brander	布兰德
Brav	布拉夫
Brophy	布罗菲
Bruno	布鲁诺
Bruton	布鲁顿
Busenitz	布森尼茨
Butler	巴特勒
Bygrave	拜格雷夫

C

Cable	凯伯
Carter	卡特
Chemmanur	柯马纽尔
Cherin	谢林
Chiplin	吉布林
Cumming	卡明

D

Dasgupta	达斯顾普塔
David J. Storey	戴维·J. 斯托里
Davis	戴维斯
Demsetz	德姆赛茨
DiMaggio	迪马乔
Douglas	道格拉斯

E

Eisenhauer	艾森豪威尔
Elaine Romanelli	依兰妮·罗玛内利

Elango	依兰戈	Joseph	约瑟夫
		Judge	扎志

F

Fiet	菲特		
Florida	佛罗里达	Kaplan	开普兰
Freear	弗里尔	Kazanjian	卡赞简
Fried	弗雷德	Kenneth	肯尼斯
Fulghieri	弗尔吉里	Kenney	肯内
		Khoylian	柯依利安
		Kortum	柯塔姆

K

G

Gary S. Becker	加里·S. 贝克尔	Kulow	柯洛
Gibbard	吉巴德		
Gilson	吉尔森		
Golder	古尔德	Laffont	拉丰特
Gomez	戈麦兹	Lerner	勒纳
Gompers	冈帕斯		
Gorman	戈曼		
Green	格林	Macmillan	麦克米兰
Grove	格拉芙	Manaster	曼纳斯特
Gupta	古普塔	Manigart	曼尼加特
		Megginson	莫根森
		Mirrless	米尔利斯

L

M

H

Henry Chen	亨利·陈	Moesel	莫塞尔
Hergert	赫格特	Muscarella	穆斯卡雷拉
Hisrich	希斯里奇		
Holger Patzelt.	霍尔格·帕泽尔特		
Hurwicz	霍尔维茨	Narasimha	纳拉辛哈

N

J

P

Jarillo	加里罗	Patzelt	帕特泽尔特
John Gill	约翰·吉尔	Pfeffer	普费弗

Plummer	普拉默	Strömberg	斯特鲁姆伯格
Poindexter	波因德克斯特	Sweeting	斯威汀
Polonchek	伯龙查克		
Powell	鲍威尔	**T**	
Premus	普利缪斯	Testa	特斯塔
		Tyebjee	泰布杰
R		Titchy	蒂奇
Rajan	拉詹	**U**	
Robbie	鲁比		
Robert Hornaday	罗伯特·霍纳德	Uwe Walz	乌维·瓦尔兹
Rosenstein	罗森斯腾	**V**	
Ruhnka	伦卡		
		Verga	沃加
S		Vermeir	沃米尔
		Vickrey	维克瑞
Sahlman	萨尔曼		
Salancik	萨兰希克	**W**	
Sapienza	萨皮恩扎		
Satterthwaite	萨特斯维特	Walsh	沃尔什
Schizer	施基泽	Weiss	维斯
Seward	西沃德	Weller	维勒
Shane	肖恩	White	维特
Shepherd	史波德	Williamson	威廉姆森
Shilson	施尔生	Wright	赖特
Siegel	西格尔		
Stein	斯特恩	**Z**	
Stetson	斯特森	Zeithaml	泽萨姆
Stevenson	史蒂文森	Zingales	金格利斯

后　记

　　本书是在我的博士论文基础上完成的，首先要感谢我的导师陈清泰教授与李维安教授。老师学术作风严谨，没有他们的严格要求，就不会有今天这部书。感谢薛有志教授、周建教授、马连福教授、袁庆宏教授、李建标教授、杨斌教授，他们为本书的写作提供了宝贵的资料和信息，并提出了宝贵的修改意见。感谢李刚博士、王强音硕士、李晓勇硕士、赵科学硕士、艾有斌硕士、徐斌博士、崔杰先生、段艳红女士、陈宇峻先生、周洪海先生以及天津市风险投资协会，没有他们的大力帮助，本书的调研部分不可能完成。

　　特别要感谢我的父亲李龙柱和母亲李凤娥，他们在我学术追求的道路上所付出的一切是难以用文字表述的。

　　虽然本书试图全面地反映风险投资治理机制的内容与规律，并通过对比研究国内风险投资治理机制的现状，但是由于资源等方面的限制，本研究存在如下局限性：（1）本研究的主要对象是北美以及西欧地区的风险企业治理机制，对其他地区涉及较少。虽然北美和西欧地区属于世界上风险投资最为发达的地区，治理机制也经过长期的演化而在其特定环境下具有很高的合理性，但是其他国家和地区——如以色列、日本和中国台湾等——的风险企业治理机制仍然具有特定意义下的研究价值。然而因为可获资料等限制，上述地区的风险企业治理机制没有能够纳入本研究范围。（2）虽然本研究实证部分以在国内风险投资业具有代表性的天津市和上海市为对象，并且具体样本选择行业内具有典型意义的风险投资机构，但是北京、深圳和其他省、市、自治区的风险投资机构没有纳入调查范围。（3）由于存在国外调研的困难，所以本研究在运用比较研究法研究我国治理机制状况时，运用了国外不同时期的实证结果作为对比数据。

　　针对上述不足，在未来的研究中要做如下改进：（1）研究世界范围内的风险企业治理机制，包括新兴市场化国家，其治理机制的制度变迁和"路径依赖"的研究具有重要意义；（2）在全国范围内展开调研，对治理机制的地区差异、治理机制与风险企业绩效相关性进行深入分析；（3）进行国内、国外的同期比较研究。

李昌奕

2012 年 3 月 9 日